T0160534

ANNALES DE L'INSTITUT DE PHILOSOPHIE
ET DE SCIENCES MORALES

(UNIVERSITÉ LIBRE DE BRUXELLES)

La collection des *Annales de l'Institut de Philosophie et de Sciences Morales de l'Université Libre de Bruxelles* est la lointaine descendante de la revue *Morale et Enseignement* fondée en 1951 sous la direction du professeur Jeanne Croissant-Goedert et sous-titrée : « Bulletin trimestriel publié par l'Institut de Philosophie de l'Université de Bruxelles ». De simple liasse de seize à vingt pages agrafées, elle est reliée et dotée d'une couverture à partir des n°33-34 en 1960. Le n°64 publié fin 1967 est le dernier de *Morale et Enseignement* proprement dit. La revue ne paraît pas en 1968. Elle revient sous le titre *Annales de l'Institut de Philosophie* et la direction du professeur Chaïm Perelman en 1969. « Morale et Enseignement » apparaît désormais comme une sorte de sous-titre, reconnaissance symbolique du passé, car un éditorial souligne qu'il ne s'agit plus de se limiter à « des problèmes de morale» mais bien de pouvoir « couvrir la totalité du champ de la philosophie ». Les volumes sont annuels et, à partir de 1974, édités par Ch. Perelman et J. Sojcher. En 1979, les *Annales* deviennent thématiques et sont éditées par J. Sojcher et G. Hottois. Nouveau rappel du passé, le premier volume est consacré à « Enseignement de la morale et philosophie ». En 1985, Gilbert Hottois devient le directeur de la collection qui quitte, en 1989, les Editions de l'Université de Bruxelles pour être désormais publiée chez Vrin. C'est en 1992, avec le titre « H. Arendt et la Modernité », que les *Annales* acquièrent tout à fait leur allure actuelle : celle d'un livre collectif sur un thème ou un auteur traité par des spécialistes internationaux sous la responsabilité scientifique d'un coordinateur. Tout en continuant de privilégier la participation des philosophes de l'Université Libre de Bruxelles, la collection s'est largement ouverte. La référence aux anciennes *Annales* n'apparaît plus qu'en pages intérieures. Il demeure cependant que depuis un demi siècle, la série de publications qui va de *Morale et Enseignement* à la collection d'aujourd'hui constitue un bon témoignage historique de l'activité philosophique à l'Université Libre de Bruxelles.

DIRECTEUR : Gilbert Hottois
COMITÉ DE RÉDACTION : Lambros Couloubaritsis, Guy Haarscher, Robert Legros, Thierry Lenain, Michel Meyer, Jean-Noël Missa, Marie-Geneviève Pinsart, Marc Richir, Anne-Marie Roviello, Isabelle Stengers.

« ENHANCEMENT » :
ÉTHIQUE ET PHILOSOPHIE
DE LA MÉDECINE D'AMÉLIORATION

DANS LA MÊME COLLECTION

ANNALES DE L'INSTITUT DE PHILOSOPHIE DE L'UNIVERSITÉ DE BRUXELLES

Directeur : Gilbert HOTTOIS

« ENHANCEMENT » :
ÉTHIQUE ET PHILOSOPHIE
DE LA MÉDECINE D'AMÉLIORATION

coordination scientifique

Jean-Noël MISSA et **Laurence PERBAL**

PARIS

LIBRAIRIE PHILOSOPHIQUE J. VRIN

6, Place de la Sorbonne, Ve

2009

© *Librairie Philosophique J. VRIN,* 2009
ISSN 0778-4600
ISBN 978-2-7116-2207-8

www.vrin.fr

« ENHANCEMENT »
INTRODUCTION À L'ÉTHIQUE ET À LA PHILOSOPHIE
DE LA MÉDECINE D'AMÉLIORATION

L'effacement des frontières entre médecine thérapeutique classique et médecine d'amélioration constitue une des caractéristiques principales de la biomédecine du XXIe siècle. Dans la biomédecine contemporaine, les nouveaux médicaments et technologies thérapeutiques peuvent être utilisés non seulement pour soigner le malade mais aussi pour améliorer certaines capacités humaines. Cette évolution représente un changement de paradigme dans la pratique médicale. En 2003, un document contribua à légitimer ce domaine nouveau de l'activité biomédicale, la médecine non thérapeutique ou médecine d'amélioration. Il s'agit d'un rapport du *President's Council on Bioethics*, le comité de bioéthique des États-Unis, entièrement consacré à la médecine non thérapeutique. La parution de ce rapport intitulé « Au-delà de la thérapie. La biomédecine et la quête du bonheur »[1] montre bien que ces questions liées à la médecine d'amélioration et à la transformation biologique de l'être humain ne relèvent plus seulement de la biologie-fiction mais bien aussi de la réalité de la technoscience contemporaine. Les technologies d'amélioration (*enhancement technologies*) concernent presque tous les domaines de la biomédecine : design génétique, modification des fonctions cognitives et émotionnelles, augmentation de la durée de vie, amélioration des performances sportives ... Si l'on prend l'exemple des fonctions cognitives et émotionnelles, on peut mentionner le Prozac, un antidépresseur que le psychiatre Peter

---

1. The President's Council on Bioethics, *Beyond therapy : Biotechnology and the pursuit of happiness*, New York, Dana Press, 2003. La problématique de la médecine d'amélioration avait déjà été abordée par l'équipe du *Hastings Center* à la fin des années 1990 : voir E. Parens, *Enhancing human traits : ethical and social implications, Hastings Center studies in ethics*, Washington, D.C., Georgetown University Press, 1998.

Kramer eut l'idée de prescrire non seulement à ses patients mélancoliques mais aussi à des sujets qui n'avaient aucun trouble psychiatrique, pour qu'ils se sentent « mieux que bien », selon l'expression devenue fameuse de Kramer[1]. La Rilatine (méthylphénidate chlorhydrate), une amphétamine souvent donnée à des enfants pour soigner des troubles attentionnels, peut aussi améliorer les fonctions cognitives d'un adolescent qui ne souffre d'aucun trouble particulier mais qui décide seul ou à l'instigation de ses parents de se doper aux amphétamines pour maximiser ses chances de succès lors d'un examen scolaire. Apparaît ainsi souvent pour les nouveaux produits un usage « *off label* » qui devient parfois plus fréquent que l'indication thérapeutique classique. Le Provigil (modafinil), par exemple, est un médicament qui est donné dans le traitement de la narcolepsie mais qui permet aussi à une personne ordinaire de rester plus longtemps éveillée. Une enquête récente a montré que la prise de dopants cognitifs permettant d'améliorer les performances académiques était devenue une pratique courante dans les universités américaines[2]. Les technologies d'amélioration connaissent un succès grandissant, en particulier aux États-Unis[3]. Dans son ouvrage *Better than Well*, le philosophe bioéthicien Carl Elliott s'est livré à une très fine analyse des multiples aspects des technologies d'amélioration (*enhancement technologies*) dans la société américaine contemporaine[4].

La question de la médecine d'amélioration a attiré l'attention des philosophes et des bioéthiciens. Si leur intérêt pour la question est lié aux plus anciennes et plus connues de ces technologies, comme la chirurgie esthétique, les stéroïdes anabolisants, les hormones de croissances, la Rilatine, le Prozac, il l'est davantage encore aux pouvoirs actuels et futurs de ces biotechnologies – recombinaison génétique somatique ou germinale, nouvelles prothèses intracorporelles, ingénierie cérébrale – qui laissent entrevoir la possibilité de changer durablement le corps et l'intellect, de transformer l'être humain. Même si les applications cliniques de certaines de ces technologies semblent encore incertaines ou éloignées dans le temps, il est important d'étudier dès aujourd'hui leurs conséquences potentielles sur la médecine, la société et l'avenir de l'être humain.

1. P.D. Kramer, *Listening to Prozac*, New York, Penguin Books, 1997.

2. Maher B., « Poll results : look who's doping », *Nature*, vol. 452, 2008, p. 674-675.

3. Pour une approche historique et éthique des technologies d'amélioration, voir l'ouvrage de S. Rothman, D. Rothman, *The Pursuit of Perfection : The Promise and Perils of Medical Enhancement*, New York, Pantheon Books, 2003.

4. C. Elliott, *Better than well : American medicine meets the American dream*, New York, W.W. Norton, 2003.

Depuis une dizaine d'années, aux États-Unis d'abord puis en Europe, de nombreux auteurs se sont penchés sur le thème des technologies d'amélioration. De façon schématique, il est possible de répartir les protagonistes du débat éthique et philosophique sur la question en trois courants de pensée : les bioconservateurs, les penseurs libéraux et les transhumanistes.

Chez les bioconservateurs, c'est le sentiment de peur qui domine. Ils s'inquiètent des risques pour la santé et des conséquences sur la justice sociale, évoquant le spectre de l'émergence d'une « aristocratie biotechnologiquement améliorée ». Les technologies du vivant pourraient restreindre les libertés individuelles en instaurant un conformisme social à l'égard de modifications rendues possibles par la nouvelle médecine. Certains bioconservateurs – à l'instar du bioéthicien Leon R. Kass qui dirigea les travaux du *President's Council on Bioethics* au moment de la rédaction du rapport *Beyond Therapy* – pensent que les biotechnologies d'amélioration posent des problèmes éthiques plus fondamentaux qui touchent à l'essence même de l'être humain. Ces problèmes ont trait à la question de la nature humaine et de la dignité humaine qui seraient mises en danger par les biotechnologies. Le « donné naturel » serait ainsi menacé par la démesure d'un homme devenu maître et possesseur de sa propre nature. L'idée d'une altération de la nature humaine peut engendrer chez le bioconservateur un sentiment de dégoût ou de révulsion – baptisé « *Yuck factor* » par Leon R. Kass – qui l'incite à se méfier de technologies rendant possible l'auto-transformation de l'humain. Au cours de ces dernières années, de nombreux philosophes ont proposé des variations sur ces thèmes bioconservateurs. Mentionnons les livres *Our Posthuman Future* de Francis Fukuyama[1], *The Future of Human Nature* de Jürgen Habermas[2], *The Case against Perfection* de Michael J. Sandel[3], *Enough* de Bill McKibben[4], *Life, Liberty and the Defense of Dignity* de Leon R. Kass[5]...

Les penseurs libéraux estiment que la décision d'utiliser des technologies d'amélioration relève largement de la liberté individuelle. Les philosophes anglo-américains ont été les premiers à s'intéresser à la question de la modification biophysique de l'être humain. Dès 1984, le

---

1. F. Fukuyama, *Our Posthuman Future : Consequences of the Biotechnology Revolution, Farrar*, Straus and Giroux, 2002.
2. J. Habermas, *The Future of Human Nature*, Cambridge, Polity Press, 2003.
3. M.J. Sandel, *The Case against Perfection*, Harvard, Harvard University Press, 2007.
4. B. McKibben, *Enough. Staying Human in An Engineered Age*, New York, Henry Holt, 2003.
5. L. Kass, *Life, Liberty, and the Defense of Dignity : The Challenge for Bioethics*, San Francisco, Encounter Books, 2002.

philosophe britannique Jonathan Glover publia un livre sur le sujet intitulé *What sort of people should there be?*[1]. L'application des techniques de recombinaison de l'ADN à l'être humain et les possibilités d'agir sur le cerveau humain par des voies technoscientifiques en constituent les thèmes principaux. Beaucoup de gens ont une réaction horrifiée lorsqu'on évoque la possibilité de modifier la nature humaine. Mais cette révulsion ne s'accompagne pas toujours d'objections rationnelles valables. « Peut-on changer la nature humaine ? » constitue la question centrale du livre de Glover. Son objectif est d'analyser et de réfuter les arguments de ceux qui s'opposent par principe à une modification de la nature humaine via l'ingénierie génétique ou l'intervention sur le cerveau. Glover pense que l'adhésion à des règles élémentaires de prudence nous permettrait d'éviter une interdiction définitive de l'ingénierie génétique et cérébrale qu'il serait irréaliste et imprudent d'adopter. Glover revient sur le débat relatif à la modification de la nature humaine et au design génétique dans un ouvrage de 2006 intitulé *Choosing Children*[2]. Glover y défend une éthique libérale proche de celle de John Stuart Mill. Le principe central est emprunté à Mill, c'est le *principe du tort* (harm principle) ou *principe de non-nuisance*. Au vu de ce principe, la morale n'intervient que lorsqu'un dommage concret injustifié, c'est-à-dire un tort, est infligé à autrui. Il s'agit d'abord d'un ancien principe d'éthique médicale, le *nil nocere*, l'idée qu'il faut avant tout éviter de nuire. Dans cette perspective, les décisions relatives à la médecine d'amélioration reposent sur les épaules de l'individu. La liberté individuelle doit pouvoir s'exprimer dans la mesure où un dommage n'est pas infligé à autrui. Glover, par exemple, ne voit pas d'objections majeures à la création d'un « supermarché génétique » qui permettrait aux parents de venir librement choisir les gènes de leurs futurs enfants. Ce concept de marché génétique avait déjà été introduit en 1974 par le philosophe Robert Nozick dans *Anarchy, State and Utopia* :

> Prenons l'exemple des manipulations génétiques. De nombreux bio-logistes ont tendance à penser que le problème est un problème de concep-tion (design), de spécification des meilleurs types de personnes de telle sorte que les biologistes puissent les produire. Ainsi se soucient-ils des sortes de personnes qu'il doit y avoir, et de qui contrôlera le processus. Ils ne songent pas volontiers, peut-être parce que cela diminue l'importance de leur rôle, à un système dans lequel ils dirigent un « supermarché géné-tique », répondant aux spécifications individuelles (dans la limite de

---

1. J. Glover, *What Sort of People Should There Be ?*, London, Pelican, 1984.
2. J. Glover, *Choosing Children. Genes, Disability and Design*, Oxford, Clarendon Press, 2006.

certaines règles morales) de parents éventuels. Pas plus qu'ils ne pensent à considérer quel est le nombre limité de types de personnes vers lequel le choix des gens convergerait si, de fait, il y avait une telle convergence. Ce système de supermarché possède la grande vertu de n'impliquer aucune décision centralisée établissant le (ou les) type(s) humain(s) futur(s) [1].

Dans la conception libérale défendue par Glover et Nozick, la société doit accepter une large diversité de ce qu'est la bonne vie et admettre que chaque individu a le droit de défendre sa propre conception de l'épanouissement personnel. Au cours de ces dernières années, les prises de position libérales favorables aux technologies d'amélioration se sont multipliées. En 2000, dans un livre intitulé *From Chance to Choice : Genetics and Justice*, quatre bioéthiciens américains – Allen Buchanan, Dan Brock, Norman Daniels et Daniel Winkler – défendent le droit des parents à utiliser l'ingénierie génétique pour « améliorer » leurs enfants [2]. En 2002, Gregory Stock, philosophe à UCLA, publie un ouvrage intitulé *Redesigning Humans : Our Inevitable Genetic Future* [3]. Dans un texte intitulé « *Playing God : Genes, Clones, and Luck* », Ronald Dworkin, professeur de philosophie du droit à *New York University*, s'interroge dans une perspective libérale sur les problèmes que soulèvent les biotechnologies appliquées à l'être humain [4]. Le philosophe Nicholas Agar, professeur à la *Victoria University* de Wellington, défend la pratique de l'*enhancement* dans *Liberal eugenics*, un essai d'éthique appliquée dans lequel il accepte l'eugénisme libéral [5]. En 2007, dans son ouvrage *Enhancing Evolution*, John Harris, professeur de bioéthique à l'Université de Manchester, démonte les arguments des bioconservateurs et défend lui aussi des positions favorables à l'utilisation des biotechnologies pour « améliorer la vie humaine » [6]. Arthur Caplan, bioéthicien à l'University of Pennsylvania, présente des arguments en faveur des « *enhancement technologies* » dans

1. R. Nozick, *Anarchy, State and Utopia*, Basic Books, 1974, p. 315 ; trad. fr. Evelyne d'Auzac de Lamartine, *Anarchie, Etat et Utopie*, Paris, P.U.F., 1988, p. 384.

2. A. Buchanan, D.W. Brock, N. Daniels, and D. Wikler, *From Chance to Choice : Genetics and Justice*, Cambridge, Cambridge University Press, 2002.

3. G. Stock, *Redesigning Humans : Our Inevitable Genetic Future*, Houghton Mifflin Company, 2002.

4. R. Dworkin, « Playing God : Genes, Clones, and Luck », dans R. Dworkin, *Sovereign Virtue. The Theory and Practice of Equality*, Harvard, Harvard University Press, 2002, p. 427-452.

5. N. Agar, *Liberal Eugenics. In Defence of Human Enhancement*, Blackwell, 2004.

6. J. Harris, *Enhancing Evolution. The Ethical case for Making People Better*, Princeton, Princeton University Press, 1997.

divers articles[1]. Même s'ils sont prêts à défendre l'idée d'une modification biotechnologique de l'être humain, des penseurs comme Glover, Agar, Harris et Caplan n'adhèrent pas pour autant au mouvement utopiste et hypertechnophile que représente le transhumanisme.

Les penseurs transhumanistes proposent l'adhésion à un programme de modification technoscientifique de l'être humain. L'objectif transhumaniste est que chaque personne puisse bénéficier d'un usage rationnel des biotechnologies d'amélioration[2]. L'enthousiasme technophile des transhumanistes est sans limite. Si on applique leur projet, les transhumanistes nous promettent une meilleure santé, une vie plus longue, un intellect amélioré, des émotions enrichies et, bien sûr, un bonheur indicible[3]. Leur programme, qui peut être résumé par le slogan « *Living longer, healthier, smarter and happier* », est de transcender les formes actuelles de l'être humain. Les défenses les plus argumentées du transhumanisme se trouvent dans les textes des philosophes Nick Bostrom[4], Julian Savulescu[5] et James Hughes[6]. Le transhumanisme est un mouvement qui s'est développé au cours des deux dernières décennies[7]. Bostrom, qui reprend à Condorcet le concept de perfectibilité de l'être humain, affirme que le transhumanisme doit être considéré comme un prolongement de l'humanisme des Lumières.

1. Voir, par exemple, A. Caplan, C. Elliott, « Is it ethical to use enhancement technologies to make us better than well ? » PLoS Med, 2004, 1(3) : e52 (www.plosmedecine.org).

2. Pour une pespective sur l'éthique de l'amélioration humaine (*ethics of human enhancement*) que proposent divers penseurs transhumanistes, libéraux et bioconservateurs, voir le recueil de N. Bostrom et J. Savulescu (éd.), *Human enhancement*, Oxford, Oxford University Press, 2009.

3. Nick Bostrom présente un aperçu de sa conception transhumaniste du bonheur dans un texte intitulé *Letter from Utopia*, www.nickbostrom.com. Sur son site Bostrom résume ainsi son article : « The good life : just how good could it be ? A vision of the future from the future ».

4. Nick Bostrom est directeur du *Future of Humanity Institute* et professeur de philosophie à *Oxford University*. La plupart de ses articles sont disponibles sur son site : www.nickbostrom.com.

5. Julian Savulescu est directeur du *Oxford Uehiro Center for Practical Ethics* et professeur de philosophie et d'éthique appliquée à l'Université d'Oxford. Il a écrit de nombreux articles sur la question de l'*enhancement*. Voir, par exemple J. Savulescu, « Procreative Beneficence : Why We Should Select the Best Children », *Bioethics* 15 (5-6), 2001, p. 413-426 ; I. Persson, J. Savulescu, « The Perils of Cognitive Enhancement and the Urgent Imperative to Enhance the Moral Character of Humanity », *Journal of Applied Philosophy*, 25 : 3, 2008, p. 162-177 ; J. Savulescu, S.M. Liao et D. Wasserman, « The Ethics of Enhancement », *Journal of Applied Philosophy*. 25 : 3, 2008, p. 159- 161.

6. J. Hughes, *Citizen Cyborg : why democratic societies must respond to the redesigned human of the future*, Cambridge, MA, Westview Press, 2004.

7. Pour un historique du mouvement transhumaniste, voir N. Bostrom, *A History of Transhumanist Thought*, www.nickbostrom.com.

Le transhumanisme, c'est l'humanisme des Lumières plus les techno-logies. Pour améliorer l'être humain et le rendre plus heureux, toutes les technosciences sont convoquées : l'ingénierie génétique, les technologies d'intervention sur le cerveau, l'intelligence artificielle, les nanotechno-logies ainsi qu'une technoscience prospective que le génie de l'homme ne manquera pas de mettre au point dans sa quête de perfection... Certains critiques ont assimilé le transhumanisme au *Meilleur des Mondes* d'Aldous Huxley. Mais la comparaison ne tient pas. Le modèle que décrit Huxley correspond à une société totalitaire qui pratique une forme radicale d'Eugénisme d'État. Le transhumanisme est une utopie technoscientifique et libérale qui repose sur le pari que les hommes choisiront librement d'avoir recours aux technologies d'amélioration[1]. Bostrom défend l'idée égalitarienne d'un large accès à ces technologies. Chaque individu devrait avoir la liberté d'user de ces techniques. Bostrom distingue liberté morphologique (*morphological freedom*), la liberté de se transformer en ayant recours à la technoscience, et liberté reproductrice (*reproductive freedom*), la liberté des parents d'avoir recours au *design* génétique et aux techniques de reproduction de leur choix. Pour les transhumanistes, l'atti-tude la plus sage consiste donc à embrasser le progrès technologique en défendant les droits de l'homme et la liberté de choix. Même s'ils admettent les dangers relatifs à l'utilisation des technologies d'amélioration et la nécessité morale d'identifier et de prévenir ces risques, les transhumanistes considèrent que les technologies fourniront des avantages incomparables aux humains modifiés du futur. Ils acceptent l'idée que le programme transhumaniste basé sur la liberté individuelle de s'autotransformer puisse un jour aboutir à la création d'un « posthumain ».

Dans le monde francophone, le débat sur l'amélioration est resté relativement discret[2]. Un des objectifs de ce volume – un recueil d'articles

---

1. Lire l'invitation à s'auto-transformer que propose Bostrom dans Letter from Utopia : « *Dear Human, Greetings, and may this letter find you at peace and in prosperity! Forgive my writing to you out of the blue. Though you and I have never met, we are not strangers. We are, in a certain sense, the closest of kin ... I am one of your possible futures. One day, I hope, you will become me. Should fortune grant this wish, then I am not just a possible future of yours, but your actual future : a coming phase of you, like the full moon that follows a waxing crescent, or like the flower that follows a seed. I am writing to tell you about my life – how marvelous it is – that you may choose it for yourself* » (*Letter from Utopia*, www.nickbostrom.com).

2. Mentionnons néanmoins les ouvrages suivants : D. Lecourt, *Humain, posthumain*, Paris, P.U.F., 2003 ; J. Goffette, *Naissance de l'anthropotechnie, De la médecine au mode-lage de l'humain*, Paris, Vrin, 2006 ; B. Baertschi, *La neuroéthique. Ce que les neurosciences font à nos conceptions morales*, Paris, La Découverte, 2009 (ce livre accorde une large place à

constituant les actes d'un colloque sur les aspects éthiques et philosophiques de la médecine d'amélioration qui s'est déroulé du 7 au 9 mai 2008 à l'Université libre de Bruxelles – est de stimuler l'intérêt des lecteurs francophones pour la question de l'*enhancement*[1].

Cet ouvrage s'ouvre avec les contributions de Gilbert Hottois, Gérard Klein, Jérôme Goffette et Sylvie Allouche. Ces auteurs soulignent le rôle que peut jouer l'analyse de la science-fiction dans une approche philosophique de la médecine d'amélioration.

Gilbert Hottois part du constat que les philosophes souffrent d'un manque d'imagination. Lorsqu'ils méditent sur l'avenir de l'humanité par exemple, ils se laissent excessivement influencer par l'anti-utopie du *Meilleur des Mondes*. Hottois illustre cette influence à propos de quatre penseurs qui sont intervenus dans le débat sur la médecine d'amélioration : Hans Jonas, Francis Fukuyama, Jürgen Habermas et Tristram Engelhardt. Ses commentaires de lecture de Aldous Huxley, Arthur C. Clarke, Robert Reed et Michel Houellebecq constituent une invitation faite aux philosophes à s'ouvrir à la littérature de science-fiction pour enrichir leurs réflexions.

La science-fiction constitue une source inépuisable pour l'exercice de la spéculation philosophique sur l'avenir de l'humain. Gérard Klein le démontre avec un tour d'horizon de l'utilisation faite du concept d'*enhancement* dans la littérature de science-fiction, en particulier par le biais de l'usage des prothèses.

Sylvie Allouche estime qu'il faut replacer le concept de médecine d'amélioration au sein d'une notion plus large, celle *d'anthropotechnie*. De fait, la technique médicale est débordée par des enjeux, des intentions et des buts qui ne sont pas *a priori* les siens. Les anthropotechnies médicales sont de plus en plus sollicitées par des questions non strictement médicales. La philosophie, et en particulier la philosophie de la science-fiction, doit permettre de rendre compte de ces sollicitations de plus en plus pressantes.

Jérôme Goffette insiste également sur la différence claire qui doit être faite entre le concept de médecine et celui d'anthropotechnie. Il n'y a pas de

---

la question de la médecine d'amélioration dans le chapitre 4 intitulé « Les médicaments du cerveau et la neuroamélioration »); J.-M. Besnier, *Demain les posthumains*, Paris, Hachette, 209.

1. Recherche menée dans le cadre d'un programme ARC à l'Université libre de Bruxelles. Le colloque a reçu le soutien du Fonds de Recherche Scientifique, du Centre de Recherches Interdisciplinaires en Bioéthique, de la Société pour la Philosophie de la Technique et la Faculté de Philosophie et Lettres de l'Université libre de Bruxelles.

continuité entre le médical et l'anthropotechnique, ces deux perspectives reposant sur des finalités radicalement différentes.

Dans les quatre chapitres suivants, les philosophes Bernard Baertschi, Jean-Yves Goffi, Pascal Nouvel et Céline Kermisch se livrent à des clarifications conceptuelles.

Qu'est-ce que la médecine d'amélioration? N'y a-t-il pas une incompatibilité entre ces deux termes, la médecine faisant généralement davantage référence au curatif? Pourtant la distinction entre soin et amélioration est floue. Cette différence dépend souvent d'un critère de normalité. Or depuis Georges Canguilhem, la difficulté d'établir des critères de normalité objectifs est évidente. Pour dire ce qu'est un fonctionnement humain normal, il faut pouvoir s'appuyer sur une conception de la vie bonne et de la nature humaine. Bernard Baertschi distingue deux types d'amélioration : l'amélioration prônée par le transhumanisme qui vise à dépasser des limites ; l'amélioration qui vise à un fonctionnement humain optimal. Les jugements sur la médecine d'amélioration, idéal ou cauchemar, dépendront du type de conception qui sera choisie.

Jean-Yves Goffi se demande si les théories de la santé et de la maladie comportent ou non des éléments éthiques. Pour ce faire, il se livre à une étude des théories naturalistes et normativistes de la santé en analysant notamment les positions de Charles Boorse et celles de Tristram Engelhardt. Constatant qu'il existe une multitude de visées médicales (préventive, curative, méliorative, transformatrice…), il conclut en affirmant qu'il est vain de s'interroger sur l'essence de la médecine pour légitimer ou non la médecine d'amélioration.

Pascal Nouvel estime que la frontière entre les techniques de transformation de soi et celles du monde n'est pas claire et se réfère au degré d'incorporation du dispositif technique dans le corps. Si la prothèse est un dispositif localisé et peu incorporé, ce n'est pas le cas d'une substance dopante qui peut profondément modifier le comportement humain. Pascal Nouvel illustre son propos en retraçant l'histoire des amphétamines.

Le concept de risque est évidemment central dans le débat éthique sur l'amélioration. Céline Kermisch explicite les différentes théories, psychométriques et culturalistes, de la perception des risques biotechnologiques. Les attitudes vis-à-vis de la médecine d'amélioration dépendent notamment de la perception des risques liés à ces techniques. Par exemple, comment sont-ils perçus non seulement par ceux qui prennent des produits dopants mais également par ceux qui édictent les lois anti-dopage?

Par la suite, Patrick Laure, Isabelle Quéval, Andy Miah, Claudio Tamburrini et Alex Mauron abordent la médecine d'amélioration à travers une analyse des pratiques dopantes dans le monde sportif, monde qui peut être considéré comme un laboratoire expérimental de la médecine d'amélioration.

Patrick Laure se livre à un examen de l'éthique des conduites dopantes en étudiant les arguments qui fondent la prévention de l'usage des produits dopants : la protection de la santé des athlètes et le respect de l'« éthique sportive ».

Pour Isabelle Quéval, le dopage est une conséquence logique du culte de la performance inhérent au sport de haut niveau. Le sport moderne est l'héritier d'une idée du siècle des Lumières, la considération que le corps est le territoire de la perfectibilité. La construction sportive du champion suppose une économie instrumentale du corps de l'athlète qui conduit au dopage et à la modification biotechnologique du corps.

Au regard de l'essor des pratiques de médecine d'amélioration dans la société, Andy Miah, Claudio Tamburrini et Alex Mauron, remettent en question le bien-fondé des conceptions éthiques conservatrices qui fondent la politique anti-dopage actuelle.

Andy Miah pense que limiter par principe les moyens d'améliorer les performances sportives relève davantage de l'hypocrisie que de la prudence. Loin de mettre en danger « l'esprit sportif », les technologies d'amélioration permettent d'enrichir le sport et correspondent à l'évolution générale d'une société de plus en plus friande de perfectionnement.

Claudio Tamburrini défend une position originale : un libéralisme mâtiné de féminisme. L'égalité des genres dans les performances sportives est un argument qu'il développe pour défendre l'utilisation du dopage génétique dans le sport. Selon lui, l'amélioration génétique pourrait combler les différences physiques que la nature impose entre les femmes et les hommes. Si l'égalité des sexes est une revendication courante dans bien des domaines, pourquoi pas dans le domaine sportif ? De façon plus générale, Claudio Tamburrini considère que la politique anti-dopage actuelle ne tient pas compte du fait que l'amélioration génétique fera de toute façon partie de la médecine sportive du futur.

Alex Mauron s'attache à montrer que les moralistes conservateurs et les naturalistes ont perdu la bataille qui s'est jouée autour de l'éthique de la médecine d'amélioration. Les critères de normalité ne sont pas objectifs et les positions conservatrices manifestent une frilosité qui n'est pas tenable à long terme. En regard de la tolérance à l'égard des pratiques d'amélioration, le monde sportif est une exception, « un îlot de raideur moraliste dans un océan de laissez-faire ». Pour Mauron, avec l'émergence des technosciences du vivant, l'homme est devenu artisan de lui-même. Le corps de l'athlète de haut niveau, par exemple, est modifié par les techniques d'entraînement imposées par « l'entraîneur-coach-fabricateur-démiurge ». L'éthique démiurgique que propose Mauron trouve son inspiration chez J.S Mill et repose sur le principe de non nuisance. La morale ne doit intervenir que lorsqu'un tort est infligé à autrui. Mauron s'efforce de délimiter l'éthique démiurgique par rapport à une éthique simplement relativiste. Mais l'éthique libérale démiurgique de Mauron est d'application délicate en raison notamment de la difficulté à donner une définition objective du tort. Le sens commun n'est pas toujours satisfaisant lorsqu'il s'agit de préciser ce qu'est un tort. Mauron choisit trois exemples pour illustrer les applications pratiques de son éthique démiurgique : l'usage des tests génétiques par des parents souhaitant mettre au monde des enfants porteurs comme eux d'un handicap ; les « contrats d'Achille » dans le monde sportif ; les demandes d'interventions mutilantes de personnes qui souhaitent mettre leur corps en adéquation avec leur image corporelle phantasmée. Ces illustrations permettent à Mauron de montrer que l'éthique démiurgique, pour se distancer d'un relativisme et d'un libertarisme pur et dur, est obligée d'avoir recours à des intuitions morales qui l'entrainent vers de nouvelles formes de paternalisme.

Les auteurs de cet ouvrage ont défendu leurs positions respectives quant à ce qu'il convient de faire des techniques d'amélioration et il n'en ressort pas de consensus éthique. Il y a néanmoins un point sur lequel ils se rencontrent tous. L'humain est *homo faber*, il est un artisan de lui-même. Il est vain de vouloir nier cette potentialité démiurgique de l'humain car il est certain que nous y serons confrontés dans l'avenir. Pour autant, les dangers de la médecine d'amélioration ne doivent pas être négligés, en particulier si elle conduit à l'auto-modification évolutive prônée par les transhumanistes. Mais, ainsi que le souligne Gilbert Hottois, vouloir renoncer aux risques comme aux espérances ne paraît pas viable à long terme. L'homme manifestera toujours le désir de conquérir de nouvelles frontières.

Jean-Noël MISSA et Laurence PERBAL
Fonds National belge de la Recherche Scientifique
et Université libre de Bruxelles

SCIENCE-FICTION ET DIÈTE
DE L'IMAGINATION PHILOSOPHIQUE

Ludwig Wittgenstein a souligné que les philosophes souffrent d'une diète unilatérale d'exemples. A lire bien des spéculations philosophiques sur l'avenir de l'humanité dans la perspective des développements techno-scientifiques, l'imagination conceptuelle semble, de fait, excessivement influencée par l'anti-utopie du « Meilleur des Mondes »[1].

Dans une première partie de mon exposé, je me propose d'illustrer brièvement cette influence à propos de quatre penseurs préoccupés par les questions soulevées par la R&D biomédicale et biotechnologique : Hans Jonas, Francis Fukuyama, Jürgen Habermas et Tristram Engelhardt.

La seconde partie voudrait enrichir par quelques lectures ce référentiel déficient de l'imagination spéculative des philosophes. Après un rappel sommaire de Huxley, j'évoquerai Clarke, Reed et Houellebecq.

---

1. La plupart des penseurs non opposés *a priori* à toute forme d'eugénisme sont peu connus en Europe continentale : John Harris, Nicholas Agar, Nick Bostrom, etc. Pourquoi, se demandent certains, ne pas imaginer qu'un usage prudent, réfléchi, délibéré de ces moyens nouveaux puisse conduire à une humanité ou, si l'on préfère, une trans- ou une post-humanité (jadis on disait : une surhumanité) supérieure, meilleure – aussi au sens moral du terme? Dans la mesure où l'« esprit » (quelle que soit la réalité que ce terme désigne) est dans la dépendance du cerveau et celui-ci dans une certaine dépendance du génome, pourquoi exclure *a priori* que des modifications biotechniques, héréditaires ou non, puissent contribuer à accroître, intensifier, étendre ou équilibrer toute une série de « qualités » humaines (santé, longévité, mémoire, intelligence, conscience, autonomie, sensibilité, tolérance, bienveillance, etc.)? Pourquoi les « trans-humains » ne pourraient-ils être, en définitive, plus « moraux » que les humains grevés de lourds et très inégaux passifs génétiques? Pourquoi ne pourraient-ils être plus conscients et plus libres, puisqu'ils disposeraient de capacités plus étendues, plus puissantes, plus fines? Il ne s'agit pas de prétendre qu'*il en ira ainsi*, mais seulement que cette question n'a pas à être tranchée *a priori* dans le sens des fantasmes du Meilleur des Mondes huxléyen.

HANS JONAS

Le Principe Responsabilité[1] qui est une source importante de la réflexion politique bioéthique et écoéthique contemporaine part du constat que *l'action* humaine collective décuplée par la puissance technoscientifique entraîne que ce qui naguère encore passait pour indestructible se révèle aujourd'hui vulnérable et périssable. La perpétuation du monde vivant et du monde humain serait en danger. En ce qui concerne l'homme, le péril est double : il concerne *l'existence* de l'espèce humaine qu'une catastrophe technologique pourrait rayer de la Terre ; il concerne, plus subtilement, l'*essence* de l'homme (la « nature humaine » ou l'« image de l'homme »), qui risque d'être déformée ou détruite par des manipulations technoscientifiques.

Comment réagir à ces menaces ?

Les réponses éthiques et politiques *modernes* et *postmodernes* sont, selon Jonas, inadéquates. Le pluralisme et la démocratie contemporaine postulent, en effet, que valeurs et normes sont dépendantes de la volonté humaine. La dignité de l'être-humain serait ainsi subordonnée à des décisions subjectives, individuelles et collectives, qui n'offrent aucune garantie absolue.

C'est pourquoi il faut revenir à une fondation de l'éthique, du droit et du politique qui ne fasse pas dépendre de l'arbitraire des décisions humaines la valeur en soi de la nature et, surtout, celle de l'humanité. Ce retour reconduit à la pensée pré-moderne, car la précarisation subjectiviste des valeurs et des normes a pris son essor avec la Modernité. La partie centrale du livre s'emploie à réenraciner la définition et la valeur en soi de l'être-humain dans une philosophie finaliste de la nature et dans la métaphysique. L'homme peut aménager l'environnement physique, mais il doit respecter absolument le vivant naturel qu'il est lui-même. Par rapport à la Nature (à la Création), l'homme est et doit rester créature. Il n'a pas le droit d'intervenir dans l'évolution finalisée dont il est le produit afin de modifier ce produit.

Comme il s'agit de protéger des valeurs fondamentales, aucun risque ne peut être couru. Afin d'évaluer préventivement les risques associés à des entreprises de R&D (spécialement dans le domaine de la biomédecine et des biotechnologies), Jonas propose une « heuristique de la peur ». Face à un projet de R&D, il faut imaginer les scénarios futurs possibles et privilégier les plus pessimistes. Une telle démarche, qui se veut salutaire,

---

1. Hans Jonas, *Das Prinzip Verantwortung*, Frankfurt, Insel, 1979. Je réfère à la traduction française par Jean Greisch aux éditions du Cerf, 1990.

entraîne évidemment de nombreuses restrictions et interdictions. Des arrêts à décider le plus en amont possible des projets de recherche. C'est dans ce contexte que Jonas évoque expressément le *Meilleur des Mondes* de Huxley et il précise : « L'aspect sérieux de la "science fiction" réside justement dans l'effectuation de telles expériences de pensée bien documentées, dont les résultats plastiques peuvent comporter la fonction heuristique visée ici. » (p. 53).

FRANCIS FUKUYAMA

Francis Fukuyama, politologue philosophe qui fut membre du Conseil de Bioéthique sous Georges W. Bush, soutient qu'avec la démocratie libérale à économie de marché, l'Histoire humaine est arrivée à son terme. Aucun type nouveau de régime politique n'est encore possible ni souhaitable. La démocratie libérale respecte la nature humaine car elle permet à chaque individu de se faire reconnaître suivant ses mérites et ses efforts, d'accéder à des fonctions professionnelles et sociales, et d'acquérir des biens.

Tout serait donc pour le mieux dans le meilleur des mondes humains possibles, affirme Fukuyama dans *Notre Futur Posthumain*[1], si la R&D technoscientifique n'était engagée sur la voie de l'invention de moyens inédits d'agir sur la nature humaine. Ces techniques risquent de relancer l'Histoire ou d'en transformer l'aboutissement en une organisation qui ne serait plus humaine. Pas de fin de l'Histoire, « sans fin de la science moderne et de la technologie » (p. 15). Il illustre les dangers sur trois fronts : la neuropharmacologie, l'accroissement de la longévité, la génétique. Evoquant Orwell et Huxley dès la première page de son livre, mais estimant que l'évolution de la politique mondiale et des TIC[2] au cours de ces dernières décennies a écarté le risque du totalitarisme informatique à la Orwell, il souligne de façon répétée la grande pertinence du *Meilleur des Mondes* de Huxley[3] et il affirme dès la page 7 : « The aim of this book is to argue that Huxley was right ».

Pour Fukuyama comme pour Jonas, « l'enjeu ultime de la révolution biotechnologique » (p. 101) est l'*essence de l'homme* : cet ensemble de qualités qui caractérisent l'homme en tant que tel, fondent sa valeur – sa

---

1. F. Fukuyama, *Our Posthuman Future*, New York, Farrar, Straus and Giroux, 2001. Je traduis en référant à l'édition américaine.
2. Technologie de l'Information et de la Communication, spécialement l'internet.
3. Tant à propos de la neuropharmacologie (le Prozac comparé au soma) que des biotechnologies génétiques (eugénisme, clonage).

dignité – ainsi que les droits égaux de tous les hommes. Les dangers associés à l'éventualité de pratiques eugéniques sont les plus graves. Elles entraîneront des inégalités accrues et nouvelles, et relanceront l'Histoire dans des guerres et des révolutions *ou* elles l'enfermeront dans des impasses post-humaines analogues, peut-être, à des sociétés animales ou à des organisations mécaniques.

JÜRGEN HABERMAS

Dans *L'avenir de la nature humaine. Vers un eugénisme libéral?*, Habermas doit bien constater que contrairement à l'espoir de l'éthique de la discussion pluraliste, informée et sans contrainte, bien des débats bioéthiques n'aboutissent pas à un consensus universellement accepté et attestent une diversité philosophique et morale irréductible[1].

Mais le problème nouveau et le plus grave est que ces désaccords relatifs à la R&D technoscientifique dépassent la simple diversité des points de vue et des valeurs partagées. Certaines positions conduisent, en effet, à des pratiques *opératoires*, techniques, sur le cerveau et le génome humains. Habermas y voit la menace d'une destruction biophysique effective des conditions de possibilité et de validité, transcendantales en même temps que matérielles, de l'éthique de la discussion. Les conséquences du pluralisme bioéthique concrètement traduit, par exemple dans des pratiques eugéniques[2], comporteraient la négation des postulats mêmes du débat pluraliste, notamment en détruisant irréversiblement l'égalité entre interlocuteurs, entre manipulés, non manipulés et manipulateurs.

Le postulat semble être que l'individu et l'humanité elle-même ne peuvent évoluer – progresser, s'améliorer authentiquement – que par des voies symboliques (langagières) qui permettent l'intériorisation *et* la discussion des normes. Les prétendus progrès évolutifs différents seraient des leurres qui ne peuvent que reconduire au pré-humain animal (régulation instinctuelle) ou déboucher sur une post-humanité mécaniquement régulée. Habermas n'évoque pas Huxley puisque le Meilleur des

---

1. Ce que confirme le Post-scriptum (chap. III) de *L'avenir de la nature humaine* où Habermas fait écho aux objections de philosophes américains tels que Ronald Dworkin, Thomas Nagel, Thomas MacCarthy.

2. Habermas et la littérature associée évoquent comme cibles possibles d'amélioration : mémoire, vigilance, capacités intellectuelles, prédispositions diverses, aptitudes physiques … Pour fixer les idées, songeons aux « dons » innés pour les mathématiques ou pour la musique, mentionnés aussi par Habermas. Toute cette problématique est évidemment très spéculative.

Mondes procède d'un eugénisme totalitaire d'État et non de l'eugénisme individualiste et libéral qu'il craint et dénonce. Mais il reproche à « la science fiction en général d'alimenter des spéculations imaginaires qui brouillent les catégories et les frontières essentielles entre l'homme, l'animal et la machine, entre le naturel et l'artificiel »[1].

Face donc à ces risques « essentiels », Habermas invite les philosophes à quitter leur retenue post-métaphysique favorable au pluralisme moral et à élaborer une éthique unique et universelle de l'espèce humaine en tant que telle pour fonder le droit qui imposera, avec l'appui de la force publique (l'État), les mesures de protection de l'humain (les interdits) indispensables. Interdire notamment toute manipulation génétique (à l'exception possible de certaines thérapies géniques) au nom du droit à un génome naturel non modifié et du respect de la loterie génétique. Par des voies différentes qui se veulent fidèles à la Modernité, Habermas aboutit à une position proche de Jonas qui prend, lui, appui sur la métaphysique. Il converge aussi avec Fukuyama qui se situe pourtant aux antipodes de la philosophie politique.

TRISTRAM H. ENGELHARDT

Auteur de *The Foundations of Bioethics*[2], le médecin, philosophe et théologien texan Tristram Engelhardt illustre la pensée postmoderne. Il faut abandonner les illusions d'unité et d'universalité propres tant aux croyances religieuses monothéistes qu'aux métaphysiques et à la rationalité moderne. Notre civilisation individualiste et multiculturelle en voie de globalisation est peuplée d'« étrangers moraux »[3]. Engelhardt propose une éthique générale laïque (*secular*) fondée sur la tolérance et le respect de l'autre[4], une éthique garantie par l'État qui protège les individus et les communautés pacifiques, fait respecter les contrats volontairement

---

1. Ce bref passage évoque sans les développer des questions importantes concernant indirectement la définition de la science-fiction en ses rapports avec la mythologie et l'essai philosophique (p. 66).

2. T. Engelhardt, *The Foundations of Bioethics*, Oxford, Oxford University Press, 1986; 1996. Les citations ont été traduites par nos soins à partir de la deuxième édition.

3. Les « étrangers moraux » ne partagent pas la même vision de l'homme et du monde ni la même morale substantielle.

4. C'est le «principe d'autonomie», rebaptisé «principe de permission» dans la deuxième édition.

consentis[1] et n'autorise que l'usage défensif de la force. Il estime que la plupart des questions dites de bioéthique relèvent de choix privés.

Au cœur de sa conception, il place la notion de « personnes », c'est-à-dire des êtres conscients, sensibles à la distinction du bien et du mal, capables de choisir après délibération une conception de la « vie bonne » et libres de rallier l'une ou l'autre communauté[2] offrant une vision du monde et une morale substantielle. Ainsi en va-t-il de la communauté chrétienne orthodoxe à laquelle Engelhardt s'est converti : des règles y condamnent, par exemple, le clonage, l'avortement, l'euthanasie, etc. (*cf.* p. IX, X).

Mais le postmodernisme classique, communautarien et individualiste, n'accorde d'ordinaire guère d'attention aux techniques et sciences matérielles « réflexives » grâce auxquelles les humains développent la capacité de modifier leur individualité biophysique.

Or, Engelhardt invite à penser la libre diversité créatrice des hommes comme n'étant pas exclusivement symbolique, et à penser la « nature humaine » comme une réalité empirique, contingente, modifiable. La notion de « personne » ne doit pas être réduite à celle « d'individu membre d'une espèce de mammifères terriens : l'espèce humaine ». Aucune nécessité n'entraîne que toutes les personnes concevables soient humaines au sens bio-génétique de ce terme. « Ainsi que les anges – sans parler des spéculations de Science-Fiction concernant des êtres rationnels conscients sur d'autres planètes – le montrent, toutes les personnes ne doivent pas nécessairement être humaines »[3]. Or, si l'on dissocie les personnes de leur concrétisation biophysique contingente, on aboutit à la conclusion que les personnes sont libres de modifier la réalité biologique à laquelle elles se trouvent accidentellement associées. La notion de « nature humaine » n'implique aucune limitation (si ce n'est empirique) pour les personnes à

---

1. C'est-à-dire sans que l'un des acteurs n'exerce ou ne menace d'exercer une violence physique sur un autre.

2. L'individualisme est aussi légitime. L'individu a le droit d'être laissé seul, le droit à la vie privée.

3. « Inversement, tous les humains ne sont pas des personnes. Tous les humains ne sont pas conscients d'eux-mêmes, rationnels et aptes à concevoir la possibilité de blâmer et de louer. Les fœtus, les nourrissons, les retardés mentaux profonds, les comateux irréversibles, sont autant d'exemples d'humains qui ne sont pas des personnes. Ils sont membres de l'espèce humaine mais n'ont pas de statut, par eux-mêmes et en eux-mêmes, au sein de la communauté morale laïque. Semblables entités ne peuvent ni blâmer ni louer ni être dignes de blâme et de louange ; elles ne sont pas capables de faire des promesses, des contrats, ou d'acquiescer à quelque conception de la bienfaisance. » (p. 138-139).

s'imaginer et à *se réaliser* sous des formes autres que celles produites par l'évolution biologique[1].

Le point de vue libéral laïque postmoderne d'Engelhardt, ouvert à une diversité de futurs pour nos descendants, tranche avec les visions univoques, négatives ou positives, de l'avenir projeté par les trois penseurs déjà évoqués. L'imagination spéculative d'Engelhardt est plus riche, et il semble bien que la science-fiction ait joué un rôle dans cette générosité visionnaire. En effet, Engelhardt ne se contente pas de mentionner Huxley, il se réfère aussi à des auteurs tels qu'Arthur C. Clarke ou Kurt Vonnegut, et, plus remarquablement à Olaf Stapledon, auteur de science-fiction et philosophe, dont un roman majeur – *Last and First Men* (1930) – est contemporain du *Brave New World* (1932). Mais la puissance d'imagination spéculative de Stapledon est infiniment plus vaste et plus riche que celle d'Huxley. C'est à propos de Stapledon qu'Engelhardt observe :

> Ici la science-fiction peut être heuristique. (…) La vision de science-fiction peut nous apporter un enseignement moral au moins sur deux points. D'abord, elle devrait nous rappeler qu'il n'y a rien de sacro-saint à propos de la nature humaine qui peut être comprise selon des termes généraux laïques. (…) deuxièmement, les personnes se retrouvent moralement libres d'un point de vue laïque de remodeler la nature humaine comme elles le souhaitent, aussi longtemps qu'elles s'y engagent avec prudence et bienveillance, et avec des collaborateurs consentants (p. 417-418).

A l'évidence pour Engelhardt, l'heuristique de science-fiction ne doit pas se limiter à une heuristique de la peur et surtout pas au seul Meilleur des Mondes.

ALDOUS HUXLEY

Dans sa Préface de 1946, Huxley relève l'extrême pessimisme du *Brave New World*, car il y condamne les deux branches de l'alternative présentée : l'utopisme et le primitivisme (retour à la nature et à la tradition). Dans ce

---

1. « S'il n'y a rien de sacré dans la nature humaine (et aucun discours purement laïque n'est capable de révéler le sacré), aucune raison ne pourra être reconnue qui dirait pourquoi la nature humaine ne pourrait, en observant une prudence appropriée, être radicalement changée. (…) si l'on considère le long terme sérieusement, des changements majeurs seront inévitables si nous demeurons une espèce libre progressant technologiquement. (…) Si nous avons des descendants qui survivent durant les quelques prochains millions d'années (une période courte du temps géologique), il est très vraisemblable que certains décideront de se refaçonner eux-mêmes afin de vivre mieux dans des environnements modifiés sur cette Terre, et, peut-être, dans les environnements d'autres planètes. (…) aucune raison ne permet de présumer qu'une espèce unique dérivera de la nôtre. » (p. 413, p. 417).

monde totalitaire, nous suivons l'histoire de quelques marginaux (Bernard, un *alpha* mal conditionné, John le Sauvage issu de la Réserve…) qui seront finalement broyés par le système. Nous avons aussi droit à une longue mise au point de philosophie politique par un cadre dirigeant : l'Administrateur mondial, Mustapha Menier.

La *politique* dans le Meilleur des Mondes est présentée comme l'exercice du pouvoir non pour lui-même, mais comme un *devoir* assumé par quelques hommes qui prennent en charge la gestion de la société avec pour finalité « le bien public ». Ce bien public est assimilé au bonheur universel conformément à la philosophie dominante de l'utilitarisme hédoniste. La préservation du bonheur de tous prime toutes les autres valeurs : vérité, liberté, recherche scientifique et invention technique, qui risquent de déstabiliser l'ordre social. Une politique totalitaire est à cet effet indispensable. Encore faut-il qu'elle utilise les moyens les plus adéquats. Or, ces moyens sont *technoscientifiques* : la *techno*politique est beaucoup plus efficace que l'exercice traditionnel du pouvoir qui utilise des moyens essentiellement symboliques et de force physique : des moyens volontiers violents et répressifs mais très imparfaits. Dans le Meilleur des Mondes, les techniques du pouvoir sont biologiques (génétiques) : l'ectogenèse[1] permet d'orienter le développement de l'embryon dans un sens eugénique (favorisant certaines capacités) et de standardisation (le procédé « Bokanovski » qui préfigure le clonage) en vue de la fonction sociale que l'individu assumera plus tard d'une manière parfaitement adéquate et satisfaisante pour tous (à commencer pour lui-même). D'autres techniques sont biochimiques et psycho- ou neuro-pharmacologiques : au centre, il y a la drogue euphorisante sans effets marginaux négatifs appelée « soma » ; mais il y a aussi les succédanés physiologiques de grossesse ou le SPV (Succédané de Passion Violente) qui permet « d'irriguer tout l'organisme avec un flot d'adrénaline. C'est l'équivalent physiologique complet de la peur et de la colère. Tous les effets toniques que produit le meurtre de Desdémone et le fait d'être tuée par Othello, sans aucun des désagréments » (p. 402). Il y a aussi des psychotechniques ou neurotechniques qui font appel aux TIC : le Cinéma Sentant qui annonce les technologies de la simulation multi-sensorielle et de la Réalité Virtuelle, l'hypnopédie qui conditionne l'enfant durant son sommeil et des techniques néo-pavloviennes qui impriment des normes que l'individu adulte suivra inconsciemment comme des instincts.

---

1. Le mot est utilisé p. 94. Nous référons à la traduction française par J. Castier, Plon, Le Livre de Poche, 1964.

Dans le Meilleur des Mondes, les *sciences et les techniques* reçoivent une évaluation ambivalente. Mais le pôle négatif de l'ambivalence domine à un point tel que les dimensions libératrices positives de la R&D sont quasiment imperceptibles. Le Meilleur des Mondes s'est édifié sur le constat que la R&D libre – les *changements technologiques rapides* (p. 18, Préface) autant que la recherche fondamentale – sont sources d'instabilité sociale très grave (y compris des guerres) en raison des découvertes et inventions révolutionnaires qu'elles introduisent. « Toute découverte dans la science pure est subversive en puissance » souligne l'Administrateur (p. 377). La poursuite indéfinie de la vérité et du progrès technoscientifique n'est pas socialement ni politiquement viable ; vérité et progrès sont un leurre dangereux qu'il faut combattre. Au nom de la gestion sociale stable et harmonieuse, le politique doit décider de rendre publiques ou de tenir secrètes découvertes et inventions ; il doit *contrôler* étroitement la R&D technoscientifique, c'est-à-dire limiter et orienter ses activités : la science ne doit « s'occuper que des problèmes les plus immédiats du moment » (p. 381) ; le politique doit *utiliser* les acquis technoscientifiques en vue de la gestion efficace de la société.

> Toute notre science, dit l'Administrateur, est tout simplement un livre de cuisine, avec une théorie orthodoxe de l'art culinaire que personne n'a le droit de mettre en doute, et une liste de recettes auxquelles il ne faut rien ajouter, sauf par permission spéciale du premier Chef (p. 379).

La philosophie politique utilitariste hédoniste qui règne sur le Meilleur des Mondes subordonne toute vérité scientifique et toute efficacité technique à l'entretien du bonheur de tous. Pareille instrumentalisation des sciences et des techniques revient à nier l'esprit même de la recherche qui est d'exploration libre, illimitée, un esprit d'expérimentation non bridée, curieux précisément de ce qui est craint par l'utopie : l'inconnu, le nouveau, l'imprévu… A la fin de sa Préface de 1946, Huxley évoque la possibilité d'un usage « décentralisé » de la science qui, au lieu d'instrumentaliser les personnes au nom du bonheur universel, offrirait « le moyen de produire une race d'individus libres » (p. 23). Mais il ne paraît guère croire en cette possibilité.

La société du Meilleur des Mondes est fortement inégalitaire, dépourvue de libertés et strictement hiérarchisée. Il s'agit d'assurer ainsi la stabilité et l'ordre social. Une société d'individus égaux ou plus ou moins égaux et libres conduit à l'anarchie ; elle est d'autant moins viable que grâce au développement technologique les individus disposeraient de plus en plus de loisirs. Ordre et stabilité exigent la fonctionnalisation et la standar-disation des individus au moyen des techniques, au sein d'un système social hiérarchisé en castes homogènes (α, β, γ, δ, ε). Les individus y accomplissent le travail pour lequel ils ont été conditionnés corps et âmes : ils sont à la fois efficaces et heureux.

Machine complexe autarcique[1] et répétitive, le Meilleur des Mondes – comme la plupart des utopies – est *sans dehors, sans ouverture.* La clôture du système utilise – je l'ai dit – des moyens autres que simplement symboliques (langagiers). Le conditionnement y est biophysique, pas seulement psycho-linguistique, comme dans *1984* d'Orwell par exemple. La réalité extérieure niée et l'épreuve déniée du réel (avec sa charge d'imprévu, de résistance, d'altérité inconnue, de souffrances physiques et morales, de risques effectifs, d'incitation à changer et à évoluer[2]) prennent la forme de la *nature sauvage* et de la *tradition* (c'est l'univers de la Réserve indienne[3]). La dimension d'ouverture, absente de l'utopie, est aussi celle de la *transcendance*, y compris au sens religieux du terme. Le Meilleur des Mondes évacue la transcendance en réalisant d'une manière technoscientifique parfaite la philosophie politique du christianisme selon Marx : celle de « l'opium du peuple ». Désormais, l'opium n'est plus de nature symbolique et imaginaire (les croyances consolantes) : il est une drogue au sens propre du terme, parfaitement efficace et sans effets secondaires : le *soma*[4], auquel s'ajoutent toutes les techniques neuro-bio-physiques qui permettent de supporter la condition humaine sans inventer des ailleurs transcendants.

« Dieu n'est pas compatible avec les machines, la médecine scientifique, et le bonheur universel. Il faut faire son choix, note l'Administrateur. Notre civilisation a choisi les machines, la médecine et le bonheur » (p. 393). Mustapha Menier n'affirme pas qu'il n'y a pas de Dieu et Huxley (dans sa Préface) dénonce le triomphe utilitariste du Principe du Bonheur Maximum qui éclipse toute référence à la question des fins dernières de l'Homme. Il dénonce ce qu'il appelle *le Projet Manhattan de l'avenir* porté par l'alliance des scientifiques et des politiques en vue de faire « aimer aux gens leur servitude » (p. 20).

La dimension chassée par la clôture utopique est évidemment aussi celle de la liberté, de la créativité, de l'originalité individuelle ; la vie privée

---

1. Allant jusqu'au recyclage des corps.

2. John, le Sauvage, en vient à réclamer le « droit d'être malheureux », p. 403.

3. Proche de la nature et des valeurs traditionnelles : famille, maternité, paternité, mariage, amour… La maternité biologique, la promiscuité familiale sont une horreur du point de vue du MM. Et l'amour électif d'un individu pour un autre est une absurdité anti-sociale remplacée par l'érotisme libre (celui-ci fait penser à la désublimation répressive diagnostiquée par Marcuse). Le MM souligne le sous-développement affectif de tous, y compris les citoyens alpha.

4. « Le christianisme sans larmes, voilà ce qu'est le *soma* », dit l'Administrateur (p. 399).

en marge du système social collectif public est éradiquée du *Brave New World* autant que de *1984*.

Enfin, l'expression *Brave New World* sort de Shakespeare, et le hasard a voulu que dans sa Réserve, John le Sauvage a pu disposer des œuvres de Shakespeare auxquelles il se réfère et qu'il cite constamment. La littérature, les livres sont le refuge contre la déshumanisation utopique. Ce qui signifie que l'humanité demeure implicitement définie et valorisée comme une forme de vie essentiellement caractérisée par l'activité symbolique : spécialement, lire-écrire.

ARTHUR C. CLARKE

Dès 1975, Clarke publie avec *Terre, planète impériale*[1], un roman de *hard science fiction* sur le clonage qui n'a guère vieilli[2]. Le roman excelle dans les descriptions détaillées d'une civilisation encore proche de la nôtre mais riche de différences principalement liées à l'essaimage de l'homme dans le système solaire. Nous sommes en 2276. Sur Titan, une lune de Saturne, une petite république souterraine s'est formée sur la base de l'exploitation industrielle de l'hydrogène titanien. Le roman relate principalement l'unique voyage sur Terre de Duncan Makenzie, petit-fils cloné de Malcolm Makenzie, lui-même fondateur de la dynastie qui règne sur la République de Titan. Ce voyage remplit deux finalités : 1) participer sur Terre aux festivités commémorant le 500e anniversaire des États-Unis ; 2) se reproduire par clonage à son tour. Une partie importante des descriptions et anecdotes évoquent l'étonnement de Duncan devant les phénomènes de la Terre, particulièrement les diverses formes de vie qu'il n'avait jamais encore vues en réalité.

La longévité étant considérable, trois générations de Makenzie coexistent – Malcolm, Colin et Duncan – et entretiennent des rapports de grande complicité et de complémentarité. Sur Terre, le clonage est légal et effectué dans des cliniques privées. Il reste un mode de reproduction exceptionnel et controversé mais il n'entraîne aucune pathologie psychologique ou biologique spécifique. L'éducation du clone et les conseils que lui donne son « père » lui permettent de ne pas tomber dans des erreurs et

---

1. *Imperial Earth*. Nous renvoyons à la traduction française par Georges H. Gallet parue dans la collection J'ai Lu.

2. Même s'il est exact que Clarke se trompe en ce qui concerne la nécessaire transmission, de clone en clone, de la tare génétique qui entraîna le Makenzie fondateur à se reproduire par clonage (voir note en fin du roman).

des expériences négatives qu'il aurait faites sans l'éclairage de son *alter ego* plus âgé et plus instruit de la vie.

> Lorsque Colin grandit, il n'y a avait aucun moyen de le distinguer de son "père-clone" au même âge. (…) Mais Malcolm n'était pas un Narcisse, seulement intéressé par la création d'un simple double de lui-même ; il voulait un associé en même temps qu'un successeur. Le programme éducatif de Colin se concentra donc sur les points faibles de Malcolm. (…) Une discussion entre les trois Makenzie – chose rarement surprise par les étrangers – ressemblait plus à un monologue qu'à une dispute. (…) de véritables désaccords entre eux étaient virtuellement inconnus [1].

C'est du côté des conditions et conséquences sociales et politiques du clonage que des réserves seraient à faire, bien que celles-ci n'apparaissent guère sous la plume de Clarke. Duncan se fait cloner dans une clinique située sur une petite île tropicale, dans la discrétion donc, sinon le secret. Les clones embryonnaires y sont portés par des mères affectées de disgrâces – de handicaps – physiques ou psychiques. Ces femmes connaissent ainsi collectivement les joies de la maternité, bien que l'enfant leur soit enlevé peu de temps après la naissance. Clarke les décrit heureuses, mais plus à la manière de femelles reproductrices que comme des personnes et des individus autonomes ; elles vivent dans l'enceinte tropicale de la clinique, dans un milieu qui fait penser à un état de nature édénique – jardin, plage, soleil, insouciance – tout en étant suivies par les technologies les plus avancées.

Plus centrale est la portée politique du clonage. Cette forme de reproduction semble être la plus efficace pour garantir à un individu que son pouvoir sera transmis et préservé par sa descendance avec laquelle il co-existe longuement de telle sorte que la proximité biologique est renforcée par une complicité psychologique et culturelle progressivement construite. A défaut de clonage – est-il souligné – des dynasties régnantes ont favorisé jadis la consanguinité et l'inceste, par exemple les pharaons. Dans la mesure où Titan forme une république – de tendance technocrate – largement indépendante de la Terre et dominée par les Makenzie, le clonage est une entreprise *personnelle* (clonage privé) qui revêt cependant une importante signification politique. Mais ce sens est très différent de celui du Meilleur des Mondes, organisé par un pouvoir politique anti-démocratique, à très grande échelle et ne laissant aucune place à l'initiative privée. Le clonage des Makenzie facilite simplement leur maintien à la présidence qui n'est pas en droit héréditaire, mais élue. En outre, l'origine

---

1. Extrait pour lecture proposé : « Les avantages du clonage » : p. 17-18 ; p. 19-20.

de ce pouvoir associé au clonage est involontaire : Malcolm, le fondateur, s'est cloné dans une perspective d'eugénisme négatif : parce que sa descendance naturelle présentait une tare génétique fatale. Il a, avec ses descendants, simplement tiré parti d'une situation qu'il ne souhaitait pas et qui a d'ailleurs ruiné son mariage. A ce propos, la reproduction par clonage n'interdit pas le mariage ni les relations sexuelles, stériles dans le cas des Makenzie. Le roman se termine par le retour sur Titan de Duncan accompagné de son bébé clone de quatrième génération.

Terre, planète impériale comporte d'autres aperçus spéculatifs intéressants de futurologie politique. Clarke insiste ainsi beaucoup sur le décalage communicationnel qui va croissant dès lors que l'on s'éloigne de la Terre et qui empêche rapidement toute conversation, discussion, débat ou dialogue. Ceci constitue un obstacle insurmontable lorsqu'il s'agit de prendre des décisions collectivement, comme c'est le cas dans les démocraties parlementaires. En ce qui concerne les rencontres physiques, les difficultés sont encore pires : le voyage Titan-Terre prend plusieurs mois et exige un entraînement à la gravité terrestre que seuls des individus encore jeunes peuvent supporter. Tout cela explique que les colonies qui ont prospéré sur des planètes ou satellites du système solaire – à l'exception de la Lune – sont devenues rapidement largement autonomes et indépendantes du gouvernement terrestre avec lequel de bonnes relations lointaines sont maintenues. Ainsi des collectivités et des cultures plus ou moins différentes des sociétés terrestres se développent.

Le roman comprend encore d'autres thèmes de fiction spéculative intéressants – telle la recherche de formes de vie ou du moins de communications extraterrestres (le projet Cyclops). Le souci de la protection et de la survie de l'espèce et de la civilisation humaines est très présent dans ce livre qui évoque l'existence de banques de données préservant l'héritage culturel et scientifique de l'humanité et auxquels l'individu a déjà largement accès à l'aide de dispositifs qui anticipent nos moteurs de recherches actuels ! Est soulignée aussi la nécessité d'offrir toujours à l'humanité de nouvelles frontières à conquérir.

Robert Reed

Dans sa Préface à *Black Milk* (1989), Gérard Klein[1] constatait, encore au milieu des années quatre-vingts-dix[1], la rareté des romans inspirés par la

1. Nous renvoyons à la traduction française – *Le lait de la chimère* – parue chez Laffont en 1992 et due à Bernard Sigaud.

biotechnologie humaine, spécialement génétique, et il soulignait déjà à cet égard la qualité exceptionnelle du roman de Reed.

Le narrateur de *Black Milk* – Ryder – est un enfant génétiquement amélioré (*enhanced*). Il est doué d'une mémoire absolue, c'est-à-dire qu'il enregistre tous les détails de ce qu'il voit, entend, sent extérieurement et intérieurement (émotions comprises). Il a accès à ces enregistrements mémoriels et il peut donc à volonté revoir – revivre – des scènes et aussi découvrir des aspects qui avaient échappé à son attention consciente auparavant. Un effet secondaire de cette faculté est que régulièrement il «plonge»: il est alors à ce point absorbé dans le souvenir qu'il faut littéralement le secouer pour le ramener au présent (p. 44-45; 49; 99; 109). A la fin du livre, nous apprenons qu'adulte, marié et socialement bien intégré, il a repris l'affaire immobilière de ses parents et que nous avons lu le récit rétrospectif et sélectif – avec tri de l'essentiel – de quelques années de son enfance. Toutefois, lorsqu'on lit le livre on a tout à fait l'impression d'y être, de vivre directement l'expérience d'un enfant surdoué à certains égards, sans décalage: on «plonge» avec Ryder dans son passé et ce passé redevient présent. Je tiens à souligner la qualité littéraire du roman.

L'essentiel du récit rapporte les aventures vécues par Ryder et ses principaux amis, tous à des degrés divers, génétiquement modifiés, parmi lesquels Marshall à l'intelligence supérieure et poussé par une mère possessive; Cody, fille d'un couple de lesbiennes et physiquement plus vigoureuse qu'un garçon; Beth, très jolie et douée pour les arts, et pourvue d'une voix extraordinairement musicale; Jack, venu d'un milieu misérable et ayant bénéficié d'une eugénique principalement négative qui l'a sauvé, en partie, d'un hérédité trop lourde. Ces aventures enfantines sont le plus souvent banales et traduisent des préoccupations ordinaires d'enfants dont la grande entreprise est la construction et le perfectionnement d'une cabane en bois dans un vieux chêne. Ils jouent, bavardent, rêvent, se disputent, se bagarrent avec d'autres groupes du voisinage; ils évoquent leurs problèmes à l'école ou à la maison. Bref, ils paraissent normaux; leur dotation génétique particulière est seulement vécue comme ambivalente: elle les enrichit autant qu'elle leur pèse quelquefois; elle contribue à leur identité, à faire de chacun un être différent et unique. Leurs dons programmés tendent jusqu'à un certain point à les isoler des enfants «naturels ou normaux», mais en même temps ces dons les valorisent. Nous sommes dans une société future – pas très éloignée dans l'avenir – qui ne stigmatise pas la

---

1. Bien que rédigée au début de cette décennie, la Préface a dû être remise à jour en 1996 ainsi qu'en témoigne une note sur la bioéthique.

différence, promeut la diversité, a bien intégré la transgenèse végétale et animale et s'est ouverte à l'eugénique humaine. Le principal artisan de cette évolution est le docteur Aaron Florida dont les laboratoires de recherche génétique sont omniprésents et dont l'empire industriel et scientifique s'est étendu au-delà de la Terre (p. 82) : il a, notamment, détourné une comète qui gravite désormais autour de la Lune comme une mini-lune dont il exploite les ressources et où il poursuit la mise au point de nouvelles formes de vie résistantes à des environnements non terrestres – son rêve étant d'ensemencer les planètes mortes du système solaire et même d'envoyer des arches de vie dans l'espace interstellaire. Florida organise chaque année un concours très suivi par les médias internationaux qui consiste à lâcher dans les espaces verts de la cité une créature transgénique inédite et inoffensive que les enfants sont invités à capturer s'ils veulent remporter le prix. Ryder et ses amis consacrent ainsi une bonne partie de leurs loisirs à tenter de capturer le dragon des neiges lâché à Pâques cette année-là (p. 37-38). Ils sont également invités dans la résidence de Florida, microcosme bénéficiant des toutes dernières technologies pour marier l'art et la recherche technoscientifique. La mémoire totale de Ryder intéresse particulièrement Florida pour deux raisons : comme objet d'étude neurogénétique et comme dépositaire vivant de son histoire à lui : l'épopée de Florida aujourd'hui très âgé et désireux d'avoir ce témoin très jeune qui pourra parler de lui dans plusieurs décennies encore comme s'il était toujours là (p. 328). Sans que cela ne paraisse pesant, les enfants améliorés demeurent sujets d'expérimentation toute leur vie, car les manipulations génétiques s'expriment d'une manière partiellement imprévisible. Ce destin n'est pas vécu comme une catastrophe humaine, mais seulement comme apportant des avantages (de toutes espèces) autant qu'il comporte des inconnues et des servitudes. Le père de Ryder accueille favorablement cette situation tandis que sa mère la regrette (p. 54-56). Florida lui-même est décrit par les enfants qui parlent de lui et qui évoquent aussi ce que le monde dit de lui, comme une personnalité foncièrement ambivalente, ayant fait beaucoup de bien mais dont certaines intentions et entreprises ont eu des conséquences désastreuses (p. 269 ; 341). C'est le cas de la forme de vie destinée à peupler l'atmosphère de Jupiter, dont Florida perd le contrôle et qui menace de ravager la Terre, avant d'être détruite au prix de nombreuses victimes[1]. Les personnages enfantins et adultes du livre ont une réelle densité psychologique et ils conservent jusqu'au bout une certaine opacité, qui laisse l'appréciation morale à la subjectivité du lecteur. Nous sommes

---

1. Il s'agit des monstrueux « électrochiens », p. 199, 203*sq.* ; p. 216, 303.

aux antipodes de la simplification caricaturale qui règne dans les projections de psychologie spéculative partisane associées à la plupart des débats et fictions suscités par les craintes et espoirs inspirés par l'eugénique.

La conversation tourna peu à peu à un insolite échange de confidences où chacun révélait comment il était devenu ce qu'il était génétiquement parlant. Je dis que mes parents voulaient un garçon sain, avec peu de gènes synthétiques, juste le minimum. (…) Puis ce fut au tour de Cody de se raconter. – Mes mères faisaient partie de ces groupes de marginaux (…) Les fameux mouvements lesbiens. C'étaient des militantes. (…) Elles ont décidé d'avoir un gosse. Une fille. (…) Elles voulaient une fille qui puisse faire tout ce qu'un garçon pouvait faire. Et même plus. (…) May m'a eue, et les parents de May n'avaient pas d'autres petits-enfants à chouchouter. (…) Alors ça s'est arrangé avec eux. Progressivement… Mais je ne sais pas au juste. J'ai toujours trouvé tout très ordinaire. La vie, je veux dire. J'ai pas du tout l'impression d'être aussi exceptionnelle que ça [1].

Black Milk est centré sur la psychologie individuelle et les relations interpersonnelles conformément à la perspective qui est celle d'un enfant d'une dizaine d'années. Le monde adulte est limité à quelques personnes – parents, enseignants et les sortes de demi-dieux que sont Florida et ses proches collaborateurs. Ce monde apparaît aussi comme une toile de fond, plus ou moins lointaine, à travers des notations éparses : nous sommes dans un monde libéral non dépourvu de préoccupations de justice économique et sociale où l'ONU fonctionne comme une sorte de gouvernement mondial, où les nouvelles technologies – électroniques autant que génétiques – sont bien intégrées, où l'humanité a commencé à coloniser l'espace extra-terrestre … Mais ce monde demeure en même temps très proche du nôtre, il est seulement décalé par certains aspects liés à des avancées technoscientifiques. Au total, *Black Milk* est un roman très réaliste, dont le merveilleux doit autant à l'enfance qu'à la science, plus précisément au regard de l'enfant posé sur les découvertes et inventions technoscientifiques. Ce regard est la source même de la science-fiction (p. 143*sq.*).

Black Milk est plus réaliste que *Brave New World* qui est une utopie de science-fiction, qui schématise et caricature. Semblable simplification du réel parle plus aisément à l'intellectuel et à l'idéologue, car elle facilite la conceptualisation, l'illusoire maîtrise de la réalité à venir. *Black Milk* est tout en nuances phénoménologiques qui n'imposent aucun jugement et repoussent les distinctions et oppositions tranchées entre des catégories :

---

1. Extrait pour lecture proposé : « Les enfants racontent leurs gènes », p. 234-236 : Ryder, Jack, Cody, Beth et Marshall bavardent dans leur cabane arboricole.

artificiel et naturel; normal et pathologique; éducation et conditionnement génétique; générosité et égoïsme; bien et mal… Les enfants « améliorés » ne rencontrent pas plus de difficultés que les autres; et les difficultés qu'ils connaissent proviennent autant du milieu parental ou social que de leur hérédité partiellement choisie. Cette influence négative du milieu est très nette dans les cas de Marshall et de Jack qui souffrent bien plus de leur environnement familial que de leurs gènes. Jamais les enfants ne se plaignent de leur conditionnement génétique: ils l'assimilent, le vivent seulement avec plus ou moins de bonheur.

Le monde de *Black Milk* n'est certainement pas le meilleur; il n'est pas davantage le pire. Il est plus ou moins différent du nôtre du fait de l'actualisation de quelques possibles ou fantasmes principalement dans le domaine de la génétique. Le réalisme descriptif et narratif qui caractérise le roman ne doit pas être interprété comme une anticipation objective des effets d'interventions eugéniques. Tout cela demeure spéculatif. Mais la spéculation peut être plus ou moins nuancée, riche, complexe. La fiction spéculative de *Black Milk* compense de façon non polémique le poids de l'imagination simplificatrice et tendancieuse qui enveloppe trop souvent la problématique de l'*enhancement*.

MICHEL HOUELLEBECQ

Prix Renaudot 2005, *La possibilité d'une île* montre que les thèmes de science-fiction, et plus spécialement le thème de l'avenir à long terme de l'espèce humaine techniquement modifiable, s'introduisent dans « La Littérature » *main stream*.

La structure du livre est complexe. On peut la schématiser en retenant principalement trois séries de chapitres qui alternent de manière irrégulière. La série de *Daniel 1 : Daniel 1,1 ; Daniel 1,2… Daniel 1,28*; la série de *Daniel 24 (24,1 ; 24,2…)* ; enfin, la série de *Daniel 25*.

Nous sommes dans un futur éloigné de quelque 2000 ans de notre époque où vivait un certain Daniel (Daniel 1) qui a été cloné dans le cadre d'un projet d'immortalisation lancé par une secte (les Elohimites[1] emmenés par un prophète et un savant illuminé). Cette secte – qui n'est pas sans rappeler Raël – a prêché une sorte de religion technologique, partiel-

---

1. De « élohim » terme désignant les dieux dans certains passages de la bible. Mais il est aussi utilisé dans la mythologie science-fictionnelle pour désigner les extraterrestres très évolués, savants et techniciens, qui seraient venus sur Terre pour créer l'homme.

lement parodique du christianisme[1], assurant la conservation de l'ADN avec promesse de résurrection future par clonage pour l'individu qui a fait don de sa fortune (et de citer Steve Jobs, Bill Gates et Richard Branson...). Daniel 24 et 25 sont donc des clones[2] descendants successifs de Daniel 1. Dans ce futur lointain, les clones vivent dans des sortes de bulles individuelles interconnectées et des cités closes très protégées dont ils ne sortent pas, n'ayant plus de contact physique avec leurs semblables et s'alimentant de manière autotrophe (comme les plantes). Ils sont donc très profondément modifiés : on les appelle les « néo-humains ». Dans les espaces extérieurs à ces technocosmes sécurisés vivent les humains non modifiés. Suite à des guerres et des bouleversements climatiques, l'humanité naturelle est largement éteinte ou retournée au tribalisme barbare. Les néo-humains ont préservé l'essentiel du patrimoine techno-culturel de l'humanité et ils l'ont même fait fructifier pendant un temps. Ce sont les TIC autant que les biotechnologies qui ont rendu possible cette néo-humanité et sa survie durant deux millénaires.

> Rien ne subsistait de ces productions littéraires et artistiques dont l'humanité avait été si fière ; les thèmes qui leur avaient donné naissance avaient perdu toute pertinence, leur pouvoir d'émotion s'était évaporé. Rien ne subsistait non plus de ces systèmes philosophiques ou théologiques pour lesquels les hommes s'étaient battus, étaient morts parfois, avaient tué plus souvent encore (...) Les productions technologiques de l'homme, par contre, pouvaient encore inspirer le respect : c'est dans ce domaine que l'homme avait donné le meilleur de lui-même, qu'il avait exprimé sa nature profonde, il y avait atteint d'emblée à une excellence

1. *La possibilité d'une île* est un roman complexe avec de nombreuses dimensions (et aussi de grandes faiblesses, telle une complaisance pornographique à travers le récit de Daniel 1), dont une sorte de parodie des débuts du christianisme dans le récit du développement de la secte (283 *sq.*). Lorsque le prophète meurt assassiné par son amant, le petit groupe de ses proches décide de le remplacer secrètement par l'un d'eux (Vincent, fils naturel du prophète) en le faisant passer pour une première réincarnation technique et donc pour le premier néo-humain, la première victoire sur la mort. La scène rappelle la résurrection. Par ailleurs, il n'existe au total que quatre témoins directs des coulisses de la mise en scène, dont Daniel 1 et Vincent 1, rappel des quatre évangélistes. Ils laissèrent leur récit de vie et furent clonés (299*sq.*). Il y a aussi le rôle d'une Sœur Suprême qui a largement défini la philosophie néo-humaine, régulièrement évoquée.

2. J'utiliserai les termes « clone, clonage », mais Houellebecq imagine une technique plus radicale qui aurait succédé au clonage proprement dit : la production biologique synthétique d'un individu physiquement directement adulte sur la base d'un ADN individuel utilisé comme un plan détaillé. Ce processus évite l'embryogenèse ainsi que l'essentiel de la croissance : elle reproduit un individu immédiatement à l'âge de 18 ans, exception faite du développement psychologique et cognitif. Ce n'est que durant une première phase de l'histoire que le clonage au sens propre fut utilisé (p. 245).

opérationnelle à laquelle les néo-humains n'avaient rien pu ajouter de significatif[1].

Une des originalités de cette fiction tient à l'usage du «récit de vie» comme complément à l'immortalité génétique. Conscients du fait que la perpétuation d'une identité biologique est insuffisante pour assurer une sorte d'immortalité puisque la conscience et la mémoire, tout l'acquis existentiel de l'individu, ne se transmettent pas par clonage, les néo-humains utilisent un stratagème «herméneutique»: le commentaire des récits de vie antécédents. La série Daniel 1 constitue l'autobiographie de celui-ci que chacun de ses clones successifs doit assimiler et commenter en tenant compte des commentaires déjà rédigés. Les séries Daniel 24 et Daniel 25 constituent de tels commentaires qui expriment en marge de Daniel 1 l'expérience existentielle de ses lointains *alter ego*. Cette technique rappelle des aspects de l'herméneutique au sens de Gadamer : il faut que chaque époque entre en dialogue avec les grands textes culturels du passé en tenant compte des commentaires et interprétations déjà disponibles des époques intermédiaires. C'est ainsi que se perpétue et évolue une identité symbolique, un sens, et se forme une tradition. Seulement, une tradition est une continuation qui implique la *collectivité* et le *renouvellement* des générations. Placée au service du clonage individuel qui nie cette dimension sociale et de renouvellement, l'herméneutique – le commentaire du récit de vie de Daniel 1 – n'est qu'un substitut pour l'impossible perpétuation d'une conscience individuelle. Ce n'est pas une herméneutique authentique dans la mesure où l'altérité est exclue bien plus que reconnue et assimilée.

L'état psychologique ou moral des clones lointains de Daniel 1 n'est guère brillant et le livre confirme sur ce plan aussi la thèse qui fait de la reproduction par clonage une impasse évolutive par défaut de remixage des gènes. Le désir (spécialement le désir sexuel, qui était exubérant chez Daniel 1) s'est fort atténué chez les néo-humains dont la philosophie est quasi-bouddhiste (p. 167 *sq.* 440). Ils recherchent le non-désir, tout en gardant parfois comme la nostalgie de l'émotivité humaine, source de souffrance certes, mais aussi chance de bonheur[2].

A l'origine, le projet élohimite était une réponse au désir de continuer à jouir indéfiniment de la vie dans un corps jeune : l'horreur de la déchéance de l'âge traverse le récit de vie de Daniel 1. Mais la néo-humanité s'est de

---

1. Extrait pour lecture proposé : « Eloge d'*homo faber* par Daniel 25 », p. 455-456.
2. Ils entretiennent encore comme l'ombre d'une utopie qui reste totalement imprécisée et à laquelle ils réfèrent par l'expression : « l'avènement des Futurs ».

plus en plus détachée de cette exubérance hédoniste pour s'immobiliser dans des existences répétitives caractérisées par une ataraxie contemplative[1]. Une vie immobile qui ne s'engage plus ni ne s'accomplit ni ne devient, mais qui s'arrête comme au seuil de la vie, là où tout demeure toujours possible (p. 426). Des causes de cette évolution débouchant dans la non-évolution sont à chercher dans la répétition biologique autant que dans la disparition de la vie relationnelle impliquant des contacts physiques directs, ainsi que dans un contexte totalement sécurisé sans risque ni surprise. Dans la mesure où les récits de vie de Daniel 24 et 25 sont des commentaires de l'autobiographie de Daniel 1, c'est évidemment d'abord l'époque de celui-ci, c'est-à-dire *grosso modo*, la nôtre qui est décrite et critiquée. Le nihilisme des néo-humains serait déjà présent sous des formes contradictoires aujourd'hui, tels l'hédonisme excessif, le développement de l'euthanasie, le non-engagement, la perte de tout repère, la pensée «faible» postmoderne, l'obsolescence des religions traditionnelles, la disparition du lien social, etc.

Daniel 25 finit par rompre avec cette vie anesthésiée ; il quitte la Cité et va vers les espaces naturels où il observe des tribus humaines barbares ; son aventure qui lui fait redécouvrir un semblant de vie s'achève au bord de la mer.

Ainsi s'achève aussi cette fiction qui illustre, sous une forme pessimiste voire nihiliste, un futur issu de l'usage de techniques matérielles d'auto-modification associées à des croyances, des désirs et des fantasmes traditionnels et inédits dans une société dont nous reconnaissons aisément les traits : technoscientifique, individualiste, libérale et communautarienne. Bien que différente du *Meilleur des Mondes* cette fiction alimente les craintes non seulement à l'égard de cette société mais également à l'égard de ce qu'elle pourrait engendrer. Elle est tout à fait typique de ce que j'appelle notre postmodernité technosymbolique et de l'imaginaire associé : mélange de techniques, de sciences, de croyances traditionnelles et de fantasmes nouveaux orientés vers l'avenir.

---

1. Certains passages présentent cependant aussi cette évolution de l'humanité vers une sorte d'anesthésie, de faiblesse croissante du désir de continuer à vivre, comme déjà présente au XXIe siècle et donc davantage comme la source d'inspiration du clonage que comme sa conséquence. La production des néo-humains est en ce sens présentée comme une réponse évolutive à la fatigue de vivre de l'espèce humaine. Le roman donne de notre époque et de son avenir un reflet très pessimiste : l'humanité est en train de se condamner elle-même à l'anéantissement et cela n'est pas tellement regrettable : il n'est pas sûr du tout qu'elle mériterait d'être sauvée.

POUR NE PAS CONCLURE

Il serait possible de prolonger dans de multiples directions ce petit album de concepts et d'images de philosophie et de littérature que je livre à la réflexion et à l'imagination du lecteur. Je ne vais donc pas conclure ni dans un sens ni dans l'autre. Les dangers imaginés de l'auto-modification évolutive, et en particulier de *l'enhancement*, sont réels. Les avantages potentiels probablement aussi. Vouloir renoncer aux risques comme aux espérances ne me paraît pas viable à long terme. Ce qu'Arthur Clarke, après d'autres, appelle « la libre exploration de nouvelles frontières » est vital pour l'humanité et pour la vie elle-même, à condition d'être prudente.

Mais l'ambition de cette présentation n'allait guère au-delà d'un léger enrichissement de la diète de l'imagination philosophique.

Gilbert HOTTOIS
Université libre de Bruxelles

LA SCIENCE-FICTION,
LITTÉRATURE PROTHÉTIQUE

Oui, vous avez bien lu, prothétique et non prophétique et il n'y a pas eu de faute d'impression dans le programme.

Je commencerai par une remarque banale : l'humanité est une grande créatrice de prothèses. Je n'évoque pas ici celles qui sont destinées à pallier une infirmité individuelle et accidentelle, mais celles qui remédient aux limites de la naturelle condition humaine. Cela a commencé il y a quelques millions d'années avec des prolongements de la main, pierre et bâton. Puis cela n'a pas cessé et s'est même nettement accéléré au cours des trois ou quatre derniers siècles.

Si quelques espèces, oiseaux ou hominidés, se servent d'outils empruntés à la nature, brindilles, cailloux, et se transmettent dans leur usage une sorte de culture, aucune que nous connaissions n'a inventé la technologie. Et si certaines, comme les fourmis ont organisé des relations quasi symbiotiques avec d'autres insectes, aucune n'a poussé la domestication aussi loin que l'humanité qui a fait du cheval, ou du chien, voire du chat (nous y reviendrons) des sortes de prothèses.

Lunettes de correction ou astronomiques, microscopes, télescopes, voitures, briquets, échelles, fauteuils, antennes, micros, navires, avions, voire satellites, et armes hélas, je vous en passe la liste complète qui déborderait la Grande Encyclopédie, sont autant de prothèses.

Les procédés existants qui permettent cette amélioration de l'humain sont innombrables et depuis très longtemps ils font partie de la vie quotidienne, mais, chose très curieuse, ils sont pratiquement absents de la littérature ordinaire. Ils nous sont d'indispensables auxiliaires mais la plupart des écrivains les méprisent ou du moins les négligent. Certes, ils apparaissent, à l'occasion, comme des accessoires ou des éléments de décor. Dans certains domaines spécialisés, comme la littérature maritime ou aéronautique, j'invoque ici Saint-Exupéry, il arrive même qu'ils soient célébrés. Mais cela demeure bizarrement exceptionnel.

Il y a pourtant un domaine entier de la littérature qui est voué largement, sinon exclusivement, à la célébration des prothèses et à leur expansion ou extension, dans l'avenir, en incluant des améliorations radicales de l'humain : c'est la littérature de science-fiction. Rien de surprenant puisqu'il s'intéresse, pour l'idéaliser ou pour la redouter, à la technique sous toutes ses formes.

La difficulté serait de recenser les textes pertinents, vu leur nombre. On peut estimer entre 50 000 et 100 000, et peut-être plus, le nombre de textes, romans et nouvelles, publiés dans le domaine de la science-fiction depuis les origines dans le monde entier, dont plus de 90% depuis le début du XXᵉ siècle, et sans doute plus de 70% en anglais et en français. Personne évidemment n'en a tout lu et il n'existe malheureusement pas de recherche systématique même si quelques bonnes encyclopédies ont été éditées et si des travaux sont en cours comme celui de Sylvie Allouche qui me succèdera à cette place.

Comment dire donc quelle proportion de ces textes exalte des prothèses ? Intuitivement, je dirai 50% ou un peu plus, pour laisser de la place à d'autres thèmes comme celui des Extraterrestres, des pouvoirs secrets ou à venir de l'humanité ou encore des uchronies qui ne devraient rien aux paradoxes temporels.

Il m'est donc impossible d'être complet, voire seulement de l'envisager, sauf à déborder les limites de l'ensemble de cet article, et surtout de ma modeste science. Je ne fournirai ici que quelques exemples, choisis un peu au hasard, dans l'espoir d'initier, ou du moins d'encourager une recherche plus systématique. J'accorderai évidemment une place particulière aux textes que je connais le mieux et parfois à des auteurs français en espérant qu'on ne me taxera pas de nationalisme, sans que cela signifie que je les considère comme les meilleurs. C'est aussi volontairement que je m'en tiendrai à la littérature bien que le cinéma et la télévision aient donné vue à ces spéculations.

La science-fiction est donc, à ma connaissance, la seule espèce littéraire qui corresponde au projet de cet ouvrage, l'*enhancement* de l'humain.

Je traduirai volontiers ce terme anglais d'*enhancement*, par amélioration, ici de l'humain, mais aussi par extension, dépassement, ou encore augmentation, comme on parle de réalité augmentée.

On peut retenir ces différentes traductions pour tenter de classer les apports de la science-fiction ; d'abord les extensions, puis les améliorations et augmentations, et enfin les dépassements.

D'ABORD LES EXTENSIONS

Les prothèses externes dans la science-fiction sont d'abord et souvent des véhicules qui permettent aux humains d'atteindre et de pénétrer des milieux hostiles, l'air, le fond des mers, l'espace, les autres planètes et même le passé et l'avenir. Cyrano de Bergerac a inauguré le voyage dans l'espace au moyen de fusées, vers 1650.

Cette technologie débridée et délibérément exaltée, c'est souvent ce que ses contempteurs reprochent à la science-fiction. En anglais, on appelle ça « nuts and bolts », en français ferraille, quincaille, voire gadgets. Et pourtant les véritables héros des romans de Jules Verne sont le sous-marin Nautilus, l'hélicoptère l'Albatros de *Robur le Conquérant*, *La Maison à vapeur*, cet ancêtre du camping-car.

Albert Robida, un peu plus tard, adore peupler ses paysages d'aéronefs urbains. H.G. Wells, à l'extrême fin du XIXe siècle, invente *La Machine à explorer le temps*.

Je me demande qui a imaginé pour la première fois, le scaphandre spatial, probablement bien avant 1900.

Bizarrement, je n'ai pas trouvé dans cet esprit grand chose dans l'œuvre de Rosny Aîné, écrivain d'origine belge, l'un des grands créateurs de la science-fiction moderne, sinon le détecteur d'énergie sombre de *La Force Mystérieuse* (1913), et l'astronef des *Navigateurs de l'Infini* (1925). Et pourtant, il situe la maîtrise du feu comme la mère des technologies.

Les revues américaines populaires, les *pulps*, multiplient ces inventions jusque sur leurs couvertures. Je n'en retiendrai qu'une, le télémanipulateur de Robert Heinlein, qui donna le nom de son personnage, Waldo, aux appareils de cette nature qui apparurent bien après.

Bernard Wolfe dans son roman *Limbo* (1952), une anti-utopie fracassante et trop méconnue, imagine un usage radical de prothèses. Ces prothèses n'hésitent pas, au besoin, à bousculer les limites de la physique. Pour les astronefs interstellaires, dépasser la vitesse de la lumière devient une convention, au point que des physiciens tout à fait sérieux ont consacré des ouvrages à examiner comment, en effet, on pourrait contourner cette limite. À défaut de voyager aussi vite, au moins communiquer : Ursula le Guin, dans son cycle galactique de l'Ekumen, imagine l'Ansible, souvent imité, jamais égalé.

A l'opposé du cosmique, le très petit. Si les auteurs de science-fiction n'ont pas utilisé les ressources de la nanotechnologie avant qu'un ouvrage de vulgarisation sur lequel je reviendrai, n'en répande l'idée, ils s'en sont emparés aussitôt. Greg Bear, dans *Oblique*, notamment, en dérive des armes et des outils infiniment adaptables.

Et l'informatique a inspiré, en matière de prothèses externes, une foule d'auteurs. Je n'en citerai qu'un, Vernor Vinge, par ailleurs enseignant en mathématiques et informatique, qui, dans *Rainbows End* (2006) imagine des lunettes collimatant des données et de la réalité augmentée, et des vêtinfs, vêtements qui assurent toutes les fonctions d'un ordinateur.

Il faut aussi mentionner le branchement des cerveaux sur des ordinateurs, popularisé par Willliam Gibson et qui donnent un accès direct à des univers virtuels.

Ceux-ci sont très souvent exploités dans la science-fiction. Michael Coney, dans son cycle du *Chant de la Terre*, qui date des années 1980, et qui comporte cinq titres, en fait un large usage et y voit un risque de perdition pour l'humanité. Ce qui apparaissait déjà dans *Zone Zéro*, de Herbert Franke, informaticien et écrivain allemand (1974).

Qui dit informatique pense aussitôt aux robots et autres intelligences artificielles. Mais je les aborderai plus loin, à propos du dépassement de l'humain en raison de leur autonomie qui n'en fait pas de simples prolongements de l'humain.

LES AMÉLIORATIONS ET AUGMENTATIONS

Venons en à un chapitre plus intime, celui des améliorations et augmentations du corps humain lui-même. J'évoquerai quelques textes anciens, pour bien souligner que la science-fiction a pensé depuis longtemps ces questions.

Dans son roman *Le Docteur Lerne, sous-dieu*, Maurice Renard imagine, dès 1908, d'étranges greffes, d'abord entre animaux, puis entre humains et animaux. Pour se venger de sa volage maîtresse, il n'hésite pas à installer son cerveau dans le corps d'une génisse, et vice-versa. Et il finit par greffer un cerveau humain sous le capot d'une automobile.

André Couvreur, lui-même médecin, met en scène dans *Le Biocole* (1927) un savant-fou, Tornada qui remplace à la chaîne des organes humains défectueux par ceux de cochons, et envisage de la sorte une première forme d'immortalité physique.

Jacques Spitz, dans *L'Homme élastique* (1938) envisage l'agrandissement ou le rétrécissement des humains, auxquels il voit surtout des applications militaires. Dans *L'Expérience du Docteur Mops* (1939) puis dans *L'Œil du purgatoire*(1945), son chef d'œuvre, il imagine qu'un traitement du nerf optique dote d'une mémoire de l'avenir. Son héros voit les choses telles qu'elles seront, pour son malheur vouées à la décrépitude.

Les prothèses internes sont innombrables qui permettent des ajouts ou des modifications du corps, ouvrant la voie à la réjuvénation, thème fréquent, éventuellement par allongement des télomères.

Les nanotechnologies tiennent depuis assez peu une place importante dans ces remaniements. Curieusement, les auteurs de science-fiction ne se sont intéressées à elles qu'assez récemment, alors que le concept était beaucoup plus ancien, après le livre de vulgarisation de Drexler, en 1986, *Engines of creation*.

Pourtant, je ne l'avais pas lu lorsque dans ma nouvelle, *Mémoire vive, mémoire morte*, publiée la même année et écrite en 1985, j'imagine que l'embryon peut être doté d'une perle, une minuscule prothèse informatique, installée dans son hippocampe, qui va doter son porteur d'une mémoire pratiquement illimitée. Un rêve, qui peut devenir un cauchemar. Mais je vous renvoie à mon texte grâce auquel je suis peut-être l'introducteur des nanotechnologies dans la science-fiction.

Dans le fameux cycle de Iain M. Banks, sur La Culture, inauguré au début des années 1990, Culture qui est une immense société galactique, puissante, riche, tolérante, anarchique, les humains peuvent se permettre à peu près toutes les excentricités. On sait faire repousser des membres et des organes, allonger la vie de plusieurs siècles, changer de sexe, plusieurs fois si on le souhaite, et il y a même une mode curieuse qui conduit à porter ses organes à l'extérieur.

Du côté des modifications génétiques, que je considère comme des sortes de prothèses puisqu'elles ajoutent quelque chose au corps naturel (comme du reste, les vaccinations, bien plus anciennes), James Blish, dans son excellent roman *Semailles humaines*, dès 1967, envisage d'adapter l'homme à l'univers, à des planètes où il ne pourrait pas survivre autrement. C'est ce qu'il appelle la panthropie qu'il oppose à la terraformation. Robert Reed, dans *Le lait de la chimère* (1991) aborde la question des enfants génétiquement améliorés à la carte et soulève le problème éthique, sans condamner pour autant la pratique. Paul McAuley, dans *Les Diables blancs* (2004), imagine des chimères génétiques, redoutables ou pathétiques, composées à partir de gènes d'humains et de grands singes, thème déjà abordé par Vercors vers 1960, dans *Les Animaux dénaturés* mais par une voie plus naturelle, l'hybridation.

Les drogues psychotropes, depuis au moins *L'étrange cas du Dr Jekyll et de Mr Hyde*, (1886) de Robert Louis Stevenson, constitueraient à elles seules un chapitre passionnant. Je n'en citerai qu'une variation des plus étonnantes : Dans *Les croque-morts*, David Skal, en 1981, imagine qu'on peut extraire d'un cerveau une substance qui permet de devenir, pour un temps, celui ou celle dont on a broyé le cerveau. Un homme dont la compagne a été assassinée à cet effet recherche les fioles de cette drogue afin de retrouver, à travers d'autres femmes, un temps, celle qu'il a perdu. C'est l'une des plus belles histoires d'amour fou de toute la science-fiction.

LE DÉPASSEMENT

Je situerai dans le dépassement de l'humain, les prothèses autonomes : robots et intelligences artificielles (I.A.), qui remplacent certes animaux domestiques et esclaves, parce qu'en général, ils dépassent l'humain par leurs capacités et leur sens moral. Je n'ai pas le temps de détailler ici les trois lois de la robotique de Campbell et Asimov, longuement exploitées par ce dernier dans sa série des robots.

Les cyborgs, alliance du robotique et de l'humain me semblent plus présents dans le cinéma que dans la littérature.

Si les robots sont généralement de forme plus ou moins humanoïde, les I.A. ne connaissent pas cette limitation et peuvent adopter toutes les apparences, d'un drone minuscule jusqu'à une gigantesque structure orbitale, ce qui est abondamment le cas dans le cycle de la Culture de Banks que j'ai déjà cité. Ces I.A. sont fondamentalement de nature informatique et constitueraient l'aboutissement du programme plus ou moins scientifique de l'intelligence artificielle, initié dans les années 1950.

Mais si une intelligence artificielle égale à l'humaine est possible, et si l'intelligence humaine correspond à un langage de type informatique, alors il devient possible de reproduire une intelligence humaine et donc de transférer la personnalité d'un individu d'un support biologique à un autre support, par exemple électronique, susceptible d'être à jamais réparé et étendu.

Ce remplacement du corps renouvelle le thème de la longévité accrue, voire de l'immortalité : Greg Egan, informaticien et écrivain australien, le pousse à ses limites dans *La Cité des permutants* (1995). Les univers virtuels y deviennent le refuge ultime de ceux qui ont abandonné notre commune réalité.

Me vient enfin une dernière variation dans ce chapitre, c'est de considérer la théorie comme une prothèse. Elle intervient quand la connaissance immédiate des choses défaille. Or, la science-fiction adore la théorie : je n'en donnerai qu'un exemple, le nexialisme d'Alfred Elton Van Vogt introduit dans *La faune de l'espace* (1950), et qui est une sorte d'interdisciplinarité généralisée et de cognitivisme appliqué.

Tout ce travail sur le corps, voire l'esprit, dans la science-fiction a engendré un mouvement assez fumeux, le transhumanisme, qui s'est plus ou moins inscrit dans la tradition *New Age*, et qui vise à rien de moins qu'encourager ces transformations de l'humanité. Pour ce que j'en sais, je ne peux m'empêcher de le trouver bien naïf et bien en retard sur le littérature.

LE DÉBORDEMENT

Je ne peux m'empêcher de retourner la question des prothèses. Et si nous, humains, étions les prothèses de quelqu'un ou quelque chose qui nous aurait amélioré à son usage ? J'écarte ici toute hypothèse métaphysique sur des maîtres invisibles, mais le cas des chats me semble éloquent. Mon propriétaire, le chat Aurore, me considère comme une prothèse commode pour ouvrir les portes devant lesquelles il se plante et pour garnir sa gamelle. Et il est clair qu'il m'a éduqué à cet usage.

Mais il y a des exemples plus pertinents. Dans ma nouvelle *Les Virus ne parlent pas*, publiée en 1967, j'avais imaginé que la machinerie de l'évolution avait été relancée par des êtres intelligents microscopiques, de petits Dieux, peut-être une intelligence collective, afin d'explorer leur macrocosme qui est notre univers et de se lancer à sa conquête. Ils ont progressivement amélioré leurs instruments. Nos yeux sont leurs télescopes, nos oreilles les moyens de percevoir les vibrations gigantesques de ces fluides mystérieux, l'air et l'eau, nos membres leurs manipulateurs. Et malheureusement pour eux, ils se sont abandonnés à leurs prothèses géantes, ils en sont devenus les parasites et ils ont décliné au point de perdre toute intelligence et même la capacité de se reproduire par eux-mêmes : ce sont les virus. Peut-être est-ce le sort qui nous menace à notre tour.

C'est une idée de science-fiction, mais elle n'est pas absurde. La vie est apparue sur Terre il y a environ trois milliards et demi d'années, voire un peu plus. Et pendant plus de deux milliards d'années, elle a végété. Les animaux simples ne sont apparus qu'il y a six cents ou sept cents millions d'années et ont proliféré assez soudainement. Pourquoi ? On n'en sait rien.

Mais sans aller si loin, chacun de nous abrite des passagers, principalement dans son tube digestif, en nombre plus grand que les cellules de son corps, probablement plusieurs centaines de milliards, dont la plupart sont très mal connus, voire tout à fait inconnus. J'ai eu l'occasion d'en parler récemment avec un chercheur français de l'Université de Harvard, David Skurnik, et après un bref calcul, il a confirmé ce que je pensais savoir : nous transportons entre deux et quatre kilos de passagers dont beaucoup nous sont indispensables.

Est-ce que certains nous manipulent ? Je n'en sais rien. Mais c'est une autre idée de science-fiction. À creuser.

CONCLUSION

À quoi toutes ces spéculations littéraires rationnelles peuvent-elles bien servir en dehors du plaisir qu'elles donnent ? Je leur vois au moins deux fonctions complémentaires :

D'abord, une fonction prospective : l'expérience nous a enseigné que lorsque les humains rêvaient de quelque chose, ils finissaient en général par la réaliser. Le plus frappant du reste, c'est que le désir, notamment manifesté dans la littérature, est un meilleur indice prospectif que l'extrapolation techno-scientifique strictement rationnelle. Je pourrais en donner plusieurs exemples mais cela nous entraînerait trop loin.

La seconde fonction est de nous donner l'occasion d'une réflexion éthique : à leur manière, sauvage et désordonnée mais féconde, les écrivains de science-fiction ont beaucoup réfléchi aux conséquences de leurs inventions provisoirement imaginaires, et cela longtemps avant qu'elles n'entrent dans la réalité : tous les comités d'éthique, bien souvent en retard d'un train, devraient étudier sérieusement la science-fiction. Quelques philosophes en sont bien conscients, mon ami Gilbert Hottois notamment.

Tout cela nous ramène à deux questions avec lesquelles aiment à jouer les auteurs de science-fiction :

Qu'est-ce qui peut arriver à l'humanité ?

Qu'est-ce que l'humain ?

Gérard KLEIN
Editeur, écrivain, économiste.

MODIFIER LES HUMAINS : ANTHROPOTECHNIE
VERSUS MÉDECINE

Si, un jour, on pouvait doter les hommes de mémoires amovibles [leur donnant] la maîtrise de diverses langues ou des connaissances encyclopédiques, si on vous dotait d'organes sensoriels permettant de percevoir directement les ondes radios ou les infrarouges, si enfin ces extensions [pouvaient être] largement répandues, pourquoi seraient-elles jugées «inhumaines»? Je veux dire : on comprend que certains hommes, pour divers motifs, les jugeraient telles. Mais on conçoit aussi que d'autres les apprécieraient tout à fait positivement [...]. L'anthropotechnique a toujours fait partie intégrante d'*anthropos*. Anthropos change seulement de techniques et, bien entendu, ainsi se change.

L'espèce humaine a, dès le départ, été une «espèce technique», c'est-à-dire artificieuse, qui, inlassablement, s'invente et se réinvente elle-même.

Gilbert Hottois, *Species Technica*, p. 222-3 et p. 182.

Depuis plusieurs décennies, avec des innovations aussi diverses que la contraception orale, la chirurgie esthétique de séduction, le dopage sportif, l'utilisation de psychotropes hors indications médicales, et d'autres pratiques controversées plus récentes (clonage reproductif, transhumanisme, etc.), il est commun d'avoir le sentiment d'une sorte de franchissement de seuil dans les possibilités de modifier l'humain. A titre d'exemple, à partir des années 1980, ont été publiés avec succès plusieurs guides pratiques sur les psychostimulants : *300 médicaments pour se surpasser physiquement et intellectuellement* (1988), *Mind Food & Smart Pills* (1989), *Smart Drugs II* (1993), *Le guide des nouveaux stimulants* (1997), *Mind Boosters* (2000), *Brain Candy* (2001)[1], etc. Les titres sont évocateurs et indiquent une

---

1. Anonyme, *300 médicaments pour se surpasser physiquement et intellectuellement*, Paris, Balland, 1988. R. Pelton and T.Cl. Pelton, *Mind Food & Smart Pills*, New York,

modification de la condition humaine ordinaire ou une artificialisation accrue de l'humain.

Si, d'emblée, la controverse a été présente, par exemple par la prise de position de l'Ordre des Médecins français envers le premier ouvrage cité[1], la parution d'essais de réflexion vint avec quelques années de décalage. A titre indicatif, on peut ici mentionner des ouvrage aussi divers que *La santé parfaite* de L. Sfez (1995)[2], *L'adieu au corps*, de D. Le Breton (1999)[3], *Règles pour le parc humain* et *La domestication de l'Être* de P. Sloterdijk (2000)[4], *Species Technica* de G. Hottois (2002)[5], *Post-human: Verso nuovi modelli di esistenza* de R. Marchesini (2002)[6], *Our Posthuman future* de F. Fukuyama (2003)[7], *Beyond Therapy* du President's Council on Bioethics (2003)[8], *Better than Well* de C. Elliott (2003), *The Pursuit of Perfection* de S. et D. Rothman (2003)[9], ou notre propre contribution: *Naissance de l'anthropotechnie* (2006)[10]. La discussion est clairement engagée, prenant parfois la forme d'une controverse. Si le diagnostic est assez concordant, les avis restent contrastés. En la matière, l'une des études les plus attentives, à la croisée de l'éthique médicale et de la philosophie des techniques, est sans doute celle de Gilbert Hottois, qui, face aux clivages souvent réducteurs, préfère adopter une méthode faite

Doubleday, 1989. W. Dean, J. Morgenthaler, S. Fowkes, *Smart Drugs II*, Petaluma (USA), Smart Publications, 1993. Th. Souccar, *Le guide des nouveaux stimulants*, Paris, Albin Michel, 1997. R. Sahelian, *Mind Boosters*, New York, St Martin's Griffin, 2000. T. Lidsky and J.S. Schneider, *Brain Candy*, New York, Simon & Schuster, 2001.

1. Ordre National des Médecins, « Communiqué à la presse professionnelle et à la presse grand public du 26 août 1988 », *Bulletin de l'Ordre des Médecins*, déc. 1988 n°11, p. 273. Ordre National des Médecins, « A propos d'un ouvrage intitulé "300 médicaments pour se surpasser physiquement et intellectuellement" », *Lettre d'information de l'Ordre des Médecins*, nov. 1988, n°10, p. 3.

2. L. Sfez, *La santé parfaite*, Paris, Seuil, 1995.

3. D. Le Breton, *L'adieu au corps*, Paris, Métaillé, 1999.

4. P. Sloterdijk, *Règles pour le parc humain*. Paris, Mille et une nuits, 2000; *La domestication de l'Être*, Paris, Mille et une nuits, 2000.

5. G. Hottois, *Species Technica*, suivi de *Dialogue autour de* Species Technica, Paris, Vrin, 2002.

6. R. Marchesini, *Post-human: Verso nuovi modelli di esistenza*, Torino, Bollati Borrighieri, 2002.

7. F. Fukuyama, *Our Posthuman future*, New York, Picador, 2003.

8. L. Kass (dir.), *Beyond Therapy: Biotechnology and the Pursuit of Happiness*, New York, Dana Press, 2003.

9. S. Rothman, D. Rothman, *The Pursuit of Perfection*, New York, Pantheon Books, 2003.

10. J. Goffette, *Naissance de l'anthropotechnie – De la biomédecine au modelage de l'humain*, Paris, Vrin, 2006.

d'investigations précises, de prudence éthique, et de travail raisonné de l'imagination mêlant spéculations philosophiques et science-fiction[1].

En fait, ce grand bricolage de l'humain pose avec une acuité quelques questions philosophiques aussi fondamentales que banales : « qui suis-je ? », « où vais-je ? » et « que dois-je faire ? ». Avec l'accroissement technique de notre pouvoir de nous transformer, quel visage allons-nous prendre, quels choix devons-nous faire ? Comment exercer cette capacité au service de notre libération et non de notre aliénation, individuelle ou collective ? Plus directement, l'irruption de plus en plus forte de cet « au-delà du soin » (cf. *Beyond Therapy* ou *Better than Well*) pose schématiquement au moins quatre groupes de problèmes : un problème social d'interrogation sur la conformité aux mœurs « normales », un problème conceptuel sur cet au-delà de la tension du normal et du pathologique, un problème déontologique puisqu'en l'absence de justification de santé le rapport bénéfice-risque en est problématique, et un problème éthique et politique sur ce qu'on doit autoriser, interdire ou prendre en charge.

LA DISTINCTION ENTRE *ENHANCEMENT* ET MÉDECINE

En fait, l'une des façons les plus pertinentes d'aborder cette évolution est de la situer vis-à-vis du cadre médical classique. Il est ici utile de commencer par les obstacles à la séparation des deux champs d'activité et nous rappellerons trois arguments avancés par S. et D. Rothman contre la distinction entre *enhancing* et *curing*, bien qu'elle soit séduisante à première vue.

> The most usefull starting point for analyzing [the situation] is with the meaning of *cure* and *enhancement*, the two terms that run through debate. At first glance, differentiating between the two seems relatively simple. Cure seeks to restore health by remedying a disease, by returning tissue or body chemistry to a normal range [...]. By contrast, enhancement looks beyond the normal, aiming to put the individual at the far end of the curve, or better yet, off the chart[2].

Le premier argument contre cette impression initiale est aussi une critique envers ceux qui condamnent tout *enhancement*. S. et D. Rothman affirment qu'il n'est pas valide de plaquer le couple naturel/non-naturel sur le couple *cure/enhancement* pour condamner tout *enhancement*, car la

---

1. G. Hottois, *op. cit.*
2. S. Rothman et D. Rothman, *op. cit.*, p. XIII.

médecine aussi va contre la nature et en dévie le cours[1]. L'argument est
assez juste, la médecine contrariant souvent l'évolution naturelle (quoique
certaines théories médicales se conçoivent comme restauratrices d'une
harmonie naturelle). Toutefois, en termes d'argument contre la distinction
cure/enhancement, il ne s'agit pas d'un argument au sens fort. Il évacue un
fondement possible de la distinction, mais n'invalide pas l'existence
d'autres fondements possibles.

Le second argument fait intervenir l'imprécision et la difficulté à
expliciter les concepts.

> It turns out to be extraordinary difficult, really impossible, to distinguish
> consistently between cure and enhancement [...]. Cure itself is a highly
> ambiguous concept that requires precise definitions that cannot be
> provided with any consistency and providence[2].

Les exemples donnés en appui sont celui de la difficulté de distinguer
le normal et le pathologique en psychiatrie (apparition et disparition de
l'homosexualité[3] dans le DSM), celui de la création du syndrome
prémenstruel, et celui du changement des seuils de normalité de la pression
artérielle et du taux de cholestérol[4]. Face à un tel argument, force est de
reconnaître qu'en effet la distinction du normal et du pathologique fait
toujours l'objet de discussions et de controverses, de G. Canguilhem
jusqu'à C. Boorse, T. Engelhardt ou L. Nordenfeld. Toutefois, la distinction n'en est pas moins présente et opératoire dans les professions médicales, servant de guide implicite la plupart du temps. De même, l'exemple
de l'homosexualité peut très bien être cité comme un exemple de conta-
mination de la distinction médicale par des considérations sociales et
culturelles, ce qui n'invalide en rien la pertinence médicale de la distinction
du normal et du pathologique. Quant aux exemples de la pression artérielle
et du taux de cholestérol, ils tendraient plutôt à montrer l'importance de la
distinction pour les professions médicales et l'effort qu'elles font pour
établir des seuils tenant compte du dernier état de la connaissance clinique :
un changement historique de la fourchette de normalité estimée ne signifie
pas qu'établir une fourchette de normalité n'a pas de sens ou de pertinence.
Bien au contraire, cela s'inscrit déontologiquement dans l'obligation professionnelle de maintenir ses connaissances à jour, en particulier sur les

---

1. S. Rothman et D. Rothman, *op. cit.*, p. XIII et XVI.
2. *Ibid.*, p. XIII-XIV.
3. American Psychiatric Association, *Diagnostic and Statistical Manual of Mental Disorders*, cf. les évolutions de la première version à la quatrième.
4. S. Rothman et D. Rothman, *op. cit.*, p. XIV.

références en matière de seuil de normalité ou de facteurs de risques. A cet égard, l'éthique médicale n'a pas pour priorité première la clarté et la cohérence conceptuelle, mais plutôt la formulation des normes pratiques, opératoires, reposant sur un état de l'art. Plus généralement, vis-à-vis de ces arguments par l'imprécision, il faut remarquer que si on cherche la précision sémantique et la réduction drastique des polysémies et des ambiguïtés, alors l'immense majorité du lexique est à rejeter, constat *a fortiori* valable pour des termes d'usage courant comme « vie », « maladie », « santé » ou « normal ». Cela ne signifie pas pour autant qu'ils n'ont pas de pertinence, même si leur polysémie peut agacer. En fait, si l'argument de l'imprécision est recevable à titre logique, il ne l'est pas à titre philosophique ou éthique. Enfin, on peut transposer la remarque que les auteurs faisaient dans leur premier argument : la distinction normal/pathologique n'est pas identique ou similaire à la distinction *cure/enhancement*, et transposer le défaut de cohérence (*inconsistency*) du premier couple sur le second n'est pas vraiment valide.

Le troisième argument, par l'indistinction technique, est assez différent.

> The futility of trying to separate cure from enhancement is also apparent in the way that science conducts research and medicine translates its findings into clinical practice. In 1997, the National Institute of Health (NIH) convened a meeting on the regulation of genetic enhancement to consider banning funding for research on enhancement. The policy was never enacted because of an inability to différentiate one type of research activity from the other [1].

La remarque est intéressante mais elle montre surtout à quel point le domaine de la recherche se distingue de celui des applications. Chaque chercheur sait que la plupart du temps il est impossible de prévoir à l'avance les domaines d'application et encore moins les usages potentiels. Pour autant, cela ne signifie pas que les usages sont impossibles à distinguer. Par exemple, vis-à-vis de l'ouverture sanglante du corps, le droit distingue soigneusement les pratiques criminelles portant atteinte à la personne et les pratiques chirurgicales reposant à l'inverse sur l'estimation d'un rapport bénéfice/risque face à la maladie. Ce n'est pas l'outil, ou même la technique, qui est différencié, mais son usage et sa finalité. On comprend l'échec indiqué, mais non l'argument concluant à la futilité de la distinction *cure/enhancement*, qui peut s'étayer sur une distinction des

---

1. S. Rothman et D. Rothman, *op. cit.*, p. XIV-XV.

finalités, comme le fait couramment le droit en distinguant des usages licites et illicites pour un même objet ou une même technique.

Le quatrième argument est celui du glissement historique d'une catégorie à l'autre.

> The history we will trace is filled with examples of cures turning into enhancements. Hormone replacement therapy began as a cure for the acute symptoms of hot flashes and anxiety that sometimes accompanied the passage to menopause ; later it became an intervention to keep skin supple and improve memory in postmenopausal women. Plastic surgery was developped to rehabilitate soldiers injured and maimed in World War I ; the same techniques were later applied to the lined face and the small breast [1].

Si nous concentrons le regard sur la question de l'évolution historique (nous avons déjà commenté l'argument par les techniques), S. et D. Rothman argumentent par l'absence de frontière précise entre médecine et *enhancement*. L'existence de situations intermédiaires ou ambigues est en effet peu contestable. Cependant, ces situations n'invalident pas l'idée d'une opposition et d'une distinction. Une polarité peut exister tout en comprenant tout un gradient de situations intermédiaires, comme en témoigne la polarité positif/négatif d'un aimant, ou le spectre coloré de l'arc-en-ciel. Ce n'est pas parce qu'il existe des couleurs intermédiaires que le bleu et le rouge sont indistincts, et ce n'est pas parce qu'il existe des situations ambiguës qu'une méningite et un dopage en compétition sont similaires.

Comme on peut en juger, S. et D. Rothman ne nous paraissent pas démontrer l'impossibilité ou l'incohérence de la distinction entre *cure* et *enhancement*. Leur argumentation ne nous paraît pas concluante, même si elle apporte des réflexions à prendre en considération. Plus largement, la lecture de l'introduction indique une prise de position sous-jacente, contre la position simplificatrice et peu cohérente de ceux qui rejettent tout *enhancement* par respect du naturel. Cette critique faite par S. et D. Rothman est pertinente. Pour autant, il nous semble maladroit de la fonder sur la négation de la distinction *cure/enhancement*. Il suffirait plutôt, par exemple, de reconnaître à certaines pratiques d'*enhancement* une légimité différente de la légitimité médicale, qu'il puisse s'agir de liberté, de justice ou autre. C'est vers une telle orientation que nous allons nous tourner, en poursuivant une réflexion que nous avons déjà menée[2].

---

1. S. et D. Rothman, *op. cit.*, p. xv.
2. J. Goffette, *op. cit.*, chap. 4 et 5.

MÉDECINE ET ANTHROPOTECHNIE :
CARACTÉRISATION D'UNE ACTIVITÉ

En fait, si nous essayons de construire ou d'expliciter la distinction, il est nécessaire de dessiner, même de façon schématique, le cadre médical. En consultant les dictionnaires et les encyclopédies, qui apportent un reflet de cette idée – un reflet imparfait mais informé – on s'aperçoit que la médecine peut être définie par l'association d'une image sociale (le médecin au chevet du malade), d'institutions (hôpitaux, assurance maladie, etc.), d'un couple de concepts (le normal et le pathologique), et surtout, à son fondement, d'un impératif anthropologique : le devoir d'aider autrui lorsqu'il souffre ou risque de mourir.

Vis-à-vis de ce cadre médical, il est intéressant de recenser les pratiques qui, bien qu'associées au monde médical, sont hors cadre, hors de l'impératif anthropologique de lutte contre la maladie et la mort. Par exemple, en se dopant, le sportif ne cherche pas à lutter contre la pathologie mais à augmenter ses performances, y compris en risquant sa santé. En recourant à la chirurgie esthétique, la plupart du temps il ne s'agit plus de réparer les ravages d'une affection (comme un cancer du sein), mais plutôt d'améliorer sa beauté, son charme ou son image professionnelle. En consommant des tranquillisants pour masquer sa tristesse ou son angoisse sociale (chômage, précarité, stress), il ne s'agit pas de réduire une dépression ou une anxiété pathologique mais d'atténuer un problème social existentiel[1]. En recourant à des psychostimulants pour se doper intellectuellement ou sexuellement, il ne s'agit plus de combattre des maladies et de répondre à des soucis de santé, mais d'obtenir des « plus »[2]. A cet égard, les guides pratiques de psychostimulants, qu'ils soient nord-américains ou français, assument pleinement le fait qu'ils s'adressent à des personnes en bonne santé : « Piracetam Update. This unique substance is probably the most popular smart drug for normal, healthy people »[3] ; « Il ne s'agit pas d'un ouvrage de médecine s'adressant à des personnes malades, mais bien d'un outil d'information destiné à toutes celles et tous ceux qui ressentent […] le désir d'améliorer leurs performances physiques et intellectuelles, de

---

1. E. Zarifian, *Des paradis plein la tête*, Paris, Odile Jacob, IV, chap. 2, 1994, p. 196.
2. Voici les sous-titres d'un guide pratique de psychostimulants : « Plus d'efficacité, Plus d'intelligence, Plus de concentration, Plus d'énergie, Plus d'optimisme, Plus de tonus sexuel, Plus de créativité », Th. Souccar, *op. cit.*
3. W. Dean, J. Morgenthaler, S.W. Fowkes, *op. cit.*, p. 103.

combattre la fatigue et les stress inhérents à la vie moderne »[1] Le même genre de citations se trouve aussi dans les livres de vulgarisation de la chirurgie esthétique : « La différence fondamentale est que nous n'avons pas affaire à des malades mais à des personnes saines »[2] ; « La chirurgie esthétique a pour objet de modifier l'apparence d'un sujet sain. C'est une chirurgie facultative dite encore de confort »[3].

Ce ne sont là que quelques exemples tirés d'une multitude de déclarations du même type. Deux remarques s'imposent : d'une part la distinction, comme on peut en juger, est exprimée d'emblée par nombre des acteurs eux-mêmes, d'autre part elle est pour eux non seulement une construction conceptuelle mais surtout une référence opératoire qui structure leur activité et conduit à spécifier certaines attitudes ou exigences éthiques.

La première remarque indique que nous ne sommes plus ici dans la tension médicale du normal et du pathologique, mais dans une autre perspective. Il n'est même pas exact de tracer une ligne allant du pathologique au normal et se poursuivant par l'« amélioré », dans un continuum médecine-*enhancement*. En fait, si nous cherchons des concepts pour décrire cette autre perspective, mieux vaut éviter le concept de « normal » au sens médical, car certaines pratiques d'*enhancement* concernent parfois des personnes ayant une pathologie (on peut avoir une foulure de la cheville et prendre un psychostimulant, ou être grippé et prendre une contraception). L'état de départ n'est pas forcément un état « normal » au sens médical ; il s'agit plutôt de l'état ordinaire ou d'un état banal. De même, le concept d'« amélioré » paraît mal choisi car les médecins ne cessent eux aussi de parler d'améliorer les symptômes ou l'état général, avec à l'esprit tout autre chose qu'un *enhancement*. De plus, « amélioration » introduit sémantiquement un jugement de valeur favorable alors qu'il s'agit avant tout de trouver un concept descriptif. *In fine*, il conviendrait plutôt de s'orienter vers le couple de concepts de l'ordinaire et du modifié, et de reconnaître que l'axe qu'il dessine est foncièrement distinct de l'axe médical. Il n'y a pas même de continuité entre eux, puisqu'une modification d'*enhancement* n'est pas à concevoir comme une « sur-santé », mais comme autre chose que de la santé – certains dopages ou chirurgies

---

1. *300 médicaments pour se surpasser physiquement et intellectuellement*, Préambule, p. 9.

2. J.-Cl. Hagège, *Séduire! – Chimères et réalités de la chirurgie esthétique*, Paris, Albin Michel, 1993, p. 13-14.

3. S.H. Abraham, *La chirurgie esthétique au masculin*, Paris, Éditions Mazarine, 1999, p. 8.

esthétiques comprennent des risques pour la santé qui ne sont pas compensés par un bénéfice médical.

Les implications déontologiques et éthiques de cette analyse épistémologique sont manifestes. D'une part, on voit comment l'un des fondements de l'exercice médical, à savoir la maximisation du rapport bénéfice/risque pour la santé paraît décalée, voire inappropriée puisqu'il s'agit d'un rapport bénéfice/risque pour une autre finalité. D'autre part, en toute rigueur, selon ce principe médical, aucune de ces pratiques ne pourraient être jugées acceptables car elles ne visent pas l'obtention d'une amélioration de la santé et comportent souvent des risques, minimes ou importants. Structurellement, cette différence nous rappelle aussi que la médecine a une limite supérieure au-delà de laquelle elle n'a plus à agir (la bonne santé), alors que cet autre domaine est sans limite, hormis l'indéfini du désir humain. On peut rappeler ces deux articles du *Code de déontologie médicale* français : « Tout médecin qui se trouve en présence d'un malade [...] ou, informé qu'un malade [...] est en péril, *doit* lui porter assistance ou s'assurer qu'il reçoit les soins nécessaires (article 9). » ; « [Le médecin] *doit*, sans négliger son devoir d'assistance morale, *limiter* ses prescriptions et ses actes à ce qui est nécessaire à la qualité, à la sécurité et à l'efficacité des soins » (article 8) »[1].

La lutte contre la maladie à la fois induit une obligation d'assistance, et indique une limite supérieure à l'action. Lorsqu'il ne s'agit plus de maladie, cette obligation morale disparaît et la limite saute. Puisqu'il s'agit là de deux fondements de la déontologie et de l'éthique médicale, on saisit à quel point nous nous trouvons dans un autre champ.

A côté de la médecine, nous assisterions ainsi à l'essor d'un nouveau domaine professionnel, qu'on peut appeler « anthropotechnie » et qui serait défini comme « art ou technique de transformation extra-médicale de l'être humain par intervention sur son corps »[2]. Ce vocable d'anthropotechnie, peu usité et réinventé récemment, a acquis cette nouvelle signification avec P. Sloterdijk et G. Hottois, qui parlent tous deux d'« anthropotechniques ». Son concept est proche du champ des *enhancing technologies* nord-américaines, tout en se révélant plus précis, car aujourd'hui *enhancement* renvoie à la fois à des pratiques d'améliorations corporelles, à des techniques de *coaching* psychologique, ou à de la gestion d'équipes, par exemple.

---

1. *Code de déontologie* (Décret n°95-1000 du 6 septembre 1995), p. 4. (Nous soulignons).
2. J. Goffette, *op. cit.*, chap. IV, p. 69.

En poursuivant la comparaison entre médecine et anthropotechnie, il faut noter que le rôle des acteurs est radicalement différent. En médecine, nous avons le médecin et le patient, ce dernier terme traduisant l'état de souffrance de la personne et le sens de son appel à l'aide. La situation, due à la présence de la pathologie, provoque un devoir d'action : les deux acteurs doivent déterminer ensemble ce qu'il faut faire, d'où ce vocabulaire directif de la « prescription », de l'« ordonnance », qui ressort d'un régime de la nécessité. En anthropotechnie, le régime d'action serait plutôt celui d'une contingence attentive, qu'il faudrait souhaiter prudente. On peut ne pas agir et ne pas modifier : « chirurgie facultative » disait plus haut un médecin. Le client n'est pas un patient mais le porteur d'une demande propre, et le praticien n'a rien à prescrire mais uniquement à proposer. Si la règle déontologique fondamentale de la médecine était de choisir le meilleur rapport bénéfice/risque au service de la santé et de l'autonomie, en matière d'anthropotechnie les règles ne sont aujourd'hui pas établies et ne sont pas claires. On peut souhaiter, à titre personnel, une anthropotechnie au service de l'autonomie, au sens de l'idée qui s'en est établie depuis le XVIIIe siècle : favoriser ce qui humanise et proscrire ce qui déshumanise, favoriser la souveraine responsabilité de chacun envers lui-même, pour paraphraser Kant.

Prenons deux exemples pour indiquer la diversité éthique des situations. La contraception est typiquement anthropotechnique, puisqu'une grossesse normale ne peut en aucun cas être qualifiée de pathologie. Depuis plusieurs décennies, une large majorité de personnes, dans nos sociétés, reconnaît la valeur de la contraception, sa contribution à l'épanouissement personnel et aux relations humaines. La contraception a ainsi une légitimité sociale de liberté, bien différente d'une légitimité de santé (mais il ne faut pas oublier son apport en termes de santé publique, vu le désastre des avortements clandestins). On voit ainsi comment une pratique anthropotechnique peut s'ancrer dans une légitimité forte, en lien avec une valeur phare. Exemple inverse, si nous considérons le dopage sportif, il est comunément admis qu'il s'agit d'une tricherie, et, plus profondément, on peut juger choquant de voir un individu réduit à un instrument de performance, aiguisé jusqu'à l'aliénation de son psychisme et la ruine de sa santé. Le concept de « conduite dopante » développé par Patrick Laure prend ici tout son sens[1]. On peut le compléter du concept de consommation d'autrui, puisque le public et les média « consomment » ces sportifs et ces spectacles plus qu'ils ne portent attention à la personne de ces sportifs.

1. P. Laure et al., Dopage et société, Paris, Ellipses, 2000.

Plus largement, la pression professionnelle, si elle devient une quasi-obligation à se faire modifier, sera un levier d'aliénations redoutables, phénomène qui commence malheureusement à se répandre. Comment concilier ce souci avec l'idée plutôt généreuse d'augmenter, d'accroître ou de rehausser (trois traductions possibles du mot *enhancement*) l'être humain ? A titre de regard prospectif, la *World Transhumanist Association*, par sa *Declaration*[1], opère un curieux mélange de séduction utopique et d'intentions pragmatiques. Comment ne pas adhérer à l'idée de pouvoir choisir d'être plus robustes, plus intelligents et plus beaux ? Cela fait partie des aspirations anthropologiques communes, comme les mythologies et les attentes sociales en témoignent. Mais comment, aussi, ne pas sourire de la naïveté de ces transhumanistes lorsqu'ils ne voient dans nos innovations techniques que des bienfaits (*cf.* art. 3 et 4) ? Et comment ne pas s'offusquer du mépris qu'ils affichent envers une attitude prudente ? A bien des égards, ce sont des Icares : la technique peut être mortifère lorsqu'elle est vécue dans l'ivresse et l'illusion, alors même qu'elle peut être au service de la vie et de la liberté lorsqu'elle est appréhendée, jugée et utilisée de façon prudente, avec une lucidité vis-à-vis des risques. Dans le même mythe, Dédale, grâce à ses ailes de plumes et de cire, s'échappe du labyrinthe et recouvre la liberté alors qu'Icare, ivre de ce vol, succombe à l'ardeur du soleil et se noie. C'est bien la prudence qu'on doit cultiver, c'est-à-dire une attitude qui n'est ni figée dans le refus, ni happée par l'engouement, mais orientée par un exercice d'imagination et de délibération raisonnées. L'anthropotechnie, à côté de la médecine, à encore à trouver sa place, ses normes, son rythme, ses projets.

MODIFIER LES HUMAINS : D'OSCAR PISTORIUS À L'EFFET *LIMBO*

Dans cette dernière partie, nous voudrions aborder un cas révélateur, celui d'Oscar Pistorius. Il permet d'appréhender à la fois la valeur et la nécessité de la distinction, mais aussi les retentissements humains probables de l'essor de l'anthropotechnie. Oscar Pistorius est un athlète sud-africain, tôt amputé des deux jambes du fait d'une malformation. Il est titulaire des records du monde paralympiques des 100m, 200m et 400m. En mars 2007, lors des championnats d'athlétisme sud-africains, il réussit le temps de 46,56s au 400m, et en juillet, concourant avec des « valides », il remporta la deuxième place d'un gala d'athlétisme. Vu ses performances, il demanda

1. World Transhumanist Association (WTA) : *World Transhumanist Declaration*, 2002, à consulter sur : www.transhumanism.org.

à participer aux Jeux Olympiques de Pékin. L'International Association of Ahtletics Federation (IAAF) confia alors au Pr. Brüggerman de l'Université Allemande du Sport de Collogne le soin de faire une étude. Suite à cela, l'IAAF conclu le 14 janvier 2008 que la prothèse Cheeta-Flex-Foot utilisée par O. Pistorius lui conférait un « avantage mécanique évident » et l'IAAF l'interdit de participation aux Jeux. Faisant appel devant le Tribunal Arbitral du Sport (Court of Arbitration of Sport), décision fut rendue[1] en mai 2008, invalidant les conclusions de l'IAAF. Ce revirement reposa sur le défaut de preuve d'un avantage global dû à la prothèse (point 1 du jugement), mais le Tribunal Arbitral du Sport ne se prononça pas en général sur la question de l'utilisation des prothèses, se réservant d'examiner au cas par cas les situations en fonction du dernier état des connaissances scientifiques (point 4 du jugement).

Ce cas engendre controverses et interrogations. Le jugement du Tribunal Arbitral du Sport ne clôt en rien la controverse en ce qui concerne l'avenir et l'utilisation d'autres prothèses ou le recourt à d'autres éléments de preuves. L'étonnement est manifeste : comment considérer qu'une personne handicapée est « avantagée » ? Le handicap étant défini comme le retentissement individuel et social d'une incapacité, comment parler de « surcapacité » ? N'y a-t-il pas un paradoxe, révélateur d'une contradiction d'autant plus nette qu'elle heurte notre sens de la compassion et notre souci de justice et de compensation des handicaps ? Face à ce paradoxe, la distinction entre cadre médical et cadre anthropotechnique prend tout son sens. Si nous réfléchissons au cas d'O. Pistorius selon la perspective médicale du normal et du pathologique, puisqu'il est atteint d'une incapacité évidente, il est clair que la prothèse est médicalement légitime. Elle ne fait que compenser partiellement son handicap. D'ailleurs, O. Pistorius utilise deux types de prothèses. Dans la vie courante, il « chausse » des prothèses classiques imitant la forme d'une jambe, ce qui lui permet de marcher sans être stigmatisé et d'atténuer un regard social discriminant. Pour son sport, il utilise les prothèses incriminées, en forme de lames incurvées, suscitant l'étonnement mais permettant de bonnes performances. Médicalement parlant, il y a donc deux façons de répondre à des situations de handicap, l'une portant sur le regard courant, l'autre sur la performance sportive. En tout état de cause, la légitimité est incontestable, et la décision de l'IAAF peut paraître choquante.

---

1. Court of Arbitration of Sport, « CAS 2008/A/1480 Pistorius v/IAAF », Lausanne, le 16 mai 2008. Téléchargeable sur le site internet officiel du CAS.

Toutefois, considérée dans une perspective anthropotechnique, et plus précisément sportive, la situation est assez différente. Si la finalité n'est plus la santé mais la performance et la compétition, alors, comme le font les institutions sportives, il est légitime de veiller à ce que nul n'ait un avantage déloyal (*unfair advantage*) constitutif d'une tricherie. Au regard de cette valeur d'équité dans la concurrence (qu'on peut critiquer par ailleurs), il est cohérent de s'interroger sur l'effet des prothèses sur la performance et de déterminer si elles induisent un gain global. Compte tenu de leur rendement énergétique, la question est sportivement légitime. Si, globalement, un avantage est attesté, alors il convient de ne pas admettre le prothésé (ou bien de diminuer la performance de ses prothèses de façon à parvenir à une égalité de chances). Les raisonnements de l'IAAF et du Tribunal Arbitral du Sport ne sont donc pas erronés, et si un avantage avait été constaté, l'interdiction de compétition aurait été légitime. On voit ainsi comment deux registres de légitimité tout à fait distincts sont en parallèle. Il n'y a pas une continuité ou une unité entre le médical et l'anthropotechnique, mais deux perspectives reposant sur deux finalités – ou téléologies – foncièrement différentes, pouvant éventuellement entrer en conflit, comme cela arrive dès qu'il s'agit d'arbitrer entre finalités ou valeurs de références.

Face à cela, il est intéressant de faire un exercice de fiction prospective. Admettons que les prothèses de jambes aient apporté un avantage global notable (ce qui risque d'arriver tôt ou tard). Admettons que les instances sportives aient admis par principe que les athlètes handicapés utilisant des prothèses auraient toujours droit de concourir. Connaissant la pression de la concurrence, tôt ou tard certains compétiteurs « valides » auraient sans doute recouru à l'ablation de leurs membres pour utiliser ces prothèses et rester compétitifs. La compétition sportive, déjà fortement pathogène au vu des enquêtes sur les effets du dopage, aurait encore accru son emprise sur les corps, encore davantage aliéné les personnes pour les affûter toujours plus – affûter des instruments de performances. On peut dire qu'une telle perspective, si l'on se place par exemple dans le cadre d'une éthique kantienne de l'autonomie, n'aurait guère été acceptable, la mutilation étant un extrême dans l'aliénation humaine et l'atteinte portée à l'intégrité. C'est ce qu'on pourrait appeler « l'effet Limbo », en référence au livre de science-fiction de Bernard Wolfe[1], qui, dès 1952, mettait en scène une telle problématique sportive et humaine, avec une richesse d'expériences de pensée plus que stimulante. Dans le roman, les Jeux opposent Américains

1. B. Wolfe, *Limbo*, New York, Random House, 1952 ; *Limbo*, trad. A. Grall, Paris, Robert Laffont, 1955, rééd. Livre de Poche 2001.

et Russes et l'usage des prothèses accroissant les performances est devenu banal. Or, alors que d'ordinaire les Américains, forts de leur avance technologique, dominent la compétition, il s'avère que les Russes ont accompli brutalement un saut technologique et ils écrasent leurs adversaires dans toutes les compétitions. La question n'est plus celle d'une compétition d'hommes, mais, poursuivant une tendance bien réelle, celles de la rivalité des nations, celle de la rivalité des dispositifs de performance, celle de la rivalité des entrepreneurs du sport. Ce ne sont plus des hommes qui gagnent ou perdent, mais des prothèses, les athlètes n'étant qu'à leurs service : renversement du rapport. L'être humain n'est que le module de base sur lequel s'emboîte le dispositif spécifique à telle ou telle performance, à la façon de ces outils modulaires des bricoleurs sur lesquels ont peut adjoindre différentes fonctionnalités.

Un tel exercice de fiction n'est pas une sorte d'*hapax* intellectuel. En fait, toute une iconographie et une culture du cyborg en donne des représentations[1]. Par exemple, la publicité « Until then » de la firme Puma met en scène des équipes de football aux jambes modifiées (prolongation équine). Le petit film montre en acte une nouvelle virtuosité corporelle et contribue à la séduction du monstrueux par la passion sportive. Paradoxalement, en même temps qu'elle constitue un exercice de propagande commerciale directe pour une chaussure de sport, elle peut nous aider, en tant que philosophe, à prendre conscience des multiples facettes du retentissement humain de telles modifications : une prothèse n'est jamais un simple objet de plus, elle est toujours un objet corporel, induisant des modifications du corps propre, de l'image du corps, de l'estime de soi et de l'identité corporelle. Généralisons : toute modification anthropotechnique retentit sur le corps objet, le corps propre, le corps affectif et les représentations de soi. Cela n'est pas un mal en soi, mais pose problème lorsque la modification résulte d'une contrainte (hétéronomie), dégrade les capacités humaines (« cata-nomie ») ou induit une dissonance, une difficulté d'appropriation, voire une inquiétante étrangeté de soi-même (« dis-nomie »).

L'inflation des prothèses remanie peu ou prou nos conceptions du corps, d'un corps enchanté à un corps en chantier[2], d'un corps unitaire à un corps modulaire, d'un corps-chair à un corps-machine ou un corps-instrument, d'un corps autosuffisant à un corps dépendant d'une maintenance et d'une infrastructure. Ou plutôt, il conviendrait de dire que ce corps en

---

1. B. Andrieu, *Devenir hybride*, Nancy, Presses Universitaires de Nancy, 2008.

2. *Cf.* colloque « Du corps enchanté au corps en chantier », Centre de Recherche sur l'Imaginaire, Grenoble, 29 nov.-1 déc. 2006.

chantier introduit à la fois de nouveaux désenchantements et de nouveaux enchantements du corps, que ce corps modulaire est toujours un corps intégré, mais avec des problématique de rythmes et d'apprentissage d'intégration, que ce corps-machine, avec ces parties sans intériorité et purement fonctionnelles, conduit à d'autres formes de représentations de l'intériorité et à d'autres formes de fonctionnalités instrumentale, y compris créatrices, que ce corps en maintenance est d'autant plus un objet politique, un lien au double sens du terme, lien social ou lien emprisonnant. Devant une telle pléthore de problématiques et de retentissements humains profonds, il reste à souhaiter que ce ne soit pas la pression de la compétition ou de la conformité aux standards qui joue un rôle moteur. Il reste aussi à souhaiter que l'inflation des prothèses et des modifications puisse être contenue par une attitude de prudence, sans quoi, à force de changements, l'individu risquerait de ne plus se retrouver lui-même, ou, dans la dépendance technique, risquerait de voir son autonomie oblitérée. Il reste à encourager l'exercice conjoint de projection imaginaire et raisonné – de philosophie science-fictionnelle ou de science-fiction philosophique pourrait-on dire – pour commencer à saisir les résonances humaines multiples et favoriser le discernement.

Jérôme GOFFETTE
Université de Lyon, Université Lyon 1, EA4148, LEPS

DES CONCEPTS DE MÉDECINE D'AMÉLIORATION ET D'*ENHANCEMENT* À CELUI D'ANTHROPOTECHNOLOGIE

Le travail que nous conduisons consiste à analyser les formes d'interventions sur le corps humain qui apparaissent dans la science-fiction et plus généralement dans ce que nous désignerons ici comme la « science-spéculation »[1], en nous focalisant sur les interventions dotées d'un indice minime de plausibilité scientifique. Notre hypothèse méthodologique fondamentale consiste à considérer les univers[2] construits par les œuvres de science-fiction comme décrivant des mondes alternatifs susceptibles de procurer un progrès cognitif selon les modalités propres à l'expérience de pensée[3]. Une grande part des mondes qu'explore la science-fiction concerne des évolutions futures spéculatives de notre monde, ce qui explique que, dans la conscience commune, celle-ci semble globalement équivaloir à la « littérature du futur ». Ce n'est pas le lieu ici d'expliquer pourquoi la science-fiction ne se réduit pas à cela[4], d'autant que nous

---

1. Par le terme que j'invente ici de « science-spéculation », j'entends la spéculation fondée sur la science, telle qu'elle apparaît non seulement et majoritairement dans le genre de la science-fiction, mais aussi dans la non-fiction : articles scientifiques (Clynes et Kline, « Cyborgs and space », 1960), ouvrages futurologiques (R. Kurzweil, *The Singularity is near*, 2005), essais philosophiques (J. Habermas, *L'Avenir de la nature humaine*, 2001), etc.

2. Nous distinguons les notions de « monde » et d'« univers ». Nous considérons qu'« univers » désigne l'objet construit par l'œuvre textuelle et constitue un mode d'accès, une fenêtre sur l'ensemble des mondes possibles effectivement décrits par l'univers en question. Nous admettons qu'il y a toujours, sauf dans les cas-limites confectionnés *ad hoc* du type « soit M_0 l'unique monde décrit par l'univers U_0 », une infinité de mondes possibles décrits par un univers quelconque U_x. Pour plus de détails sur cette question, se reporter à notre thèse de doctorat en cours d'achèvement.

3. *Cf.* R.A. Sorensen, *Thought Experiments*, Oxford, Oxford University Press, 1998.

4. *Cf.* par exemple le *Cinquième Colloque international de Science-fiction de Nice*, organisé en mars 2005 par le CRELA et l'Université de Nice-Sophia-Antipolis, sur le thème « L'histoire dans la SF, la SF dans l'histoire », http : //www.unice ; fr/SF/, textes disponibles en ligne.

proposons de nourrir notre réflexion à partir de ce vaste champ du genre, l'un de ses procédés-clés consistant justement à imaginer à partir d'une technologie donnée, ou de la combinaison de plusieurs d'entre elles, prolongements et enjeux philosophiques : éthiques, psychologiques, sociaux, politiques, etc. Dans cet exercice de science-spéculation, la réflexion sur les aspects éthiques et philosophiques de la médecine d'amélioration forme une part si importante qu'il est impossible de pleinement en rendre compte ici[1]. De l'examen approfondi du sujet nous semble cependant ressortir la nécessité de ne pas restreindre la réflexion aux étroites notions de médecine d'amélioration ou *d'enhancement* retenues pour le colloque[2] si l'on veut dès à présent saisir ce qui est en jeu dans la révolution contemporaine de la pratique médicale. L'objet de notre argumentation sera donc de montrer, en prolongement d'autres travaux, en particulier ceux de Gilbert Hottois[3] et de Jérôme Goffette[4], que le concept de médecine d'amélioration est certes recevable, mais limité, et qu'il serait préférable de le replacer dès maintenant au sein d'une notion plus large, celle *d'anthropotechnie*, que nous distinguons elle-même en *anthropotechnè* et *anthropotechnologie*.

PREMIÈRE OBJECTION AU CONCEPT DE MÉDECINE D'AMÉLIORATION

Qu'entend-on par « médecine d'amélioration » ? Si l'on déploie analytiquement ce concept, il paraît désigner un ensemble d'interventions médicales dont le but est d'améliorer l'état d'une personne relativement à une fonction particulière. Or ce concept pose selon nous problème pour deux raisons, la première étant que la notion de « médecine d'amélioration », si l'on entend « médecine » dans un sens strict, nous semble une contradiction dans les termes, et la seconde reposant sur la difficulté à déterminer de façon absolue ce qu'est une amélioration. Avant d'exposer en détail ces deux objections, il est nécessaire de faire un point, largement inspiré des thèses de Georges Canguilhem dans *Le Normal et le*

---

1. Nous renvoyons de nouveau à notre thèse ou, pour une présentation synthétique, à notre article « cyborgs et hommes transformés » dans le *Dictionnaire Encyclopédique des Littératures de l'Imaginaire*, dirigé par J. Goimard, N. Labrousse et S. Manfrédo, Nantes, L'Atalante, à paraître.

2. Colloque international de philosophie « *Enhancement*, Aspects éthiques et philosophiques de la médecine d'amélioration », Unversité Libre de Bruxelles, Mai 2008, organisé par L. Perbal et J.-N. Missa pour le *Centre de Recherches Interdisciplinaires en Bioéthique* et la *Société pour la Philosophie de la Technique*.

3. Notamment G. Hottois, *Species Technica*, Paris, Vrin, 2002.

4. J. Goffette, *Naissance de l'anthropotechnie*, Paris, Vrin, 2006.

pathologique[1], sur ce en quoi consiste exactement la médecine, qui semble justifier l'utilisation du concept de « médecine d'amélioration ».

Médecines et normes

Le but traditionnel de la médecine apparaît comme celui de soigner l'être humain, soit par la guérison complète, soit par l'établissement de conditions physiologiques jugées les meilleures possibles, si la guérison complète ne peut être atteinte. Du fait cependant de la scientificisation de la médecine entamée au XIXe siècle, et des moyens d'intervention grandissants qu'elle a procurés, s'ouvrent de plus en plus de possibilités de transformer le corps humain selon des perspectives où la dimension médicale classique se révèle de plus en plus insaisissable, faisant ainsi voir ou prévoir le passage d'une médecine curative ou de guérison, dont l'idée au moins régulatrice[2] est de revenir à un état physiologique initial ou jugé normal, à une médecine d'amélioration, dont l'idée régulatrice est d'aller au-delà, dans un sens estimé positif, de cet état initial ou jugé normal, d'où la notion d'*enhancement*.

Une première difficulté posée par la notion de médecine d'amélioration provient de cet écart que nous avons d'emblée introduit entre un état « initial » et un état « jugé normal ». Il semble en effet que l'on soit contraint de faire la distinction entre le retour à une norme antérieure qu'a déjà connue un individu – processus de guérison proprement dit, où un état initial défini sert de norme – et le retour à une norme que n'a jamais connue l'individu mais qui est considérée comme valable pour son espèce, par exemple si l'on se propose de *donner* ou de *rendre*[3] la vue à un aveugle congénital. Et même s'il est parfaitement concevable qu'un tel aveugle devenu voyant demande finalement à revenir à son état initial, il semble que pour un certain ensemble de caractéristiques, on n'estime pas d'emblée qu'existe de problème à reconnaître la nature médicale de l'intervention correctrice. Mais il est évident aussi que d'autres caractéristiques sont plus problématiques et le questionnement quant à leur dimension médicale est bien connu, comme quand il s'agit de donner une taille considérée comme normale à une poitrine ou à un pénis.

---

1. G. Canguilhem, *Le Normal et le pathologique*, Paris, P.U.F., 1966.
2. Par analogie avec l'idée régulatrice kantienne, *cf.* E. Kant, *Kritik der reinen vernunft*, 1781/1787, trad. fr. A. Renaut, *Critique de la raison pure*, Paris, GF-Flammarion, 2001.
3. Le problème se trouve très simplement reflété ici dans le verbe que l'on choisit d'utiliser.

Prenant donc acte du rôle-clé que doivent jouer les notions de norme et de normal lorsqu'on essaie de penser la médecine dans l'ensemble de ses champs d'action, nous divisons les cas d'action médicale en quatre grandes classes : si l'on aurait pu faire l'économie, pour les trois premières, des concepts de « norme » et de « normal », la quatrième classe contraint à penser l'action médicale en la mettant en rapport avec ceux-ci, qui peuvent rétroactivement être utilisés pour les trois classes précédentes.

Classes d'action médicale

Première classe : retour à la norme individuelle

L'idée centrale de la médecine est la suivante : je pars d'un état initial où je suis en bonne santé. Puis, je tombe malade ou je suis victime d'un accident, qui produisent une certaine incapacité et/ou une certaine douleur, la douleur pouvant en elle-même être cause de l'incapacité, ou des effets négatifs plus légers (malaise, démangeaisons, manque d'esthétique, etc.). La médecine me permet de ne plus avoir mal et/ou d'être de nouveau capable comme auparavant (de marcher, de sauter, de conduire une moto, etc.). C'est ici, rapidement brossée, la conception la plus communément reçue de la médecine. Mais à ce noyau central se rattache toute une série de situations qui en diffèrent.

Deuxième classe : établissement d'une nouvelle norme individuelle

Dans certains cas, l'état initial ne peut pas être pleinement retrouvé, il reste des « séquelles » (faiblesse de la cheville ou du genou par exemple) ; certaines de ces séquelles ont d'ailleurs une valeur positive (immunisation à une maladie quand on l'a contractée une fois), on peut alors dire que l'état de santé retrouvé est meilleur que l'état initial ; ou parfois la médecine se contente de compenser « en externe » les effets du trouble, comme lorsqu'elle prescrit des lunettes pour corriger un problème de myopie. Dans cette seconde classe de cas, l'état du patient est stabilisé et il peut continuer à vivre indéfiniment dans son nouvel état de santé.

Troisième classe : impossibilité d'établir une nouvelle norme individuelle

Existe cependant une troisième classe de cas où l'état du patient n'est pas stabilisable en un nouvel état de santé, où la médecine ne peut ni guérir ni compenser ; celle-ci peut cependant encore procurer du soin jusqu'au décès annoncé, en reculant sa date et/ou en prodiguant des soins dits palliatifs.

Quatrième classe : rétablissement de la norme spécifique

Existe enfin une quatrième classe qui englobe les cas de différences conçues comme des déficits, donnant éventuellement lieu à des « handicaps », présents dès la naissance de la personne. Ce que l'on avait désigné jusqu'ici comme état initial servait implicitement de norme, mais dans le cas de tels déficits, nous n'admettons pas que l'état initial serve de norme. Or lorsque la norme à retrouver était donnée par l'individu même dans un état antérieur, c'était chose relativement facile à déterminer. Dès lors qu'il n'existe pas d'état initial susceptible de servir de norme, le médecin est nécessairement renvoyé à une norme en idée, plus ou moins facilement repérable selon les caractéristiques, et en partie variable d'une culture ou d'une période historique à l'autre. De cette norme en idée existe un noyau dur, la norme de l'humanité en tant qu'espèce, la norme spécifique, qui sert de toile de fond à toutes les variations possibles des normes individuelles repérées dans les trois classes précédentes : nous considérons en général comme « normal » de naître par exemple avec tous ses membres et pas un de plus, avec un seul sexe, et globalement avec un certain type de caractéristiques physiques et mentales. Les individus naissant sans l'une des caractéristiques intuitivement admises comme formant le type normal de l'être humain, même lorsque le pronostic vital n'est pas engagé, sont en général considérés comme susceptibles de relever d'emblée d'une intervention médicale correctrice.

De la médecine rétablissante à la médecine d'amélioration

Mais à partir du moment où l'on admet que la norme de l'action médicale n'est pas nécessairement donnée par un état antécédent du patient, apparaissent plusieurs ensembles de problèmes, dont nous présenterons deux exemples. Premier ensemble : il peut arriver que les moyens disponibles pour une intervention correctrice aboutissent, par rapport au moins à une fonction particulière, à un résultat meilleur que ce que fournit la nature ; par exemple des dents artificielles plus résistantes, ou des jambes plus rapides, comme dans le cas du coureur handicapé Oscar Pistorius, du moins selon la Fédération internationale d'athlétisme, qui lui avait refusé en janvier 2008 l'autorisation de courir contre les athlètes « valides » aux Jeux olympiques de Pékin, au prétexte que ses prothèses lui procuraient un avantage trop important. La science-fiction fournit depuis longtemps des exemples où la technologie utilisée pour compenser un handicap inné ou acquis constitue au moins en partie une amélioration ; l'un des exemples les plus célèbres est sans doute Steve Austin, protagoniste du roman *Cyborg* (1972) de Martin Caidin, repris ensuite dans la série *L'homme qui valait trois milliards*[1]; plus récemment, on peut citer le « viseur » de Geordi La Forge, dans la série *Star Trek : La nouvelle génération*[2], qui lui permet d'avoir une perception de son environnement immédiat différente, et à certains égards supérieure à la vision naturelle.

Un deuxième ensemble de problèmes surgit quand la norme poursuivie semble difficilement pouvoir être considérée comme relevant de la norme spécifique humaine; soit quand l'intervention médicale demandée apparaît comme dictée par une norme socio-culturelle – ce qui pose la question de savoir si l'on dispose de critères fiables pour faire la différence entre celle-ci et l'autre : moyenne? de l'humanité? d'un sous-groupe de l'humanité? tradition, habitude, etc.?; soit quand la personne demandeuse assume pleinement le caractère non spécifiquement normatif de sa demande et la formule au titre d'une norme individuelle non antécédente.

Afin de circonscrire l'ensemble de ces cas et d'autres, où le médecin est conduit à appliquer son savoir médical dans des situations qui relèvent de façon plus ou moins problématique du but définitoire de la médecine, apparaît alors la notion de « médecine d'amélioration », à concevoir, comme l'indique clairement le terme, non pas comme autre chose que la médecine, mais comme une sorte de sous-région de celle-ci, seulement caractérisée par le fait que les techniques médicales y sont appliquées dans un autre but que celui traditionnellement reçu et qui figure même en continuité avec ce que faisait jusque-là le médecin : après une détérioration de l'état de santé, le médecin veillait à son amélioration jusqu'au retour à l'état initial; le médecin qui se fait « amélioriste » se contente, en partant d'un état initial, de veiller à l'établissement d'un état meilleur, dans le même rapport vis-à-vis de l'état initial que celui-ci pouvait l'être vis-à-vis de l'état détérioré.

Critique de la notion de médecine d'amélioration

Si l'on devine très bien comment, pour rendre compte d'une incontestable évolution de la pratique médicale, la création conceptuelle spontanée, à la façon du bricolage jacobien[3], a consisté, plutôt que de

---

1. M. Caidin, *Cyborg*, Naw York, Arbor House, 1972, trad. fr. D. et J.D. Vernon, *Cyborg*, Paris, Denoël, 1975. Série télévisée américaine (*The Six Million Dollar Man*) en cinq saisons, créée par Kenneth Johnson, diffusée à partir de 1974 aux États-Unis et de 1975 en France.

2. Série télévisée américaine (*Star Trek : The Next Generation*) de sept saisons, créée par Gene Roddenberry, diffusée à partir de 1987 aux États-Unis et de 1996 en France.

3. *Cf.* « L'évolution ne tire pas ses nouveautés du néant. Elle travaille sur ce qui existe déjà, soit qu'elle transforme un système ancien pour lui donner une fonction nouvelle, soit qu'elle combine plusieurs systèmes pour en échafauder un autre plus complexe. (…) si l'on

révolutionner l'architecture conceptuelle sur laquelle reposait la médecine, à lui rajouter une sorte d'appendice, nous sommes cependant d'avis que l'on aurait intérêt à envisager une réflexion de fond sur ce en quoi elle consiste effectivement. Car de deux choses l'une : ou bien l'on considère qu'est véritablement définitoire de la médecine le savoir et les techniques qu'elle utilise, et corrélativement que le but qui lui est spontanément associé (le rétablissement de norme) est trop étroitement conçu – c'est ce vers quoi pointe, nous semble-t-il, l'expression « médecine d'amélioration » ; ou bien l'on considère qu'est véritablement définitoire pour elle son but traditionnel et non ses moyens, et que toute utilisation non soignante des techniques médicales fait sortir la médecine pour entrer dans autre chose, qui reste encore à définir.

En fait, la situation nous paraît plus complexe encore, dans la mesure où l'émergence de l'expression « médecine d'amélioration » nous semble en réalité une réponse errante au désir de rester fidèle à la vocation première de la médecine : même quand on pratique une médecine d'amélioration, on veut encore être médecin, on veut encore être dans le soin, soin légitimant et jamais achevé de l'âme, par le biais du soin du corps, soin surtout qui n'oublie pas la devise minimale de la médecine que constitue le *primum non nocere*.

Pour conclure sur ce point, nous admettrons que si l'on considère que la médecine se définit primordialement par son but et non par ses moyens, comme technique ou art de rétablissement d'un état antécédent ou jugé normal, toute modification, qu'elle soit présentée ou non comme amélioratrice, au-delà de cet état normal ou antécédent, apparaît comme contradictoire avec l'idée même de médecine. La confusion trouve son origine dans le fait que les techniques d'amélioration des performances humaines actuelles empruntent aux techniques jusque-là réservées au domaine médical, et pour lesquelles seules sont formées les personnes destinées à la médecine, raison pour laquelle, plutôt que véritablement fondé dans les choses telles qu'elles sont, le concept de « médecine d'amélioration » nous semble un concept transitoire qui rend compte d'une tension actuelle réelle,

veut jouer avec une comparaison, il faut dire que la sélection naturelle opère à la manière non d'un ingénieur, mais d'un bricoleur » et quelques lignes plus loin : « contrairement à l'ingénieur, le bricoleur qui cherche à améliorer son œuvre préfère souvent ajouter de nouvelles structures aux anciennes plutôt que de remplacer celles-ci. Il en est fréquemment de même avec l'évolution (…) », F. Jacob, *Le Jeu des Possibles*, Paris, Fayard, 1981, p. 70 et 74. La comparaison du bricoleur et de l'ingénieur est elle-même empruntée à C. Lévi-Strauss dans *La Pensée sauvage*, Paris, Plon, 1962. *Cf.* p. 71, note 19.

mais qui doit être dépassée pour laisser place à un concept plus satisfaisant et pérenne.

DEUXIÈME OBJECTION ET PASSAGE AUX CONCEPTS D'ANTHROPOTECHNIE ET D'ANTHROPOTECHNOLOGIE

Difficultés posées par le concept même d'amélioration

Un second problème suscité par la notion de « médecine d'amélioration » provient du caractère éminemment relatif et/ou subjectif de la qualification en amélioration, qui pointe en outre vers des problèmes éthiques assez lourds. Parler d'« amélioration » tout court suggère qu'il y aurait une sorte de critère objectif ou objectivable de cette amélioration ; or quel peut bien être ce critère qui permet de dire que Virginie$_1$ en bonne santé à un moment m$_1$ constitue une version améliorée de Virginie par rapport à Virginie$_0$ en bonne santé à un moment m$_0$? Il nous semble assez difficile de parler d'amélioration d'une part dans l'absolu, et non relativement à une fonction, voire à une tâche particulière, et d'autre part sans que soit expressément indiqué du point de vue de qui Virginie$_1$, ou telle capacité de Virginie$_1$ est meilleure que Virginie$_0$ ou sa capacité. A ce titre, la célèbre phrase « Qu'est-ce que vous n'aimez pas chez vous ? » par laquelle commence chacune des consultations des chirurgiens esthétiques de la série télévisée *Nip/Tuck*[1] est assez éloquente. Le concept même d'amélioration apparaît donc comme problématique, de par l'implication qu'il semble faire d'un fond de référence absolu par rapport auquel serait définie l'amélioration.

Plus fondamentalement encore, parler ainsi d'amélioration nous semble relever d'une vision trop étroite de la condition humaine, appuyée sur l'idée que celle-ci est nécessairement stabilisée dans l'état actuel qu'on lui connaît. Or les conditions d'existence de l'humanité sont susceptibles de varier du tout au tout, et en fonction de ces conditions, ce qui est considéré comme une amélioration aussi. C'est ici que l'on peut voir comment la forme particulière d'expérience de pensée que constitue la science-spéculation peut nous aider à mieux élaborer nos concepts. On trouve en effet dans divers textes du genre des exemples de modifications de l'être humain qui paraissent difficilement subsumables sous les concepts d'amélioration ou d'*enhancement*. L'un des exemples les plus intéressants est

---

1. Série télévisée américaine, créée par Ryan Murphy, diffusée depuis 2003 aux États-Unis et depuis 2004 en France. Cinq saisons existent pour l'instant et une sixième est programmée pour 2009.

celui de la modification du corps humain en vue de faciliter l'exploration spatiale, comme l'imaginent par exemple James Blish dans le roman *Semailles humaines* (1957) ou Manfred E. Clynes et Nathan S. Kline dans leur article « Cyborgs and Space » (1960)[1]. Il n'y a pas véritablement de sens si l'on modifie le métabolisme des humains pour qu'il puisse survivre sans combinaison sur des planètes différentes de la Terre, voire directement dans l'espace, à parler d'amélioration, ou il faudrait parler d'amélioration relativement à une situation, autant parler d'emblée d'« adaptation ». Un autre type de fuseaux de possibles mettant à mal la restriction de la réflexion au seul domaine de l'amélioration correspond à ceux qui imaginent un changement radical des conditions d'existence de l'humanité sur la Terre elle-même, tel que par exemple une épidémie plus ou moins totale de stérilité, comme dans *Hier les oiseaux* (1977) de Kate Wilhelm, *La Servante écarlate* (1985) de Margaret Atwood ou *Chroniques du pays des mères* (1992) d'Elisabeth Vonarburg[2]. Les différentes solutions technologiques et politiques envisagées dans ces romans et d'autres pour faire face au problème entrent elles aussi difficilement dans la catégorie « amélioration » sans plus de précisions.

Si l'on veut donc penser les nouvelles applications des techniques médicales avec des concepts suffisamment solides et durables pour qu'ils soient en mesure d'incorporer les évolutions potentielles de la question, il nous semble souhaitable d'insérer d'emblée la réflexion sur l'amélioration au sein d'une conception plus large de ce que la possibilité d'agir technologiquement sur les corps humains implique. Plutôt que d'en rester aux notions d'amélioration ou *d'enhancement*, nous proposons alors d'utiliser, dans la lignée de Gilbert Hottois et Jérôme Goffette, trois concepts généraux, l'anthropotechnie, l'anthropotechnè et l'anthropotechnologie. L'anthropotechnie est le concept général partitionné en anthropotechnè

---

1. J. Blish, *The Seedling Stars*, New York, Gnome Press, 1956, trad. fr. M. Deutsch, *Semailles humaines*, Paris, Opta-« Galaxie » Spécial 6, 1968 ; M. E. Clynes and N. S. Kline, « Cyborgs and Space », *Astronautics*, September 1960, réédité dans C. H. Gray, H. Figueroa-Sarriera and S. Mentor (éd.), *The Cyborg Handbook*, New York, Routledge, 1995, p. 29-33.

2. K. Wilhelm, *Where late the sweet birds sang*, New York, Harper & Raw, 1976, trad. fr. S. Audoly, *Hier les oiseaux*, Paris, Denoël, 1977 ; M. Atwood, *The handmaid's tale*, Toronto, McClelland & Stewart, 1985, trad. fr. S. Rué, *La servante écarlate*, Paris, Robert Laffont, 1987 ; E. Vonarburg, *Chroniques du pays des mères*, Montréal, Québec/Amérique, 1992 ; ou encore P.D. James, *The children of men*, London, Faber & Faber, 1992, trad. fr. E. Diacon, *Les fils de l'homme*, Paris, Fayard, 1993 ; B. Stableford, *Inherit the Earth*, New York, Tor, 1998 ; N. Kress, *Maximum light*, New York, Tor, 1998, trad. fr. J.-M. Chambon, *Les hommes dénaturés*, Paris, Flammarion, 2001.

et anthropotechnologie. L'anthropotechnie désigne l'ensemble des techniques de modification de l'humain ; l'anthropotechnologie désigne sa partie fondée sur les sciences, et l'anthropotechnè sa partie non scientifique.

Anthropotechnie, anthropotechnè, anthropotechnologie

Pour construire le concept d'anthropotechnie et ses dérivés, nous partons de la thèse classique selon laquelle l'homme se caractérise essentiellement par son action technique sur le monde ; plus précisément l'être humain transforme plus ou moins profondément les choses du monde en vue de satisfaire certains buts qu'il se donne. Au sein de ce monde se trouvent des supports d'action technique tout à fait spécifiques que sont les corps mêmes des hommes, avec la différence cruciale pour un individu particulier, entre *son* corps et celui des autres. L'action technique sur le corps humain est *a priori* ordonnable à la même variété de buts qui commande l'action sur n'importe quelle autre partie du monde ; cependant, s'est progressivement dégagée au cours de l'histoire de la culture occidentale[1] une classification très fine entre les anthropo-actions[2] légitimes, illégitimes, recommandées, déconseillées, obligatoires, interdites, tolérées, etc. Au sein de la multitude des anthropo-actions possibles, se distingue une classe tout à fait particulière, l'anthropo-action médicale, définie par la spécificité de son but, à savoir le rétablissement de l'être humain dans un état considéré comme conforme à une certaine norme, essentiellement donnée par la nature. Dans la mesure où l'action médicale répond à un besoin puissant s'il en est de l'espèce humaine et où l'admission de sa légitimité est très largement partagée, les techniques à sa disposition se sont développées de façon accélérée avec l'avènement de la médecine scientifique au XIXᵉ siècle, comme nous en avons déjà fait mention.

L'humanité dispose donc à présent de toute une série *d'anthropotechniques* développées et enseignées dans la seule perspective médicale. Cet état de fait suscite une tension autour de ces anthropotechniques si profondément conçues comme médicales qu'elles ne sont communément *pensées*, non seulement par les médecins mais aussi par les philosophes qui s'en occupent, et donc *n'existent* pour le plus grand nombre que sous ce vocabulaire précisément de la médecine. Nous situant dans le

---

1. Nous restreignons ici notre analyse à cette culture, sans présumer de ce qui pourrait être dit des autres ou de leurs espaces de rencontre.
2. « Anthropo-action » ou « anthropaction », c'est ainsi que nous désignerons ici, par souci de brièveté, l'action sur l'homme.

prolongement des thèses développées par Jérôme Goffette, nous pensons qu'il est largement temps en philosophie et au-delà de prendre acte du fait que la demande d'utilisation des anthropotechniques médicales dans des buts non médicaux existe et est selon toute probabilité destinée non seulement à se développer, mais à être particulièrement rémunératrice pour les professionnels qui y répondront. Là où nous nous écartons des thèses présentées par Goffette, c'est que nous n'estimons pas que l'anthropotechnie doive être considérée comme une discipline à côté de la médecine, mais que sur le plan conceptuel l'anthropotechnie doit être conçue comme *la* discipline générique, au sein de laquelle on trouve la médecine – qui pour des raisons d'histoire culturelle, sur lesquelles on peut aisément spéculer[1], mais qui demanderaient à être spécifiquement étudiées, a longtemps occupé tout le champ de l'anthropotechnie –, et une anthropotechnie non médicale, c'est-à-dire qui poursuit tous les autres buts assignables à l'anthropotechnie.

Dans cette construction, la médecine apparaît alors comme une région de l'anthropotechnie, dont une partie est *anthropotechnèique* et une autre *anthropotechnologique*. Il va de soi que la frontière entre anthropotechnè et anthropotechnologie n'est pas fixée strictement et est fonction du concept que l'on se fait de la science. Si l'on placera sans grande difficulté les techniques du maquillage ou de la médecine traditionnelle dans les anthropotechnès d'une part, et celles du dopage à l'EPO ou du paracétamol dans les anthropotechnologies, certaines autres anthropotechniques sont susceptibles de susciter la controverse, mais ce n'est pas ici le lieu de les évoquer. Quoi qu'il en soit en effet, si l'anthropotechnie considérée a pour but de rétablir l'être humain dans un état antécédent ou considéré comme normal, alors il s'agit de médecine; le reste est de l'anthropotechnie non-médicale. L'anthropotechnie apparaît alors comme le concept fondamental, en pleine phase de transition, peut-être même de «dévoilement»[2], où l'on prend conscience du fait que la technie médicale est débordée de toutes parts par des buts qui ne sont pas les siens, et qui permettent ce faisant de mettre au jour le concept d'anthropotechnie jusque-là plus ou moins confondue avec elle.

1. Comme nous le ferons nous-mêmes brièvement dans la section suivante.
2. Par analogie avec le concept de «dévoilement» de Martin Heidegger, «Die frage nach der technik», *Vorträge und Aufsätze*, Pfullingen, Neske, 1954, trad. fr. A. Préau, «La Question de la technique», *Essais et conférences*, Paris, Gallimard, 1958.

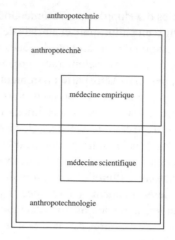

Est-on éthiquement fondé à dévoiler les concepts d'anthropotechnie et d'anthropotechnologie?

S'il nous paraît conceptuellement intéressant d'ordonner les distinctions conceptuelles de cette façon, se pose cependant la question de savoir si cette réorganisation conceptuelle peut être publiquement formulée, ce à quoi nous répondons en acte par l'affirmative, ce qui permet de préciser la question que nous nous posons, à savoir si ces distinctions conceptuelles doivent être publicisées[1]. Il nous semble en effet que l'une des raisons pour lesquelles le concept, et donc l'existence même de l'anthropotechnie, et plus spécifiquement de l'anthropotechnologie, dont le principe nous paraît pourtant si absolument simple et évident, s'est vu si longtemps masqué par celui de la médecine, qui semble/semblait résumer à elle seule l'ensemble des possibles anthropotechnologiques, est que cela permettait de résoudre d'avance, en évitant de les soulever, un champ inépuisable de dilemmes éthiques, ou plus important encore, d'éviter la conduite d'anthropo-actions intuitivement considérées comme inéthiques dont la possibilité était pourtant ouverte par la technologie médicale. Les choses non nommées, surtout quand elles sont de l'ordre de la possibilité non actualisée, ont plus de mal que les autres à exister.

Libre donc à chacun de considérer que l'absence de nomino-conceptualisation (le caractère tabou?) de l'anthropotechnie a rempli ou

---

1. *Cf.* notamment le scandale suscité en 1999 en Allemagne par la conférence de Peter Sloterdijk sur le même sujet (*Règles pour le parc humain*, Paris, Mille et une nuits, 2000), et dans laquelle il utilise d'ailleurs aussi le terme « anthropotechnique ».

non un temps une fonction éthico-politique. Cependant, quelle que soit la position que l'on adopte sur cette première question, le développement grandissant d'un questionnement conceptuel et éthique autour des applications non-médicales des technologies développées par la médecine, semble aujourd'hui naturellement conduire à interroger le bien-fondé du maintien de cette absence.

Sur le plan de la stricte exigence conceptuelle, autrement dit, sur celui de la simple quête de vérité à laquelle s'ordonne la démarche philosophique, s'impose, nous semble-t-il, la nécessité d'en finir avec cette absence nomino-conceptuelle de ce que nous désignons par le terme d'anthropotechnie. Sur le plan éthico-politique, nous assumons le risque que nommer et conceptualiser une chose c'est souvent – mais pas toujours – aussi une façon de la légitimer. Car n'est-ce pas le pari même de la science et de la philosophie de croire que la vérité, sa quête et son déploiement, sont bonnes en elles-mêmes ?

La première partie de notre argumentation a eu pour but de montrer pourquoi le concept de médecine d'amélioration était certes recevable, mais limité, car insatisfaisant sur le long terme ; qu'il était un concept de transition, sans aucun doute valable pour décrire un état donné dans le temps de l'évolution de la médecine, mais philosophiquement peu acceptable, du fait même de son caractère transitoire ; nous avons ensuite défendu l'idée que la médecine pourrait être avantageusement comprise au sein d'un concept plus large, celui d'*anthropotechnie*, que nous avons distingué en *anthropotechnè* et *anthropotechnologie*. Si le pivot de ce premier ensemble argumentatif était déjà fondé sur l'examen de cas spéculatifs, permettant de donner un aperçu des enjeux conceptuels engagés par l'analyse philosophique de la science-spéculation, il resterait encore à montrer comment celle-ci peut être utilisée dans l'analyse des enjeux éthiques de l'anthropotechnologie, illustrant ainsi la façon dont elle peut nous permettre de construire de meilleurs concepts philosophiques, et de faire ainsi mieux face au monde. On pourrait alors répondre qu'il sera toujours temps le moment venu de philosopher sur les nouvelles technologies au fur et à mesure de leur apparition, et qu'on a déjà bien du fil à retordre avec les problèmes tels qu'ils se posent aujourd'hui. Mais si cette position contemporanéiste strigide[1] nous paraît effectivement légitime, fondée et utile, il

---

1. D'après la célèbre phrase de G.W.F. Hegel : « La chouette de Minerve ne prend son vol qu'à la tombée du crépuscule », *Principes de la philosophie du droit*, 1821, trad. fr. J.-L. Vieillard-Baron, Paris, GF-Flammarion, 1999, p. 76.

nous semble cependant que le type de regard spéculatif auquel nous invitons doit pouvoir minimalement être conçu comme complémentaire de celle-ci. Car si une réflexion rationnelle sur les enjeux des possibles transformations technologiques de l'homme peut être conduite, qui la conduira, si ce n'est la philosophie? Plutôt que chouette, nous invitons donc le philosophe à se faire aigle, et à prendre un peu d'altitude avant que le jour ne tombe.

Sylvie A. ALLOUCHE
IHPST (CNRS/Paris/ENS)

DEVENIR UN ÊTRE HUMAIN ACCOMPLI :
IDÉAL OU CAUCHEMAR?

INTRODUCTION : DEUX TYPES D'AMÉLIORATIONS

Quand on parle de médecine d'amélioration, c'est pour l'opposer à la médecine de rétablissement, dont la visée est fondamentalement curative. Certes, parfois on ne peut plus guérir et la médecine devient palliative, parfois, il vaut mieux prévenir que guérir, comme l'affirme le dicton, et la médecine devient préventive. Mais chaque fois, il s'agit de barrer la route à une dégradation de la santé ou du bien-être. Avec la médecine d'amélioration, on ne veut barrer la route à rien du tout, si ce n'est à la nature, cette marâtre qui nous a abandonnés dans le monde dans un état de grande imperfection, comme Prométhée déjà s'en était rendu compte.

Il arrive que la médecine préventive améliore aussi la nature; pensons aux vaccins ou aux traitements de la ménopause, mais je l'ai dit, il s'agit chaque fois d'éviter des dégradations prévisibles. La médecine d'amélioration proprement dite a une visée plus grandiose et trouve son acmé, voire son paroxysme, dans le transhumanisme. Ce que dit Nick Bostrom est exemplaire de cette doctrine :

> Au cours des dernières années, un nouveau paradigme de réflexion concernant l'avenir de l'humanité a commencé a prendre forme chez les chefs de file scientifiques tels les concepteurs d'ordinateurs, les neurobiologistes, les nanotechnologistes et les chercheurs à l'avant-garde du développement technologique. Le nouveau paradigme rejette une présomption cruciale implicite autant dans la futurologie traditionnelle que pratiquement dans toutes les pensées politiques. Cette assertion veut que la condition humaine

soit "une constante" de base : [...] la nature humaine en soi ne peut être remise en cause [1].

En deux mots : alors que nous avons pensé depuis l'aube des temps que la condition ou la nature humaine était immuable, qu'elle marquait les limites de toute action humaine possible, Bostrom estime que c'était une erreur et que les sciences actuelles vont bientôt nous permettre d'agir sur les fondements mêmes de l'humain, bref, de transformer ou même de dépasser les limites que nous assigne la nature : « "Le transhumanisme" a acquis ses assises en établissant une façon de penser qui met au défi la prémisse suivante : la nature humaine est et devrait rester essentiellement inaltérable ».

Un tel projet va bien au-delà de la médecine proprement dite, même améliorative. Il souligne toutefois un point important, c'est que l'amélioration doit être comprise comme un effort pour aller au-delà de limites données, et que, lorsqu'il s'agit de l'être humain, ces limites sont exprimées dans sa « condition » ou sa « nature ». Or, aller au-delà de la nature, humaine ou non, est souvent source de malaise, du moins si l'on se rapporte à ce qui est dit dans les débats contemporains sur les technosciences biomédicales.

D'un autre côté, dépasser ses limites, s'améliorer, est un projet immémorial de l'être humain. Les Lumières ont salué, avec Condorcet, la perfectibilité indéfinie de l'être humain et, dans l'Antiquité, la morale avait pour but avoué de rendre les personnes vertueuses, c'est-à-dire, comme l'étymologie du mot l'indique, « excellentes ». Bien sûr, cette perfection et cette excellence n'étaient pas conçues de la même manière que par les Lumières, mais elles l'étaient cependant chaque fois de manière positive, comme d'ailleurs le mot « améliorer » l'indique : devenir meilleur est, par définition, une bonne chose. Pourquoi alors cette méfiance par rapport au transhumanisme et à la médecine d'amélioration, non dans les détails de ce qu'ils proposent, mais dans leur projet lui-même ? N'est-elle pas paradoxale, voire franchement irrationnelle ?

Parmi les multiples réponses que l'on peut donner à cette question, l'une m'apparaît comme particulièrement éclairante. Je la formulerai ainsi : cette attitude n'est pas par principe paradoxale ou irrationnelle, *car il faut distinguer deux types d'améliorations*, dont un seulement est sujet à réprobation. Il s'agit d'une part de l'amélioration prônée par le transhumanisme, qui est une tentative de dépasser des limites dont nous devons reconnaître le caractère normatif – le projet transhumaniste est donc une variété de démesure ou d'*hybris* : il est alors non un idéal, mais un cauchemar –,

1. www.transhumanism.org – 147.

et d'autre part de l'amélioration prônée par le perfectionnisme, qui répond à cette question que pose Eric Parens : « Quelles sortes d'améliorations devrions-nous poursuivre si nous voulons nous épanouir ? »[1], c'est-à-dire devenir des êtres humains accomplis – or l'épanouissement est un idéal, non un cauchemar. Je parlerai d'*amélioration proprement dite* ou de *dépassement* pour la première, et d'*optimisation* pour la seconde. Quant à la médecine d'amélioration, elle oscille entre les deux, d'où le malaise souvent ressenti à son égard.

L'OPTIMISATION ET LE DÉPASSEMENT

L'épanouissement est le type de perfection ou d'excellence que nous jugeons spontanément désirable et bon. Toutefois, il n'y a pas d'unanimité, loin s'en faut, sur ce qui constitue un épanouissement proprement humain ; autrement dit, il existe plusieurs conceptions concurrentes de ce qu'est une vie bonne. Mais quelle que soit la conception qu'on s'en fait, elle contient au moins deux éléments :

1. Un fonctionnement authentiquement *humain* ;
2. Un fonctionnement humain *optimal* ;

lesquels permettent de définir un troisième :

3. Un fonctionnement humain *amélioré*.

Ce n'est pas par hasard que les transhumanistes veulent aller *au-delà* de la nature humaine, c'est-à-dire d'une vie qui est bonne ou optimale pour l'être humain tel que nous le connaissons : l'être humain sera alors *mieux que bien*.

Il est nécessaire de s'arrêter quelque peu sur ces trois éléments, qui permettent d'affiner le concept, somme toute assez générique, d'« amélioration ». Quand on parle d'amélioration, il faut d'abord distinguer ses divers *domaines* d'application : améliorer ses performances physiques, ses capacités intellectuelles, ses capacités morales ou son état affectif. Mais cela ne suffit pas : il faut encore considérer le *type* d'amélioration. Ainsi que le relève le *Comité du Président étasunien*, « "supérieur" peut signifier "mieux que ce que j'ai fait jusqu'ici", ou "mieux que mon adversaire", ou

---

1. E. Parens, « Creativity, Gratitude, and the Enhancement Debate », dans J. Illes, *Neuroethics*, Oxford, OUP, 2006, p. 83. Fabrice Jotterand, qui s'appuie sur la nature *biologique* de l'être humain, parle d'*altération* de la nature humaine pour le dépassement de nos limites biologiques (il pense surtout à l'utilisation de nano-implants dans le cerveau) ; *cf.* « Beyond Therapy and Enhancement : The Alteration of Human Nature », *NanoEthics*, 2, 2008, p. 17.

"mieux que le meilleur" [...] Cela peut encore signifier "mieux que je n'aurais fait sans améliorant" »[1]. La distinction que je viens de tracer, entre l'*optimisation* et le *dépassement* est une manière d'expliciter le sens de certaines de ces acceptions de « supérieur »[2]. Comment les distinguer plus précisément ? En poursuivant la première, ce que l'on cherche d'abord, ce n'est pas d'être meilleur que les autres, mais d'être mieux que ce que l'on est actuellement, afin d'atteindre un état ou un niveau jugés adéquats, ce qui peut s'incarner, chez ceux qui sont ambitieux, dans des idéaux d'excellence, comme ceux que représentent tous les modèles auxquels on peut ou on a pu s'identifier, des saints de la *Légende dorée* aux vedettes du sport et du showbiz. Dans le domaine moral, être optimal peut signifier quelque chose comme posséder des vertus classiques telles que le courage, la maîtrise de soi, la tempérance ou la bienveillance. Dans le domaine de l'humeur, atteindre une forme de « bonne » humeur qui permette d'être psychologiquement à l'aise et socialement optimiste et performant. Dans le domaine des capacités intellectuelles enfin, être à la hauteur de ses propres ambitions ou de celles de son milieu. L'optimisation est ce que chacun désire pour lui-même : devenir pleinement la personne qu'il est (réaliser son essence, sa nature), devenir la personne qu'il veut être en mettant en œuvre toutes ses capacités (réaliser ses aspirations), bref, s'accomplir en tant que personne humaine et en tant qu'individu. De telles aspirations peuvent certes manifester une méconnaissance et donc un refus de ses propres limites, par conséquent une incapacité à s'accepter tel que l'on est, mais il n'y a là aucune nécessité : l'optimisation s'accommode très bien de la lucidité sur soi-même, si bien qu'en principe, elle n'est pas vulnérable à l'objection qu'en cherchant à se changer, on se rend coupable de démesure ou d'*hybris*, de refus d'accepter sa condition. Il s'agit plutôt, comme je l'ai dit, de réaliser sa nature, telle qu'elle nous est donnée ou telle qu'on l'a conçoit.

Évidemment, la situation peut devenir assez complexe. Isidore désire devenir médecin, mais ses capacités intellectuelles sont limitées ; il estime toutefois qu'il doit s'accepter lui-même. Néanmoins, il lui vient la réflexion suivante : mes limites sont moi-même, mais mes aspirations aussi, pourquoi devrais-je alors n'accepter que les premières et non les secondes, lorsqu'elles ne coïncident pas ? Vouloir franchir ses limites, cela

---

1. *Beyond Therapy*, Washington D.C., 2003, p. 102.

2. Andy Miah propose aussi une typologie des améliorations humaines, depuis les améliorations qui portent sur les traits dont la valeur est acceptée par tous, jusqu'aux modifications de la nature biologique de l'être humain ; *cf.* « Engineering Greater Resilience or Radical Transhuman Enhancement ? », *Studies in Ethics, Law, and Technology*, 1, 2008, p. 3.

paraît viser au dépassement de soi qui, lui, succombe plus facilement à la critique de la démesure, puisqu'il vise au-delà de l'*accomplissement* de soi. Mais ici encore, ce type d'amélioration peut être un but tout à fait louable, d'autant que, en cherchant à s'optimiser, on va forcément tenter d'améliorer certaines de ses capacités.

Distinguer l'optimisation et le dépassement exige donc d'être précis, car, laissées à elles-mêmes, les deux notions se fondent aisément l'une dans l'autre. À cet effet, on précisera d'abord quel en est l'*objet* : on peut optimiser et améliorer la nature humaine, une personne, une capacité ou un état ; or, comme je viens de le souligner, optimiser la personne que je suis implique que j'améliore franchement certaines de mes capacités. Ensuite optimiser se réfère à la réalisation d'une qualité déterminée, alors qu'améliorer au sens propre dénote le dépassement d'une qualité donnée qui va au-delà de ses limites « naturelles ». Évidemment, lorsque ces limites ne sont pas bien connues, distinguer optimisation et dépassement se révèle difficile : s'entraîner afin de devenir meilleur est-ce s'optimiser pour s'accomplir ou s'améliorer pour aller « trop loin » ? Le cas du sport de compétition est intéressant ici : si le champion paraît d'un certain côté être un idéal humain (optimisation), l'entraînement intensif auquel il se soumet et les améliorants dont il use tend d'un autre côté à le faire sortir de la norme de l'humain naturel, même s'il ne se dope pas.

Présentée ainsi, la distinction de l'optimisation et du dépassement paraît converger avec celle du naturel et de l'artificiel, au sens où d'un côté on se borne à réaliser sa nature, et de l'autre on veut aller au-delà. Ici encore, le jugement moral semble accompagner la distinction : il est désirable et louable de réaliser sa nature, blâmable de vouloir aller au-delà. D'où, pour certains, une nouvelle raison de s'opposer au transhumanisme. Reste que le concept de « nature » est source de difficultés. J'y viendrai bientôt. Pour l'instant, j'aimerais encore m'attarder sur l'articulation des trois ingrédients de toute conception de la vie bonne.

Sous nos latitudes, c'est-à-dire dans les démocraties libérales, on ne pense pas qu'il soit de la tâche d'un État de s'occuper de l'amélioration – certains estiment qu'il devrait même l'interdire, par exemple au nom de l'égalité des chances –, mais du fonctionnement authentiquement humain, oui, et pas seulement dans la mesure où il concerne la santé. Quant à l'optimisation, cela dépend : l'éducation n'y est pas indifférente – pensons à l'instruction publique –, mais d'autres excellences sont laissées aux bons soins de l'individu. En ce qui concerne la santé, lorsque c'est le fonctionnement correct qui est mis en danger ou à peine garanti, on parle de rétablissement, c'est-à-dire de soins ou de thérapie, mais ici aussi, il n'est pas évident de distinguer un rétablissement d'une optimisation. Dans les faits, on détermine généralement un seuil d'optimalité, variable selon les temps et les lieux, en dessous duquel on intervient en invoquant le fonctionnement normal et en dessus duquel on parle d'amélioration. Mais où situer ce seuil, où est la barre ? Il n'est pas difficile de proposer de nombreux cas suscitant la perplexité. Le parallèle qu'Anjan Chatterjee trace entre la neuroamélioration et la chirurgie esthétique indique cependant une direction : la correction chirurgicale de certains défauts est depuis quelque temps considérée comme une thérapie, étant donné les effets sociaux négatifs de certains traits disgracieux.

Ce point mérite quelques développements. William Safire dit ceci : « Supposez que nous puissions développer un médicament qui nous rende moins timide, plus honnête ou intellectuellement plus séduisant, avec un bon sens de l'humour. Qu'est-ce qui nous empêcherait d'utiliser un tel "Botox pour le cerveau" ? »[1] Lorsqu'on est moins timide, plus honnête, intellectuellement plus séduisant, le tout avec un bon sens de l'humour, on est plus heureux : notre bien-être, et celui de notre entourage s'en ressentent de manière significative. Dans le même ordre d'idée, Carl Elliott demande : « Si vous êtes anxieux et vous sentez seul, qu'un médicament peut régler le problème, pourquoi rester anxieux et seul ? »[2] L'expression de « Botox pour le cerveau » souligne le parallèle entre la neuroamélioration et la chirurgie esthétique. Selon Chatterjee, cela souligne encore le caractère quasi-inévitable du développement de la première, pour des raisons analogues à celles qui ont favorisé celui de la seconde. Plus précisément, si pendant longtemps la chirurgie esthétique a été associée à la frivolité, elle est aujourd'hui de plus en plus considérée comme un choix rationnel, au point même de mettre entre parenthèses la liberté ou l'autonomie de celui qui y recourt : « L'utilité d'être plus fort et plus intelligent, d'avoir moins besoin de sommeil, d'apprendre plus rapidement et de ne pas être gêné par des trauma psychiques est très claire », dans l'environnement économique ultracompétitif que nous connaissons : « Les travailleurs plus âgés risquent d'être remplacés par de plus jeunes, vu qu'ils sont moins capables d'apprendre et de s'adapter à un environnement technologique qui change rapidement »[3]. Chirurgie esthétique, substance améliorante, ou même simplement bronzage artificiel ; l'important est de l'emporter et d'être vu comme un gagnant par les autres, car en cela réside l'accomplissement de notre humanité dans les sociétés actuelles.

---

1. W. Safire, *Neuroethics. Mapping the Field*, Dana Foundation, 2002, p. 8.
2. C. Elliott, *Better Than Well*, New York, Norton & Company, Inc., 2003, p. 298.
3. A. Chatterjee, « Cosmetic Neurology and Cosmetic Chirurgy, Parallels, Predictions, and Challenges », *Cambridge Quarterly of Healthcare Ethics*, 16, 2007, p. 133.

Le parallèle avec la chirurgie esthétique montre clairement que l'optimisation est la notion charnière : elle jette un pont entre le normal et l'amélioré, que l'on franchit aisément ; or elle forme encore le cœur des conceptions de la vie bonne. En effet, être une personne accomplie, c'est-à-dire qui fonctionne au mieux en tant qu'être humain – les Anciens auraient dit : vertueusement ou excellemment –, est le but que nous poursuivons, que nous le choisissions en toute liberté ou qu'il nous soit suggéré, voire imposé, par le milieu social où nous évoluons. La conception que nous nous faisons de l'optimisation varie en fonction de la conception de la vie bonne que nous adoptons, ai-je dit, déterminant aussi par là ce qu'il faut entendre par « thérapie » et par « amélioration » ; on le voit maintenant avec évidence. Qu'on ne puisse séparer ces notions, est d'ailleurs aussi l'avis du *Comité du Président étasunien*, même s'il préfère l'expression de conception de la vie humaine épanouie ou signifiante.

Relevant que, d'une manière ou d'une autre, nous désirons tous avoir de meilleurs enfants, être plus performants, vivre plus longtemps et jouir du bien-être mental, il s'empresse d'ajouter que ce que nous désirons c'est que nos enfants soient des *humains* plus accomplis, que nous soyons des *humains* plus performants, que nous vivions plus longtemps dans la dignité propre à l'être *humain* et que nous expérimentions un bien-être approprié à un être *humain*, rejoignant ici les considérations d'un Aristote et d'un Mill que le bonheur propre à l'être humain ne saurait être celui d'une bête ou d'un pourceau. Selon ce même Comité, cela exige que l'on regarde d'un œil très critique tout « Botox pour le cerveau » : « Des personnes en bonne santé dont le comportement perturbé est "remédié" par des calmants plutôt que par leurs propres efforts ne sont pas en train d'apprendre le contrôle de soi »[1]. Dans la même veine, Bertha Manninen souligne qu'« une réponse appropriée à la gestion de situations difficiles de la vie n'est pas simplement de se sentir rapidement bien, mais de se sentir bien *de la manière qui convient* »[2]. Or, on a de la peine à ne pas estimer que donner un médicament à ses enfants pour « des peurs suscitées par le quotidien scolaire, l'obscurité, une séparation temporaire, les visites chez les dentistes et "les monstres" »[3], comme le recommande une publicité dans l'*American Journal of Disease of Children*, n'a rien à voir avec une conception adéquate de la vie bonne. Il est des épreuves par lesquelles nous passons et devons presque à coup sûr passer, qui nous renforcent et nous permettent

---

1. *Beyond Therapy*, *op. cit.*, p. 291.
2. B. Manninen, « Medicating the Mind : a Kantian Analysis of Overprescribing Psychoactive Drugs », *Journal of Medical Ethics*, 2, 2006, p. 102.
3. Art. cit., p. 101.

d'accéder à plus de maturité, bref qui contribuent au développement et à la réalisation ou à l'accomplissement de soi. Dans ces cas, éprouver des émotions négatives est exactement ce qui est approprié. On peut être d'accord ou non avec le détail de l'argument. En ce qui concerne mon propos, il suffit qu'il illustre avec force que l'éthique est inséparable d'une conception de la vie bonne ou de la nature humaine, ce qui est bien normal, vu que ce dont nous voulons disposer, c'est d'une éthique qui dise ce qu'est une vie bonne pour nous, les êtres humains.

LES CONCEPTIONS DE LA VIE BONNE

Quand on demande : quelles sont les capacités humaines qui sont dignes d'amélioration ? on ne peut y répondre qu'en fonction de la conception de la vie bonne que nous adoptons. Or ces réponses sont multiples, je l'ai dit – ce qui n'exclut pas que certaines améliorations seront approuvées par la plupart de ces conceptions, par exemples celles de la mémoire. Aristote pensait qu'il suffirait de savoir en quoi consiste *l'œuvre propre* de l'être humain pour y répondre, mais il se trompait : il n'existe pas d'œuvre propre unique[1]. En effet, les désaccords sont aussi profonds dans cette question de la vie bonne que dans celles qui concernent l'éthique normative. Comme on le répète depuis Rawls, il existe des divergences sérieuses entre différentes *conceptions de la vie bonne* et, corrélativement, entre différents *idéaux de la personne*, chacun donnant un sens à ce que signifie « réaliser sa nature », « s'épanouir en tant qu'être humain » ou « devenir un être humain accompli ». Bien sûr, dans l'optique du naturalisme évolutionniste, on pourrait se contenter de signaler cette fin que tout être vivant poursuit, la survie ; mais, si nécessaire que cela soit, c'est largement insuffisant pour caractériser les fins que l'être social et culturel que nous sommes devenus au fil du temps a adoptées. D'autres fins importent, manifestant des idéaux plus riches, plus épanouissants pour les êtres que nous sommes, et entre lesquels, en définitive, il n'est pas possible de choisir rationnellement. En voici une liste non exhaustive, et dont chacun demanderait encore d'être explicité :

1. L'idéal de maîtrise de soi et de sa vie ;
2. L'idéal d'authenticité (être l'auteur de sa vie) ;
3. L'idéal d'amélioration continue ;
4. L'idéal de perfection personnelle ;
5. L'idéal de réussite sociale ;

---

1. Il arrive cependant à Aristote d'affirmer un certain pluralisme ; *cf.* mon livre *La valeur de la vie humaine et l'intégrité de la personne*, Paris, P.U.F., 1995, p. 85-86.

6. L'idéal de dévouement aux autres ;
7. L'idéal de la passion (romantique)

Un idéal de la vie bonne est une conception de ce en quoi consiste une vie réussie et l'épanouissement de la personne qui vit cette vie. Il se formule souvent en référence à une conception de la nature humaine (« L'être humain est fait pour X »). En fait, chaque type de société propose et promeut un ou plusieurs idéaux de la personne, une ou plusieurs conceptions de la vie bonne, à partir de quoi pratiques, institutions et comportements sont jugés. Si certains de ces idéaux sont larges, comme l'atteste la liste de ceux mentionnés ci-dessus, d'autres sont plus sectoriels. Par exemple, l'idéal moral chevaleresque que décrit ainsi Jules Romains :

> La morale [de Mgr] de Sérasquier était en somme moins cléricale que chevaleresque. Il prisait par-dessus tout les gens de parole, ceux sur qui on peut aveuglément compter ; qui ne trahissent ni l'ami ni le chef, ni davantage le subordonné ; il ne haïssait rien tant que les êtres sans fidélité, incapables de constance, faux amis, faux serviteurs, chefs perfides [1].

Et plus près de nous, cet idéal caricaturalement étasunien :

> La mère d'Élizabeth Baldridge, une Bostonienne pur sang, était tellement fière de sa fille qu'elle lui avait, dès ses premières années d'école préparatoire, assigné un programme de réussite et d'accomplissements sociaux qui devaient mener sa petite chérie jusqu'au statut de Jeune-Fille-La-Plus-Photographiée-de-Nouvelle-Angleterre et, si possible, des États-Unis ! La mère d'Élizabeth avait connu les mêmes satisfactions et la même gloire ; il était exclu que sa fille ne suive pas ses traces. Au collège de Sweet Briar, dès la première année, Élizabeth, rompue à toutes les règles et arcanes de ce qu'ils appellent le « jeu social », avait respecté le tableau de marche établi par sa mère. Elle avait même pris de l'avance puisque, déjà élue La-Plus-Prometteuse-Débutante-de-l'Année par ses camarades de classe, Élizabeth, parallèlement à une myriade de A (la note d'excellence), dans toutes les disciplines, avait aussi gagné, grâce à un concours organisé par une agence régionale de « modèles », un séjour de deux semaines à Paris [2].

À la lumière de ces idéaux, on comprend aisément que certaines interventions proposées par la médecine d'amélioration soient acceptées, d'autres non, les premières étant rangées du côté de l'optimisation, les secondes du côté de l'amélioration (dépassement), d'où la connotation

---

1. J. Romains, *Les hommes de bonne volonté*, Paris, Bouquins-Laffont, 4 vol., vol. II, 2003, p. 954.
2. P. Labro, *L'étudiant étranger*, Paris, Folio-Gallimard, 1986, p. 217.

paradoxalement négative que prend alors ce terme : vouloir s'améliorer en ce sens, c'est entretenir une conception erronée de ce qu'est une vie bonne, ou prendre le risque de mettre en danger la conception sur laquelle on se guide – bref, c'est le cauchemar. Par exemple, au nom de l'idéal de l'authenticité, on s'opposera aux moyens façonnant un moi qui ne serait pas le moi que je suis authentiquement, faisant émerger des capacités qui ne seraient pas authentiquement les miennes, mais non à l'usage de substances permettant l'émergence du véritable moi que je suis. Au nom de l'idéal de réussite sociale, la chirurgie esthétique et les médicaments de l'humeur seront vus du côté de la thérapie ou de l'optimisation, non du dépassement.

Cela explique les jugements moraux qu'on entend souvent sur la valeur du naturel et la condamnation attenante de la démesure : ce qui est ainsi appelé « naturel », c'est ce qui est optimisable dans telle conception de la vie bonne ; est alors démesuré ce qui va au-delà. Mais comme les conceptions de la vie bonne sont multiples, l'opposition du naturel et du démesuré l'est tout autant : le démesuré de l'un est le naturel de l'autre. Nos jugements moraux habituels ne sont donc qu'apparemment paradoxaux et irrationnels : en réalité, ils sont simplement divergents, quoique de même structure.

Cela dit, il ne s'ensuit pas que n'importe quel idéal de la personne puisse faire l'affaire, car l'existence de désaccords même profonds n'implique pas que tout idéal puisse se présenter comme adéquat pour l'épanouissement humain. Le pluralisme n'implique pas le relativisme, car la nature humaine fait peser quelques contraintes sur ces idéaux, comme semble-t-il cette petite histoire, imaginée par Anjan Chatterjee, l'illustre :

> Henri, directeur ambitieux, travaille quatre-vingts ou cent heures par semaine. La qualité de sa vie de famille est très pauvre et sa femme divorce. Cela le traumatise, si bien que le médecin lui prescrit un antidépresseur, qui produit son effet. Pendant ce temps, la fille de ce patient, Julie, a des difficultés scolaires. Le psychologue de l'école estime que la jeune fille souffre d'un trouble d'hyperactivité. À la demande du père, le médecin lui prescrit des stimulants. Xavier, son fils, qui fréquente un Lycée, est un coureur de demi-fond talentueux, mais toutefois pas assez pour être compétitif au niveau national. Son père, ayant lu dans une revue médicale que le Viagra augmente la capacité pulmonaire de transporter l'oxygène (parmi d'autres effets), demande à son médecin d'en prescrire pour son fils, dans l'espoir de le voir acquérir un niveau national, et comme Xavier est d'accord, le médecin s'exécute.
>
> Par ailleurs, Henri, qui lutte pour obtenir un contrat en Arabie Saoudite, aimerait apprendre l'arabe pour avoir un avantage sur ses concurrents. Il demande donc à son médecin de lui prescrire une dose d'amphétamines qu'il prendra juste avant ses leçons afin de l'aider à apprendre de manière

plus efficace (des données récentes sur sur la récupération du langage à la suite d'attaques suggèrent que l'administration d'amphétamines tend à augmenter le succès de l'apprentissage). Quand il est prêt pour son voyage d'affaires, son docteur lui donne un nécessaire de voyage breveté, qui contient un somnifère à prendre au départ et un stimulant, pour l'arrivée. En Arabie Saoudite, il stupéfie tout le monde par sa connaissance de l'arabe et remporte le contrat [1].

Chatterjee est plutôt horrifié par l'histoire qu'il a imaginée – il parle de « dystopie » (j'ai parlé de « cauchemar ») – bien qu'il pense qu'on s'y est déjà bien engagé, y compris parce qu'on y est (bientôt) psychologiquement prêt. À un test leur demandant s'ils accepteraient de donner une substance relativement sûre à leur enfant pour qu'il devienne un excellent pianiste, 48% des parents américains répondent par l'affirmative, et le *Comité du Président étasunien* d'ajouter : « Un comportement compétitif de la part de bien des parents, recherchant des avantages pour leurs enfants, est déjà largement répandu à l'école et dans les programmes sportifs ; il n'y a pas de raison de croire que cela va s'arrêter à la frontière des substances pharmacologiques, si elles sont efficaces et sans danger » [2].

Quant à nous, nous penserons fermement qu'Henri et ses semblables entretiennent manifestement un idéal démesuré de la personne. Pourtant, que penser alors de cette autre histoire, imaginée par Thomas Murray, où l'amélioration est aussi au service de la performance, mais orientée de manière plus altruiste.

Imaginez un médicament que les neurochirurgiens pourraient prendre pour réduire le tremblement naturel de leurs mains et augmenter leur capacité à se concentrer. Ce médicament hypothétique n'aurait pas ou seulement peu d'effets secondaires. De nombreuses études auraient montré que les neurochirurgiens qui prennent ce médicament avant une opération ont de meilleurs résultats : moins d'erreurs de chirurgie, un taux de morbidité et de mortalité moindre chez leurs patients. Serait-il immoral pour un neurochirurgien de prendre ce médicament parce qu'il constitue une « amélioration » ? Supposons que quelqu'un que nous aimons ait besoin d'une opération du cerveau et que deux neurochirurgiens soient disponibles. Si l'un disait : « Bien sûr, je prends ce médicament, parce qu'il aide mes patients », et que l'autre réplique : « Non seulement je ne prends pas ce médicament, mais j'utilise aussi des instruments du XIXᵉ siècle,

---

1. A. Chatterjee dans Ackerman, *Hard Science, Hard Choices*, New York, Dana Foundation, 2006, p. 82.
2. *Beyond Therapy, op. cit.*, p. 73.

parce qu'ils me permettent de mieux déployer ma virtuosité technique »,
quel chirurgien choisirions-nous tous ?[1]

Même si on laisse tomber les instruments du XIXe siècle, notre réponse
n'est pas douteuse.

La considération des idéaux que j'ai mentionnés plus haut permet de
jeter quelque lumière sur ces jugements spontanés : notre tradition morale
accorde une grande importance à la distinction entre l'égoïsme et l'altruis-
me. C'est même presque une question de définition : est moral ce qui est
altruiste, alors qu'égoïste est généralement synonyme d'immoral. Nous
avons donc une tendance spontanée à approuver (ou du moins à ne pas
condamner) le neurochirurgien, et à adopter une attitude inverse vis-à-vis
de la famille « dopée ». Mais l'idéal de dévouement aux autres n'est pas
seul sur le marché des idéaux ; pour quelqu'un qui accorde plus d'importance à la réussite sociale ou à la perfection personnelle, l'attitude de cette
famille ne posera pas de problème moral : il s'agit de moyens pour « coller »
au mieux avec son idéal, bref, de s'optimiser. A-t-elle vraiment tort de
penser ainsi ? La dystopie des uns reste l'utopie des autres ! À court d'argument, on invoquera aisément des objections liées à la tricherie et à la justice
sociale si tous n'y ont pas accès, alléguant un avantage compétitif immérité. « Immérité », voilà un autre ingrédient important dans la plupart de nos
conceptions de ce qu'est une vie bonne et juste, dont il me faut dire
quelques mots.

LA QUESTION DU MÉRITE

Avoir une meilleure attention, une mémoire plus performante, une
humeur agréable sont des objectifs désirables, de même qu'être moins
timide, plus honnête ou intellectuellement plus séduisant, et cela dans la
plupart – peut-être même la totalité – des conceptions de la vie bonne
auxquelles il est fait allégeance sous nos climats. Pourtant, atteindre ces
états par des médicaments paraît à beaucoup comme moralement douteux,
ce qui n'est pas le cas lorsque l'effort personnel en est la cause. Pourquoi ?
Parce que, selon moi, il existe un ingrédient supplémentaire au simple gain
dans la plupart de ces conceptions, celui du mérite, et on tend à juger
sévèrement la dissociation du gain et du mérite. Tout gain doit donc être
mérité. Lorsque le gain est une amélioration de nos performances ou de
notre caractère, la source du mérite ne peut, pense-t-on, résider dans une
« pilule », elle doit consister dans un effort, si bien qu'on n'est pas surpris de

---

1. T. Murray dans Ackerman, *op. cit.*, p. 75.

voir Andy Miah noter que l'amélioration par des moyens technologiques « corrompt les systèmes d'évaluation qui structurent nos sociétés, en supprimant la relation complexe entre le résultat et l'action entreprise »[1].

Ce qui gêne dans les pilules de l'amélioration psychologique, physique ou morale, ce n'est donc pas qu'elles nous rendent meilleurs, puisque c'est un but que, d'une manière ou d'une autre, tout le monde se propose, pression sociale ou non; c'est que celui qui les avale ne fait (presque) rien pour mériter le résultat. Tout comme le cordonnier de cette petite fable, imaginée par Mark Michael.

> Un jour, Dieu décida de fabriquer une petite pilule rouge qui avait la propriété d'améliorer significativement les capacités de celui qui l'avalerait. Dans un bourg vivait un médiocre cordonnier qui produisait de médiocres souliers et qui, en conséquence, ne pouvait exiger qu'un modeste salaire. Lors d'une promenade, il trouva par hasard la pilule et, croyant à une baie, l'avala. Les effets ne se firent pas attendre : le lendemain à son travail, les clous qu'il plantait ne se tordaient plus comme il avait été de règle, il coupait et taillait le cuir avec dextérité et les souliers qu'il fabriquait ne lui attiraient plus que des éloges. Son salaire se modifia bien sûr en conséquence, si bien qu'il put rapidement ouvrir sa propre échoppe dans laquelle il prospéra[2].

Le cordonnier mérite-t-il les fruits de son travail désormais excellent? Oui, puisqu'il a travaillé à cet effet tout comme auparavant. Mérite-t-il les nouvelles capacités qui lui ont permis d'œuvrer ainsi? Non, puisqu'il n'a rien fait d'adéquat pour les avoir (avaler une pilule n'est pas source de mérite). Or il doit en aller exactement de même pour les fruits moraux de capacités morales optimisées. Comme le souligne le *Comité du Président étasunien*: « Un médicament qui induit une absence de peur ne produit pas le courage »[3], et ce bien qu'on fasse face au danger sans peur, qu'on contrôle effectivement ses émotions et son comportement. Pour être courageux, il faut avoir lutté contre ses peurs et avoir gagné sa constance à la force du poignet! Avec le mérite, c'est le caractère lui-même qui s'en va – celui qui est sans peur n'est pas courageux –, d'où les craintes que les substances amélioratives n'entraînent une érosion du caractère.

Mais si le mérite est si important pour notre sens moral, doit-on pour autant faire fi du résultat? Somme toute et encore une fois, être moins

---

1. Art. cit., p. 1.
2. *Cf.* « Redistributive Taxation, Self-Ownership and the Fruit of Labour », *Journal of Applied Philosophy*, 2, 1997, p. 138-139.
3. *Beyond Therapy, op. cit.*, p. 291.

timide, plus honnête ou intellectuellement plus séduisant, avec un bon sens de l'humour est une bonne chose; si tous les êtres humains possédaient ces qualités, ils s'en porteraient mieux, tant eux-mêmes que leur entourage. Si on est musicien, ne recherche-t-on pas à ne plus faire de fausse note inopinée, c'est-à-dire à atteindre un certain *résultat*? Or les bêta-bloquants y aident et viennent à la rescousse de l'effort. Comme le souligne Arthur Caplan sur le plan personnel: «Nous n'avons pas toujours besoin de "gagner" notre bonheur pour être vraiment et réellement heureux. Nous ne rejetons pas comme frauduleuses ces choses qui nous rendent heureux pour la jouissance desquelles nous n'avons fait que peu de choses ou rien du tout»[1]. Certes, «bonheur» est un concept assez vague, mais en un sens immédiat, Caplan a manifestement raison. Et puis, plus simplement, on s'aide de bien des manières, notamment au plan cognitif: un agenda améliore la mémoire et on n'a que très peu de mérite à le tenir correctement; en est-il pour cela moralement douteux? Pas plus qu'une paire de jumelles qui améliore notre vision à distance! Or, ce sont bien là des *extensions* de nos capacités naturelles, comme tous les outils. Le marché des compléments alimentaires pour soutenir la mémoire est actuellement énorme, sans que personne ne s'en émeuve. Enfin, nous tous bénéficions sans aucun mérite et sans aucune vergogne – mais pourquoi en éprouverions-nous? – des progrès techniques et sociaux que les générations précédentes ont patiemment édifiés. Bien des capacités et des comportements humains ont été et sont encore dignes d'amélioration, mérite ou pas mérite, tant au niveau de la communauté politique que de l'individu.

Limitons-nous au cas de l'individu. Certaines neuroaméliorations sont tout à fait désirables en elles-mêmes. Au plan cognitif d'abord, qui ne voudrait voir sa mémoire substantiellement améliorée? La nature donne à certains une bonne mémoire et à d'autres une «passoire»; pourquoi ne pas aider ici la nature et faciliter de durs exercices, d'autant que cela permettrait sans doute de compenser la loterie naturelle et donc de rétablir plus d'égalité, c'est-à-dire plus de justice – certaines substances améliorent effectivement davantage les moins doués; il y en a même qui diminuent les performances des plus doués![2] Et l'apprentissage des langues étrangères, ne pourrait-on pas le rendre plus aisé et aider par là la communication entre les peuples? Au plan du tempérament moral ensuite. Ne souffrons-nous pas

---

1. A. Caplan, «Straining their Brains: Why the Case Against Enhancement Is not Persuasive», *Cerebrum*, vol. 6, 4, Dana Press, 2004, p. 17.
2. *Cf.* M. Farah *et al.*, «Neurocognitive Enhancement», dans W. Glannon, *Defining Right and Wrong in Brain Science*, New York, Dana Press, 2007, p. 292-293.

chacun à notre manière de traits de caractères que nous désirerions ne pas avoir et contre lesquels nous luttons souvent depuis notre jeunesse plus ou moins énergiquement – surtout si s'y ajoute une faiblesse de volonté – et plus ou moins efficacement, car ils assombrissent tant notre relation avec nous-même qu'avec les autres ? Si nous pouvions y remédier, loin d'être moins nous-mêmes sur les plans psychologique et moral, nous le serions alors plus, et nous pourrions revendiquer les fruits de ce progrès comme plus pleinement nôtres. Sur ce plan, il est intéressant de noter que les personnes agressives traitées par le lithium réagissent différemment selon qu'elles considèrent que l'agressivité est un trait de leur personnalité ou non : « Les personnes qui apprécient d'être sous lithium sont celles qui ressentaient leur comportement agressif comme un trait non désiré de leur personnalité [...]. D'autres personnes, qui avaient incorporé le comportement agressif dans leur personnalité détestaient prendre du lithium »[1].

Tout cela me paraît révéler une certaine incohérence dans l'idéal de la personne morale qu'entretient majoritairement notre tradition. Nous méritons ce à quoi nous avons contribué, ce dont nous sommes les auteurs. Par rapport à nos capacités naturelles, nous méritons ce que nous en avons fait, c'est-à-dire ce que notre effort a créé, rien de plus. Nous devons donc être les auteurs de nous-mêmes, la création de soi étant probablement un de nos plus chers idéaux – c'est pour cela que nous accordons tant de poids à l'autonomie en éthique biomédicale. Or, dès que nous examinons nos pratiques, nous nous rendons compte qu'il y a là bien des effets de rhétorique, signes sans doute d'une hypertrophie de cet idéal, lui-même atteint de démesure.

Et puis, tout le monde n'est pas égal dans ses dotations naturelles : bien des traits de caractère sont simplement le fruit de la neurochimie que nous avons apportée avec nous en naissant ; dès lors, pourquoi seuls ceux qui sont mal dotés devraient-ils souffrir pour s'optimiser et leur serait-il interdit de se mettre au niveau des mieux lotis par des moyens plus aisés et plus fiables que l'effort personnel ? Le cordonnier ne mérite pas ses nouveaux talents ; mais celui qui les amène avec lui en naissant non plus ! Nous nous créons nous-mêmes ? Disons plutôt que nous aménageons le nous-mêmes que la nature a créé en tout arbitraire et sans nous consulter.

1. E. Coccaro dans *President's Council on Bioethics, Staff Working Paper*, 9 septembre 2004.

CONCLUSION

Je n'en dirai pas plus sur le sujet de la cohérence de nos conceptions de la vie bonne et conclurai en tentant de répondre à la question soulevée en introduction : où faut-il situer en définitive la médecine d'amélioration ? Au niveau de l'optimisation ou du dépassement ?

L'analogue à la vie bonne dans ce domaine, c'est la bonne santé. Il n'est donc pas étonnant qu'on invoque souvent la définition qu'a proposée Norman Daniels : la santé consiste en un fonctionnement humain normal, si bien que « les soins de santé ont, comme but, un fonctionnement normal : ils se concentrent sur une classe spécifique de désavantages évidents et essayent de les éliminer »[1]. Soigner, c'est rétablir un fonctionnement humain normal, c'est une *restitutio ad integrum* ; c'est aussi empêcher que ne s'installe un fonctionnement anormal, ce qui permet d'inclure les vaccins ou les traitements de la ménopause, ainsi que toutes les mesures de médecine préventive. Améliorer, c'est aller au-delà de l'humainement normal. Mais alors, comment justifier que l'on administre de l'hormone de croissance à un individu qui est petit parce qu'il en manque et non à un autre qui n'est pas plus grand mais n'en manque pas ? On peut invoquer une norme biologique ou physiologique : la quantité de cette hormone présente dans le sang doit se situer entre telle et telle valeur pour être normale ; c'est là quelque chose dont on a l'habitude chaque fois que l'on fait un *check up*. Toutefois, cela ne mène pas très loin, car la norme proposée par Daniels n'est qu'indirectement liée à la mesure d'une dose : ce n'est que dans la mesure où cette dose contribue à un *fonctionnement normal* qu'elle est pertinente, et c'est bien naturel, car ce qui nous importe, c'est d'être des humains fonctionnels et non des humains « dosément » corrects !

Par conséquent, être un humain fonctionnel n'est pas une question de biologie, sinon indirectement. En effet, les normes de la fonctionnalité dépendent de la manière dont nous vivons, ce qui fait référence à la compréhension sociale de l'être humain et à la compréhension de l'être humain tout court, bref à ce que cela signifie pour un humain d'être et d'agir comme un humain. Ainsi, dès qu'on sort des cas simples (comme la grippe ou le cancer), un critère de santé n'est éclairant que dans la mesure où on dispose d'un concept de normalité qui possède un contenu précis. Or, on connaît les difficultés d'y satisfaire au moins depuis Canguilhem, qu'illustre parfaitement cette définition proposée par un médecin mis en scène par Jules Romains, dont il est difficile de mesurer le degré de sérieux : « Ce qu'on

---

1. *Just Health Care*, Cambridge, CUP, 1986, p. 46.

appelle le cas normal n'est que l'écart moyen des cas anormaux »[1]. Dans le même ordre d'idée, Martha Farah relève que, vu que les médicaments du cerveau, et notamment de l'humeur, sont de mieux en mieux tolérés, le seuil de la maladie est abaissé, en ce sens que de plus en plus de personnes « limites » en reçoivent[2]. Dans le domaine sportif, Barrie Houlihan donne l'exemple d'une coureuse américaine dont les muscles des jambes avaient cru au-delà de leur gaine à cause d'un entraînement excessif, lui causant des douleurs considérables. Elle eut alors recours à une intervention chirurgicale pendant laquelle les gaines musculaires furent incisées, supprimant ainsi la pression excessive et les douleurs. Supprimer des douleurs, c'est soigner, mais l'état de départ « normal » était déjà un état amélioré[3].

Rien de cela ne saurait nous étonner, étant donné ce que nous avons vu : pour dire ce qu'est un fonctionnement humain *normal*, il est nécessaire de s'appuyer sur une conception de la vie bonne et de la nature humaine. Ainsi, la médecine d'amélioration sera tantôt considérée comme optimisante, tantôt comme amélioratrice proprement dit, et les jugements – idéal ou cauchemar – suivront en conséquence.

Bernard BAERTSCHI
Institut d'éthique biomédicale, Université de Genève

---

1. J. Romains, *op. cit.*, vol. II, p. 1179.
2. *Cf.* « Emerging Ethical Issues in Neuroscience », dans Glannon, *Defining Right and Wrong in Brain Science*, p. 21.
3. Rodrigue Hofmann, communication personnelle.

THÉRAPIE, AUGMENTATION ET FINALITÉ
DE LA MÉDECINE

La notion d'augmentation, terme par lequel j'ai choisi de traduire « enhancement », peut être comprise de deux façons. E. T. Juengst expose cela d'une façon lumineuse[1]. Dans un premier contexte, le terme « augmentation » s'oppose au terme « accomplissement ». C'est alors un concept qui désigne l'amélioration de ce que l'on serait capable d'accomplir en l'absence de cette augmentation. Il n'a pas directement de fonction normative, ce qui revient à dire qu'il n'est censé, comme tel, justifier ni approbation, ni désapprobation, ni interdiction. En effet, il y a toutes sortes de façon parfaitement légitimes d'améliorer ce que l'on est capable d'accomplir et d'autres dont, au contraire, la légitimité semble plus que contestable. Dire, par conséquent :

(1) X s'est amélioré par rapport à ce qu'il était auparavant capable d'accomplir,

ne donne encore aucun élément permettant d'adresser un éloge moral à X ou de le blâmer pour cette amélioration. Le blâme ou l'éloge sont, en quelque sorte, en attente d'un surcroît d'information sur la façon dont X s'y est pris pour arriver à ce résultat : pour dire les choses autrement, l'augmentation dont X a bénéficiée est encore sous-décrite en (1). Un exemple fera mieux comprendre ce dont il s'agit.

Soit un coureur cycliste expérimenté, Dupond, qui remporte une étape du Tour de France parce qu'il a parcouru des milliers de kilomètres à l'entraînement, qu'il a appris à maîtriser les techniques du vélo de course, qu'il a fait de la musculation pendant des années et qu'il a développé les

---

1. E.T. Juengst, « What does Enhancement Mean? » dans E. Parens (éd.) *Enhancing Human Traits. Ethical and Social Implications*, Washington, Georgeton University Press, 1998, p. 29-47.

traits de sa personnalité qui le rendent apte à mobiliser l'énergie de ses coéquipiers. Certainement, il a augmenté ses performances par rapport à celles qui étaient les siennes, lorsque, novice, il terminait essoufflé la course de la kermesse de l'école de son village. Soit maintenant un autre coureur cycliste expérimenté, Dupont, qui remporte une étape du Tour de France parce qu'il a pris du « pot belge », un mélange de morphine, d'amphétamines, d'éphédrine, d'aspirine, de corticoïdes – à quoi s'ajoutent, éventuellement, de la cocaïne et de l'héroïne[1]. Là encore, il a certainement amélioré ses performances par rapport à celles qui auraient été les siennes s'il avait roulé « à l'eau claire », comme on dit dans les milieux du cyclisme. Mais on considère spontanément que Dupond a légitimement amélioré ses accomplissements (et par voie de conséquence que sa victoire est légitime), tandis que c'est tout le contraire pour Dupont. Par conséquent, ce n'est pas le fait que les capacités initiales de ces deux coureurs aient été augmentées que l'on évalue (positivement ou négativement), mais les moyens par lesquels ces capacités ont été augmentées et, puisqu'il s'agit dans les deux cas d'une action (visant à améliorer des performances), les intentions de ceux qui les ont augmentées[2].

Cependant, il existe un second contexte où, bien que l'on emploie encore le terme « augmentation », il désigne en fait tout autre chose : on a affaire à un concept qui opère dans le champ médical. Dans ce cas, le terme « augmentation » s'oppose au terme « traitement » et désigne ce qui va au-delà du traitement. E. T. Juengst fait remarquer qu'il n'a pas du tout la même fonction que dans le contexte précédent. Il s'agit maintenant d'un concept-frontière, qui marque des limites, exactement comme les concepts de « traitement disproportionné », d'« acharnement thérapeutique » ou

---

1. On appelle ce mélange dopant « pot belge » du nom de l'ancien soigneur belge des équipes Flandria, RMU, Super U et Festina, Willy Voet. Surpris en 1998 par les Douanes Françaises en possession d'une grande quantités de produits dopants, il a révélé un dopage organisé dans son équipe et, plus généralement, dans les milieux cyclistes.

2. Bien entendu, il faudrait préciser. On ne compare pas exactement la même chose : on parle d'amélioration de performances tout au long d'une carrière dans le cas de Dupond, tandis que l'on parle d'amélioration ponctuelles de performances pendant une épreuve dans le cas de Dupont. En outre (John Harris fait une remarque qui va en ce sens dans *Enhancing Evolution*, Princeton et Oxford, Princeton University Press, 2007, p. 111), il ne suffit pas de s'injecter du « pot belge » et d'enfourcher ensuite son vélo en attendant que ce dernier remporte l'étape : Dupont a fait des efforts pour gagner cette étape et s'est entraîné au cours de sa carrière antérieure, peut-être irréprochable, qui sait ? Ce qui semble moralement condamnable – si on laisse de côté le fait que le pot belge contient des produits stupéfiants dont l'usage est interdit par la loi et que le dopage est interdit par les règlements sportifs – c'est qu'il a pris un avantage indu sur ses concurrents dans le but de gagner l'étape.

d'« obstination déraisonnable ». L'idée est la suivante : le type d'action qui aboutit à une augmentation ne relève pas de l'art médical à proprement parler : il indique un excès par rapport à lui de sorte que, *prima facie*, il est – au minimum – sans légitimité et probablement même répréhensible. Ni les intentions, ni les moyens employés, ne constituent des circonstances à prendre en compte qui pourraient, éventuellement, réintégrer l'augmentation dans le champ des bonnes pratiques médicales, lesquelles sont toujours ordonnées à une finalité : le traitement [1].

Un exemple un peu brutal fera comprendre ce que je veux dire. L'adjectif « médical(e) » peut être considéré comme homonyme [2] dans les deux énoncés suivants :

(2) Le Docteur Y a mis en œuvre son expertise médicale afin de déterminer de façon exacte la pathologie dont souffre ce patient et de lui permettre de bénéficier du traitement le plus approprié.

(3) Le Docteur Z a mis en œuvre son expertise médicale pour faire en sorte que l'interpellé avoue rapidement son appartenance au Front de Libération des Irrédentistes Syldaves (FLIS) à l'équipe d'interrogateurs de la police secrète Bordure.

Bien que le Docteur Z soit médecin et que l'expertise qu'il met à la disposition de des tortionnaires soit celle d'un médecin (pas celle d'un mécanicien, d'un agent de change ou d'un agent immobilier), il en fait un usage qui ne doit rien à l'art médical comme tel. Et cet usage ne doit rien à l'art médical comme tel parce qu'il n'a rien à voir avec une quelconque intention thérapeutique, contrairement à ce qui se passe dans le cas du Docteur Y [3].

Considérer qu'il existe une différence radicale entre traitement et augmentation, c'est considérer que, toutes choses égales par ailleurs, l'énoncé :

(4) Le Docteur K a mis son expertise médicale en œuvre afin d'augmenter certaines capacités de l'individu qui est venu le consulter, ressemble plus à (3) qu'à (2).

---

1. Il en est, toutes choses égales par ailleurs, comme ces actions et affections dont la seule dénomination indique la perversité (comme l'adultère ou le vol) et dont le bien ou le mal ne dépend pas des circonstances (Aristote, *Éthique à Nicomaque*, 1077 a 8-26).
2. Homonyme sont les choses dont le nom seul est commun, tandis que la notion désignée par ce nom est diverse.
3. Je laisserai de côté la subtilité qui consisterait à dire que l'appartenance au FLIS est le symptôme d'une sérieuse maladie mentale. C'est, on le verra un peu plus tard, un argument typiquement normativiste.

Cela semble difficilement croyable. Supposons, par exemple, qu'il existe une procédure d'augmentation permettant, lorsqu'elle est appliquée chez le sujet jeune, de ralentir chez lui certains effets du vieillissement (par exemple en augmentant les capacités de son système immunitaire). Ne pourrait-elle pas tout aussi bien être décrite comme un traitement préventif contre les effets du vieillissement ?

Soit encore le cas des FIV pratiquées par le Docteur Antinori sur Rosanna Della Corte et Patricia Rashbrook et qui les ont conduites à une grossesse à 63 ans et à 62 ans respectivement. Si l'on admet que la stérilité avant la ménopause est, sinon une maladie *stricto sensu*, du moins une incapacité[1], la stérilité après la ménopause n'est ni une maladie, ni une incapacité : c'est la condition normale d'une femme ménopausée. Donc ces FIV tombent hors de l'art médical : elles ne sont pas thérapeutiques (même au sens où le traitement d'une incapacité et non d'une maladie peut être qualifié de thérapeutique) ; ce sont des augmentations et elles sont, *prima facie*, sans légitimité médicale. Toutefois, on pourrait décrire la situation autrement et dire que les procédures mises en œuvre par le Dr Antinori ont eu pour effet de retarder le moment où il devient impossible à ses patientes d'avoir des enfants ; en ce cas, on les a décrites comme des traitements, médicalement légitimes, ayant pour effet de retarder un effet indésirable de la ménopause et elles accèdent au statut respectable de nouvelle spécialité gynécologique. Comparons avec l'exemple suivant : une procédure qui aurait pour effet de retarder le moment où une victime de la maladie d'Alzheimer ne peut plus vivre de façon autonome serait probablement considérée comme un traitement contre cette maladie, bien qu'elle ait pour effet d'augmenter les capacités du patient[2].

Un aspect important de la difficulté consiste, comme l'a bien noté J. Harris[3], en ceci qu'il est souvent difficile de repérer une solution de continuité entre le fait de traiter une dysfonction et le fait d'augmenter une fonction. Une seule et même action ou procédure sera thérapeutique pour les uns et « augmentative » pour les autres ; une seule et même action ou procédure pourra être thérapeutique pour un individu à un moment donné et « augmentative » pour ce même individu à un autre moment.

Ceci dit, une chose semble claire : que l'on tienne la frontière entre traitement et augmentation pour imperméable ou poreuse, il semble que le

---

1. La distinction entre maladie, déficience, incapacité et désavantage est classique depuis le schéma proposé par Ph. Wood.

2. Il faudrait, évidemment nuancer : on est ménopausée ou non, tandis que la maladie d'Alzheimer s'installe progressivement. Mais sur le fond, l'analogie demeure.

3. J. Harris, *Enhancing Evolution*, *op. cit.*, p. 87 et surtout p. 189.

tracé de cette frontière dépende, en amont encore de la représentation que l'on se fait de la finalité de la médecine, de la conception même que l'on a de la santé et de la maladie. Je me demanderai donc si les deux grandes théories de la santé et de la maladie qui se disputent la prééminence dans le débat contemporain sont de nature à nous donner des lumières en ce qui concerne l'éthique de l'augmentation, par rapport à celle du traitement, éthique solidement encadrée par toute une tradition que l'on pourrait qualifier, pour faire simple, d'hippocratique.

N. Daniels a proposé ce qui est probablement à ce jour la réflexion la plus sophistiquée et la plus nuancée sur un sujet apparenté[1]. Mais il se propose, on le sait, d'appliquer une théorie rawlsienne de la justice distributive, à la question des services de santé. C'est donc, au sens large, une question politique, celle de la justice dans l'accès aux soins dont il se préoccupe. Et son adhésion à l'une des deux grandes conceptions de la santé et de la maladie est étroitement liée à cette problématique. Il s'agit pour lui de tracer une ligne de démarcation relativement nette entre les « recours aux services de santé qui ont pour but de prévenir et de soigner des maladies et ceux qui correspondent à d'autres besoins sociaux »[2]. En effet, dans la perspective qui est la sienne, il existe une obligation générale de préserver l'égalité des chances. C'est à partir de cette obligation que l'existence de services de santé est justifiée : les maladies et les infirmités, en effet, sont conçues comme des obstacles à l'égalité des chances. Soigner, c'est travailler à restaurer cette égalité ; parvenir à guérir, c'est la restaurer en fait. Ce qui va au-delà n'est pas, absolument parlant, hors du champ médical ; c'est le cas des vaccins, par exemple et, de fait, N. Daniels parle, on l'aura remarqué, de prévenir ou de soigner les maladies. Mais la question de la justice dans l'accès aux soins ne s'y pose pas de la même façon.

Sans négliger les analyses absolument essentielles de N. Daniels, je voudrais plutôt me mettre en congé par rapport à la question de la justice distributive et examiner la façon dont les théories de la santé et de la maladie comportent ou non des éléments éthiques et si oui, comment elles les intègrent. Je me demanderai également quel rôle elles leur font jouer.

---

1. Par exemple dans : *Just Health Care*, Cambridge, Cambridge University Press, 1985 ; « Normal Functioning and the Treatment/Enhacement distinction », *Cambridge Quaterly of Healthcare Ethics*, 9, 2002, p. 309-322 ; et dans l'ouvrage cosigné avec A. Buchanan, D.W. Brock et D. Wikler, *From Chance to Choice. Genetics & Justice*, Cambridge, Cambridge University Press, 2000, les pages 110-155 en particulier.

2. N. Daniels, *Just Health Care, op. cit.*, p. 31.

J'ai parlé de deux théories de la santé. Les choses semblent simples : le débat voit s'affronter les naturalistes et les normativistes[1]. De quoi s'agit-il ? Commençons par le naturalisme.

M. Ruse signale[2] que l'on a pu dire que les thèses naturalistes sont empiristes, positivistes et même, cartésiennes. D'autre part, le représentant le plus éminent du naturalisme contemporain, Ch. Boorse, enrôle sous cette bannière N. Daniels, J. Scadding, R. Kendell et D. Klein ; mais aussi, ce qui est plus surprenant Th. Szasz et, avec quelques réserves tout de même, L. Kass. Si la présence de Th. Szasz avait de quoi surprendre, celle de L. Kass a de quoi étonner : ce dernier, en effet, n'a pas la réputation d'être un empiriste, un positiviste ou un cartésien. Je pense que l'on peut également, bien que Ch. Boorse ne mentionne pas cet auteur, tenir H. Jonas lui-même pour un naturaliste. Nous voici passés de l'étonnement à la perplexité : qu'est-ce qui peut bien rapprocher un rawlsien comme N. Daniels d'un bioconservateur comme L. Kass ou d'un des pères de l'antipsychiatrie comme Th. Szasz ?

Pour dissiper cette perplexité, il faut observer que le débat comporte en fait pour ses protagonistes deux questions : il s'agit d'une part de savoir ce qu'est la maladie, c'est-à-dire d'énoncer un certain nombre de conditions nécessaires et suffisantes permettant de dire ce qu'est un état morbide ; d'autre part, dans la mesure où l'état morbide est *prima facie* un état tenu pour subjectivement indésirable et même pour objectivement mauvais, il s'agit de préciser ce qui fait qu'il est tenu pour indésirable ou mauvais. On comprend mieux, dès lors, ce qui rapproche des auteurs tellement différents. En effet, la stratégie naturaliste est la suivante : dans un premier temps, les naturalistes vont tenter de définir la santé et la maladie en respectant une stricte neutralité axiologique ; une fois cette définition apportée et dans un second temps seulement ils introduiront dans la discussion la question des valeurs[3].

---

1. On peut discuter la pertinence de ces « étiquettes » ; celle de « normativisme », notamment, semble particulièrement mal adaptée. Mais elles se sont imposées et je les utiliserai pour ce qu'elles valent. On peut noter que K.W.M. Fulford, *Moral Theory and Medical Practice*, Cambridge, CUP, 1989, p. 37-56, parle de théories descriptivistes et non-descriptivistes, dans une tentative (peu convaincante à mon sens) d'aligner le débat sur celui qui a prévalu en théorie éthique à l'époque de R. Hare.

2. R. Michael, « Defining Disease : The Question of Sexual Orientation » dans J.M. Humber, R.F. Almeder (éd.), *What is Disease ?*, Totowa, New Jersey, Humana Press, 1997, p. 143.

3. Les normativistes, pour leur part, défendront la thèse selon laquelle il n'est pas possible de définir la maladie de façon neutre quant aux valeurs : celles-ci sont présentes dès la définition même de la maladie, état essentiellement indésirable.

Ch. Boorse, par exemple, va d'abord définir la pathologie; ce n'est qu'ensuite, qu'il parlera d'affection ou de maladie[1]. Pour lui, la pathologie se définit en termes biologiques et donc de façon axiologiquement neutre. Pour comprendre en quel sens, je partirai d'une formulation de C. Withbeck qui indique l'essentiel de son approche avec une admirable concision :

> Dans les grandes lignes, sa thèse fait de la pathologie un processus psycho-physiologique qui diminue une capacité fonctionnelle de quelqu'un pour la ramener au-dessous de celle qui est propre à sa classe de référence [2].

On trouve là plusieurs idées : le normal est le naturel[3]; les pathologies sont étrangères à la nature de l'espèce; la santé est l'absence de telles pathologies (ce dernier point constitue ce qu'on a coutume d'appeler la théorie négative de la santé). Il s'agit, à l'évidence d'affirmations massives. Ch. Boorse les précise de la façon suivante :

> Ma thèse est que la santé est neutre quant à la valeur (*value-free*) parce que la santé est le jeu normal des fonctions, la normalité étant définie de façon statistique et les fonctions étant définies de façon biologique [4].

Parce que la normalité y est définie de façon statistique, on a pu qualifier la thèse de Ch. Boorse de théorie biostatistique[5]. C'est d'ailleurs une

---

1. Nous traduirons *disease* par « pathologie », *illness* par « affection ». Une distinction aussi nette est parfaitement conforme à l'esprit de la thèse de Ch. Boorse. Celle-ci a été exposée dans quatre articles publiés au cours des années 1970 et qui, dans l'esprit de son auteur, forment un tout : « On the disctinction between disease and illness », *Philosophy and Public Affairs*, 5, 1975, p. 49-68; « What a theory of mental health should be », *Journal for the Theory of Social Behaviour*, 6, 1976, p. 61-84; « Wright on functions », *Philosophical Review*, 85, 1976, p. 70-86; « Health as a theoretical concept », *Philosophy of Science*, 44, 1977, p. 542-573. Elle a été présentée sous une forme plus synthétique dans « Concepts of Health » dans D. Van DeVeer, T. Regan (éd.) *Health Care Ethics. An Introduction*, Philadelphia, Temple University Press, 1987, p. 359-393; elle a, plus récemment, été défendue contre diverses critiques dans « A Rebuttal on Health » dans J.M. Humber, R.F. Almeder (éd.), *What is Disease ?*, *op. cit.*, p. 3-134. L'étendue de ce dernier article et la diversité des critiques auxquelles Ch. Boorse a eu à répondre suffisent à témoigner du fait que le débat contemporain s'est articulé autour de ses écrits.

2. C. Withbeck, « Four Basic Concepts of Medical science », *PSA*, 1978, vol. I, p. 218.

3. Ch. Boorse, « Health as a Theorical Concept », *op. cit.*, p. 554.

4. Ch. Boorse, « A Rebuttal on Health », *op. cit.*, p. 55-56.

5. Par L. Nordenfelt, *On the Nature of Health. An action-Theoretic Approach*, Dordrecht-Boston-Londres, Kluwer, 1995, p. 18-33. Lennart Nordenfelt est un représentant de l'approche normativiste.

formule qu'il reprend à son compte[1]. Parce que la santé est conçue comme le jeu normal des fonctions, c'est aussi une thèse fonctionnaliste[2].

Qu'en est-il de l'aspect fonctionnaliste des analyses de Ch. Boorse? Se réclamant de G. Sommerhoff, de E. Nagel et de R. Braithwaite, Ch. Boorse définit la fonction en termes téléologiques[3] : la notion de fonction enveloppe celle de contribution à la réalisation d'un but. En bon positiviste, par exemple, E. Nagel refuse de considérer qu'il y a une spécificité des explications fonctionnelles – ou téléologiques –, spécificité qui les distinguerait, en particulier, des bonnes vieilles explications causales ordinaires. Il considère donc qu'il s'agit d'explications causales ordinaires, mais dans un contexte spécifique. Un énoncé de la forme : « La fonction de X est d'accomplir Y » se réduira donc sans reste aux deux énoncés suivants :

(5) X est une condition nécessaire pour Y (Clause de l'explication causale).

et

(6) X et Y désignent des propriétés ou des activités d'un système autorégulé comportant un ensemble spécifique d'états qui constituent son but (Clause du contexte spécifique)[4].

C'est bien ainsi que l'entend Ch. Boorse : les organismes sont téléologiques en ce sens qu'ils sont disposés à ajuster leur comportement face aux changements qui adviennent dans l'environnement qui est le leur. Ces ajustements visent un résultat invariable (ou du moins constant) : le fait d'atteindre un but. La fonction d'un organe au sein d'un organisme individuel est de contribuer à ce que cet organisme atteigne ses buts. Maintenant, si les buts ultimes des organismes sont indéterminés, ceux qui intéressent la

---

1. Ch. Boorse, « A Rebuttal on Health » *op. cit.*, p. 4.

2. C'est William K. Goosens, « Values, health and Medicine », *Philosophy of Science*, 4, 1980, p. 113, qui fait de la thèse de Ch. Boorse une forme de fonctionnalisme.

3. En s'opposant, de façon intéressante, à la théorie dite « étiologique » des fonctions, développée par Larry Wright, selon lequel attribuer une fonction à un trait, c'est se prononcer sur son histoire : dire, par exemple, que chez les poissons, la respiration est la fonction des branchies, c'est dire que la respiration est cet effet de l'existence des branchies par lequel leur existence peut être causalement expliquée (Ch. Boorse, « Wright on Functions », *The Philosophical Review*, *op. cit.*, p. 70).

4. E. Nagel, *The Structure of Science. Problems in the Logic of Scientific Explanation*, Londres, Routledge & Kegan Paul, 1961, chap. 12. Pour un résumé très clair (dont je me suis inspiré), voir K. Schaffner, *Discovery and Explanation in Biology and Medicine*, Chicago and London, The University of Chicago Press, 1993, p. 368-370. La façon dont G. Sommerhoff, R. Braithwaite et E. Nagel rendent compte des comportements orientés vers un but est qualifiée de behaviouriste par A. Woodfield, *Teleology*, Cambridge, CUP, 1976, p. 37 et 39-41, par exemple.

santé et la maladie sont liés à la physiologie : ils intéressent la survie et la reproduction de l'individu. On comprend, dans ces conditions que Ch. Boorse ait de plus en plus utilisé le couple « normal-pathologique » (préférentiellement au couple « santé-maladie »)[1], affirmant même que son concept de *Disease* est celui que les pathologistes, pas les cliniciens ont en tête[2].

Si l'on tient compte du fait que les buts servis par les fonctions des organes sont la survie et la reproduction de l'organisme individuel, on comprend mieux pourquoi Ch. Boorse parle de normalité statistique. Raisonnons sur un exemple : les Patriarches de l'Ancien Testament sont censés avoir vécu très longtemps, plusieurs centaines d'années pour certains, et avoir eu une innombrable descendance. Abraham, par exemple a vécu 175 ans et a eu au moins 8 fils. Il a peut-être eu encore plus d'enfants, car il semble que les filles éventuelles n'aient pas été décomptées[3]. En termes de survie et de reproduction, il semble donc avoir été exception-nellement bon ; c'est pour ne pas aligner tout le monde sur les performances d'Abraham ou d'autres patriarches que Ch. Boorse introduit le concept de norme statistique.

À première vue, ce retour de la normalité statistique semble désastreux N'est-il pas entendu depuis Canguilhem qu'il est impossible de soutenir que l'état pathologique est simplement la variation en plus ou en moins de l'état physiologique ? Que ce qui est, ultimement norme pour cet art de la vie qu'est la médecine, c'est le maintien et le développement de la vie elle-même[4] ? Mais en fait, la normalité statistique apparaît chez Ch. Boorse comme un complément indispensable de la thèse fonctionnelle. Il est le premier à admettre que la normalité statistique, comme telle, n'est ni une condition nécessaire ni une condition suffisante de la santé : ce n'est pas une condition nécessaire parce que des conditions rares, comme des cheveux roux ou un groupe sanguin O, sont parfaitement compatibles avec un plein état de santé. Ce n'est pas non plus une condition suffisante parce qu'il y a des pathologies qui sont à peu près universellement répandues (comme la présence d'athéromes ou de caries par exemple).

1. Par exemple dans « Concepts of Health » dans D. Van DeVeer et Th. Regan (éd.), *Health Care Ethics*, *op. cit.*, p364.

2. Ch. Boorse, « A Rebuttal on Health » dans J.M. Humber, R.F. Almeder, *What is Disease ?*, *op. cit.*, p. 11.

3. En outre, selon certains, le terme « concubine » (ou « épouse de second rang » comme on dit parfois de façon plus élégante ...) est employé en *Genèse*, 25, 6 de façon ambiguë et pourrait ne pas désigner seulement Agar et Quetoura. Cela suggérerait une descendance encore plus nombreuse.

4. G. Canguilhem, *Le Normal et le Pathologique*, Paris, P.U.F., 1975, p. 77.

Au total, une fonction normale d'une partie ou d'un processus pour les membres d'une classe de référence est définie comme une contribution statistiquement typique de cette fonction à la survie et à la reproduction de ces membres, individuellement considérés. Il va de soi que cette analyse présuppose celle de classe de référence : il s'agit d'une classe naturelle d'organismes fonctionnellement caractérisés de façon uniforme. Ce pourra être, par exemple, un groupe caractérisé par l'âge à l'intérieur d'une espèce, compte tenu du sexe.

Dans ces conditions, l'affection (*Illness*) a été définie initialement par Ch. Boorse comme une pathologie assez sérieuse pour être invalidante (*incapacitating*) de sorte qu'elle devienne indésirable pour celui qui en est porteur, qu'elle soit pour lui un titre pour un traitement spécial, qu'elle constitue enfin une excuse recevable pour un comportement normalement critiquable. Ce faisant, Ch. Boorse s'inspire, à l'évidence, des thèses de T. Parsons dans son livre classique de sociologie de la relation médecin-malade : *Patients, Physicians and Illness*[1]. Ch. Boorse a revu ensuite cette définition de l'affection pour en proposer une nouvelle qui, dans les grandes lignes, fait de la polarité santé-maladie une affaire de plus ou moins et non pas une affaire de tout ou rien. On notera enfin, presque comme une curiosité, que Ch. Boorse considère qu'il a produit une analyse unifiée du concept de maladie : ses analyses sont censées valoir aussi bien pour les maladies mentales ; de façon assez inattendue, il va recourir à la psychanalyse et faire du ça, du moi et du sur-moi les entités fonctionnelles, analogues aux organes, dont le jeu permet au psychisme, analogue à l'organisme, d'atteindre ses buts.

Mais je laisse de côté ces points : ce qui est essentiel pour comprendre la démarche naturaliste de notre auteur est que seule la notion d'affection est chargée en valeur : dire que quelqu'un souffre d'une affection, c'est émettre un jugement de valeur, là où dire qu'il présente une pathologie, c'est simplement énoncer un fait à propos de la contribution de ses organes aux buts de l'organisme qui est le sien. De l'organisme qui est le sien, dis-je, et non du corps qu'il est : cet abîme entre l'approche « naturaliste » et l'approche « normativiste » est rendu parfaitement sensible à la lecture de l'ouvrage de K. Toombs, *The Meaning of Illness*. K. Toombs écrit : « le but de l'attitude "naturaliste" est de s'approprier l'affection (*illness*) du patient à titre de "fait" pathologique »[2]. C'est présupposer que le fait premier est

---

1. T. Parsons, *Patients, Physicians and Illness*, New York, The Free Press, 1958.

2. K. Toombs, *The Meaning of Illness. A Phenomenological Account of the Different Perspectives of Physician and Patient*, Dordrecht, Kluwer Academic Publishers, 1992, p. 14.

justement l'affection, que l'investigation clinique s'efforce de réduire, tant bien que mal, à du pathologique factuel. Tel est exactement le point qui est nié par ceux qui défendent une approche à la Ch. Boorse.

Je m'intéresse maintenant aux normativistes. Je viens de présenter certaines analyses de K. Toombs comme typiquement normativistes. Il se trouve que K. Toombs se rattache, comme je l'ai indiqué, à la phénoménologie. Il ne s'ensuit pas, évidemment, que les normativistes sont tous des phénoménologues[1]. Je voudrais ensuite faire observer que le terme « normativisme » est singulièrement mal approprié, bien que tout le monde l'emploie (Et Ch. Boorse lui-même, ce qui est plutôt surprenant). En effet, la thèse dite « normativiste » consiste pour l'essentiel en l'affirmation selon laquelle les concepts de santé et de maladie sont chargés en valeur. C. Withbeck, avec la précision et le sens de l'enjeu du problème qui la caractérisent, affirme, par exemple :

> dire à propos de quelque chose que c'est un cas de pathologie (*disease*), c'est dire que c'est une instance de ce type de processus psycho-physiologique que les gens souhaitent être capables de prévenir, ou auquel ils souhaitent être capables de mettre fin ... Cette façon de voir les choses fait de *pathologie* un concept chargé en valeur (*value-laden*)[2].

Mais cela signifie – en attendant que la question des rapports entre jugements évaluatifs et jugements normatifs soient éclaircie, ce qui risque de prendre un moment – qu'il faudrait plutôt que de théorie normative, parler de théorie évaluative de la santé et de la maladie[3]. En ce sens, le débat est plutôt entre une théorie neutraliste et une théorie non-neutraliste de la santé et de la maladie. Les théories neutralistes (on vient de le voir avec Ch. Boorse) admettent les valeurs une fois que la maladie est définie comme pathologie, de façon neutre ; les théories non-neutralistes ménagent une place aux valeurs dès la définition de la maladie.

La posture adoptée par K. Toombs est celle de la phénoménologie, dans une des innombrables variantes que ce mouvement est susceptible de manifester.

1. Mais il est bien possible que l'inverse soit vrai : les phénoménologues, lorsqu'ils s'intéressent aux questions fondamentales de la philosophie de la médecine, sont presque unanimement normativistes, ou en tout cas nettement anti-naturalistes.

2. C. Withbeck, « Four Basic Concepts of Medical science », *PSA*, 1978, vol. I, p. 211. J'ai continué à traduire *disease* par « pathologie », pour des raisons de cohérence ; mais il serait probablement plus conforme aux intentions de C. Withbeck de traduire par « maladie ».

3. Si l'on affirme que toute évaluation est effectuée par rapport à une norme, on prouve beaucoup trop : il s'applique à tout jugement prédicatif. Car on n'énonce un jugement prédicatif que si l'on estime le sujet satisfait aux critères d'attribution du prédicat : n'importe quel jugement prédicatif est normatif en ce sens.

Pourquoi dans ces conditions, parler de conception normativiste? Il semble que ce soit H.T. Engelhardt[jr] qui ait favorisé cet usage (et cette confusion). En effet, il écrit dans une contribution de 1975 :

> Le concept de pathologie (*disease*) n'a pas pour seul effet de décrire et d'expliquer : c'est aussi une injonction à agir. Il indique qu'un état de choses est indésirable et doit être supprimé. C'est un concept normatif ; il dit ce qui devrait ne pas être [1].

H. T. Engelhardt[jr] place ouvertement cette analyse sous le patronage de Ch. S. Pierce, ce qui lui permet d'affirmer que les concepts de pathologie (*Disease concepts*) sont des concepts pragmatiques, dont la vérité réside dans l'action dirigée vers l'élimination de l'affection (*Illness*) et vers le rétablissement de la santé. Mais, comme l'a relevé W. K. Goosens[2], il ne va pas du tout de soi que l'on puisse dériver sémantiquement la thèse interventionniste soutenue ici H.T. Engelhardt[jr] de la thèse beaucoup plus faible selon laquelle le concept de pathologie s'applique à ce à quoi on attribue une valeur négative. On peut simplement dire que, toutes choses égales par ailleurs, le fait qu'une pathologie soit découverte constitue une raison qui justifierait une intervention médicale. Mais il y a toutes sortes de circonstances où ce n'est pas le cas : l'exemple qui vient immédiatement à l'esprit est le cas d'une femme divorcée, pauvre et accablée d'enfants chez qui on découvrirait une stérilité curable induite, par exemple, par des facteurs environnementaux. Il n'est pas du tout certain qu'une telle condition soit, dans ces circonstances, un état indésirable qu'il faille supprimer.

Je laisserai donc de côté cette interprétation radicale et me demanderai en quel sens les concepts de « pathologie » et d'« affection » sont chargés en valeur. Parmi les très nombreuses réponses possibles, je retiendrai celle d'H.T. Engelhardt[jr] lui-même parce qu'elle débouche sur une forme de relativisme ; en ce sens elle s'oppose au naturalisme précédemment décrit. Je retiendrai également celle de Caroline Whitbeck parce qu'elle comporte explicitement une conception positive de la santé ; en ce sens, elle s'oppose

---

1. H.T. Engelhardt[jr], « The Concepts of health and disease », *Evaluation and Explanation in the Biomedical Sciences*, H.T. Engelhardt[jr], S.F. Spicker (éd.), « Philosophy and Medecine, 1 », Dordrecht-Boston, Reidel, 1975, p. 127. Comme précédemment, j'ai conservé « pathologie » pour traduire *disease*, avec tout aussi peu de conviction que précédemment.

2. W.K. Goosens, « Values, Health and Medicine », *Philosophy of Science*, 47, 1980, p. 104.

à la théorie négative précédemment décrite, qui fait de la santé la simple absence de maladie[1].

H.T. Engelhardt[jr] affirme le caractère chargé en valeur des concepts de pathologie et d'affection de façon à exclure deux hypothèses : celle selon laquelle les maladies seraient des entités objectives existant dans la réalité : il s'agit de l'hypothèse ontologiste ; celle selon laquelle il y aurait un concept universel et univoque de la maladie : il s'agit de l'hypothèse sous jacente dans le naturalisme de Ch. Boorse.

La thèse à laquelle se rallie H.T. Engelhardt[jr] lui-même et qu'il applique aux concepts de « pathologie » et d'« affection » est toujours pragmatiste, mais elle est délestée de sa dimension interventionniste. Ainsi, affirme-t-il : « c'est en fonction de certains buts que l'on choisit des concepts, selon les valeurs et les espoirs que l'on entretient à propos du monde »[2]. H.T. Engelhardt[jr] va alors procéder au rebours d'un naturaliste en ce sens tout à fait précis qu'il considère que le concept d'affection (*Illness*) est premier par rapport à celui de pathologie (*Disease*). L'article « Ideology and Etiology »[3] est parfaitement explicite à ce sujet ; H.T. Engelhardt[jr] y distingue, dans cet ordre qui n'a rien d'indifférent : l'affection (*Illness*), comme ensemble de données subjectivement ou intersubjectivement observables, identifiés par la personne atteinte de cette affection ou par son entourage comme pénibles, douloureuse, dysfonctionnelles ou génératrices d'angoisse, et ce de façon pathologique[4] ; l'état morbide (*Disease state*) : il s'agit d'une affection à quoi s'ajoutent des données quantitatives ou autres déterminations causalement associées à une affection ou qui en sont des indicateurs fiables ; la pathologie (*Disease*) : il s'agit de généralisations pathophysiologiques ou psychopathologiques dont la fonction est de corréler les éléments d'un état morbide et qui ont un triple objectif : 1) expliquer l'état morbide dans son développement caractéristique ; 2) anticiper son évolution ; 3) permettre d'intervenir sur les variables importantes de l'affection.

---

1. Une des défenses les plus argumentées et les plus sophistiquées de cette théorie figure chez L. Nordenfelt, *On the Nature of Health. An Action-Theoretic Approach*, *op. cit.*

2. H.T. Engelhardt[jr], « The Disease of Masturbation », A.L. Caplan, H.T. Engelhardt[jr] et James J. McCartney (éd.), *Concepts of Health and Disease. Interdisciplinary Perspectives*, Reading (MA), 1981, p. 267. Il s'agit de la version révisée d'une communication donnée à l'origine en 1973.

3. H.T. Engelhardt[jr], « Ideology and Etiology », *The Journal of Medicine and Philosophy*, 3, 1976, p. 256-268.

4. Cette dernière clause pour éliminer les processus non-pathologiques mais douloureux ou pénibles, comme faire ses dents ou éprouver des courbatures le lendemain d'un effort physique.

À l'évidence, ce dernier objectif est thérapeutique. Puisqu'il soutient seulement que l'existence d'une pathologie permet d'intervenir sur l'affection, H.T. Engelhardt[jr] n'affirme donc plus que la détection d'une affection ou d'une pathologie soit une injonction à intervenir; son analyse n'en reste pas moins radicalement anti-naturaliste. En effet, l'état morbide tel qu'il est défini, est indissociable de l'affection dont il constitue, en quelque sorte, le volet objectif. Mais il joue également un rôle de médiation entre l'affection et la pathologie: il ménage un accès aux généralisations auxquelles celle-ci donne lieu. Ce que H.T. Engelhardt[jr] exprime ainsi dans le vocabulaire classique de l'explication dans les sciences: les affections et les états morbides sont, par rapport aux pathologies, dans un rapport d'*explananda* à *explanantia*. En séparant nettement les pathologies et les états morbides, ordinairement identifiés, notre auteur pense avoir enfoncé, pour ainsi dire, un «coin» normatif dans le bloc naturaliste. Entre l'affection et l'état morbide, en effet, il n'y a pas de solution de continuité: l'état morbide est l'affection *sub specie quantitatis*. Cette stratégie va lui permettre de mettre en évidence les forces culturelles, et même idéologiques, à l'œuvre dans la définition de la maladie[1]. En effet, même si on admet que les pathologies sont relativement neutres en valeur, les états morbides qu'elles ont vocation à expliquer ne le sont pas: identifier une certaine condition comme la condition de quelqu'un qui est victime d'une affection est une activité qui ne peut être neutre quant à la valeur[2]. Les conséquences relativistes de cette définition des pathologies sont bien connues:

> La médecine médicalise la réalité. Elle crée un monde. Elle traduit des ensembles de problèmes en des termes qui lui sont propres. Elle construit les biais par lesquels le monde de l'expérience prend forme; elle conditionne, pour nous, la réalité. Les difficultés que les gens éprouvent sont alors considérées comme des affections, des pathologies, des difformités, des anomalies s'inscrivant dans le domaine médical plutôt que comme des tracas qui ne tirent pas à conséquence, comme des douleurs normales ou comme la possession par le malin[3].

---

1. Ici, le terme est général: il englobe affection, état morbides et pathologies.

2. H. Tristram Engelhardt[jr] emploie le vocabulaire de la causalité pour décrire cette dépendance: «Even if the structure of disease explanations may be fairly value free, the fact that they are disease explanations will turn on whatever values cause us to identify certain states of affairs as illnesses, that is, as proper to be explained as diseases», «Ideology and Etiology», *op. cit.*, p. 262.

3. H.T. Engelhardt[jr], *The Foundations of Bioethics*, New York-Oxford, OUP, 1996[2], p. 189. Cette phrase est identique dans la seconde et dans la première édition de l'ouvrage. On sait qu'entre les deux éditions, son auteur s'est converti à la religion orthodoxe. Cela va modifier considérablement le sens de son relativisme: il continue d'affirmer que le concept de

On ne saurait mieux dire qu'il n'existe pas de domaine de la pratique qui soit par essence, le domaine de la médecine. Cependant, il faut bien comprendre ce qui, dans la formule qui précède, est relativiste : ce n'est pas, contrairement à ce que l'on pourrait croire, l'affirmation selon laquelle la médecine crée un monde. Une telle formule est constructiviste, pas relativiste[1]. Ce qui est authentiquement relativiste dans la thèse de H.T. Engelhardt[jr], c'est sa négation de l'existence de critères neutres auxquels on pourrait se référer et qui permettraient d'arbitrer les prétentions de telle ou telle pratique[2] à être par essence une pratique médicale.

Il ne faudrait pas tirer de cette brève présentation des analyses de H.T. Engelhardt[jr] la conclusion que les normativistes sont nécessairement des relativistes[3]. Ce n'est pas le cas, par exemple, de C. Withbeck qui porte le fer contre un tout autre aspect du naturalisme de Ch. Boorse. En effet, elle est normativiste parce qu'elle conteste une thèse cruciale chez les naturalistes : cette thèse fait de la santé une simple absence de maladie. Il s'agit de la définition « négative » de la santé. Pour elle, il n'y a pas d'assymétrie fondamentale entre santé et maladie : les deux notions sont plutôt d'un ordre différent :

> La thèse que je défends ne consiste pas seulement à faire de la santé quelque chose qui se trouve tout à fait en surplomb (*over and above*) par rapport à l'absence de pathologie, de blessure ou de handicap ; mais elle tient encore qu'un haut niveau de santé est compatible avec un certain niveau de pathologie, de blessure ou de handicap[4].

maladie est relatif aux valeurs de ceux qui définissent une condition telle et telle comme morbide ; mais il ne laisse plus entendre, comme cela pouvait être le cas dans la première édition, que toutes les valeurs sont elles même relatives, au sens de « relatives à la communauté de ceux qui y adhèrent et sans perspective qui transcenderait les points de vue communautaires ».

1. Le slogan de G. Bachelard « Rien n'est donné, tout est construit » ne constitue pas, tel quel, l'expression d'une forme quelconque de relativisme (ni un argument en faveur d'une forme quelconque de relativisme). Ce qu'il récuse, c'est simplement le recours à quelque chose d'immédiatement donné : *sense data*, précompréhension originelle, données immédiates de la conscience, qui joue le rôle d'un fondement.

2. Concrètement : « pratique de tel ou tel praticien, orientée vers tel ou tel patient ».

3. En ce sens, L. Reznek (qui ne fonde, il est vrai, son analyse que sur des textes de H.T. Engelhardt[jr]) a tort d'affirmer : « Le Normativisme semble impliquer le problème du Relativisme », *The Nature of Disease*, London-New York, Routledge & Kegan Paul, 1987, p. 22. Il existe bien une affinité entre les thèses normativistes et le relativisme épistémique sous sa forme standard. Mais la relation n'est pas d'implication.

4. C. Whitbeck, « A Theory of Health », *op. cit.*, p. 613.

Pour comprendre la portée de cette affirmation, il faut se souvenir que les normativistes ne défendent pas, en réalité, la thèse selon laquelle « santé « et « maladie » appartiennent au vocabulaire normatif. Bien plutôt, ils estiment que les jugements relatifs à la santé ou à la maladie sont des jugements de valeur – ou comportent une part irréductiblement évaluative. C'est ainsi que C. Withbeck justifie sa thèse selon laquelle la santé et la maladie sont d'un ordre différent : selon elle, les deux notions ne sont pas chargées en valeur de la même façon. En effet, elle distingue trois façons d'être chargé en valeur pour une notion.

df

La notion X est chargée en valeur = X fait partie d'un ensemble de distinctions dans un langage. Ces distinctions sont celles dont les membres d'une communauté ont besoin afin de mener à bien les projets qui sont les leurs. À ce titre, en employant cette notion, ils réaffirment leur adhésion aux valeurs de cette communauté (on pense à « d'équerre », « d'aplomb » mais aussi à « près », « loin », « commencé », « terminé », etc.) En ce sens, on l'aura compris, n'importe quelle notion est chargée en valeur.

df

La notion Y est chargée en valeur = ce à quoi s'applique Y est bon ou, au contraire, mauvais. Mais « bon » et « mauvais » sont des termes évaluatifs très généraux qui peuvent s'appliquer à toutes sortes d'entités. On pourra donc parler de la sorte : dire que l'entité Y possède la propriété Y, c'est donner une raison en faveur du tenir pour bonne ou mauvaise cette entité. On pense à des termes tels que : « hideux », « vicieux », « sacré », « harmonieux ». On pourrait ajouter « sain » à la liste : la santé est chargée en valeur en ce sens fort.

df

La notion Z est chargée en valeur = les gens ont un intérêt à être capable d'agir sur les choses qui sont de type Z. Ce sens intermédiaire est celui de la capabilité (terme par lequel je traduis, tant bien que mal « capability »). On pourrait donner comme exemple : « coûteux » et « bon marché ». Ces termes indiquent que les prix sont chargés en valeur en ce sens que les gens (les acheteurs, les vendeurs) ont intérêt à être capables d'agir sur eux. Pour C. Whitbeck, « malade » est de ce type : la maladie est chargée en valeur en ce sens intermédiaire : elle fait partie de ces choses sur lesquelles les gens ont intérêt à être capables d'agir (sans que pour autant ils agissent forcément).

La santé sera alors définie comme suit :

> En général, les gens reconnaissent qu'une valeur s'attache au fait d'avoir la capacité psychophysiologique d'agir de façon appropriée dans une multitude de situations (ou d'y répondre de façon appropriée). J'emploie l'expression « de façon appropriée » pour dire « d'une façon qui va dans le sens des buts, des projets, des aspirations de l'agent, ou du moins qui s'y oppose le moins possible ». Ce bien, selon moi, est le bien que l'on appelle « santé »[1].

Pour dire les choses de façon directe : la santé est la relation entre les capacités d'une personne et les buts qui sont les siens ; cette relation est la capacité psychophysiologique d'agir d'une certaine façon. Plus la personne est capable d'agir dans le sens des buts qui sont les siens, meilleure est sa santé. On notera que C. Withbeck ne dit pas que la santé est la capacité, pour une personne, de parvenir effectivement aux buts qui sont les siens : en cela elle fait preuve d'un salutaire bon sens. C'est, en effet, une observation de sens commun que le fait, pour un agent, d'agir de façon compétente en vue de parvenir aux buts qui sont les siens, ne garantit en aucune façon qu'il les atteindra effectivement[2].

Il découle de cette analyse plusieurs points importants. J'en retiendrai deux. En premier lieu, C. Withbeck estime qu'il y a des degrés de santé, ce qui veut simplement dire qu'un individu peut jouir d'un état de santé susceptible d'être meilleur ou pire. Il ne s'agit pas d'une thèse propre à la forme particulière de normativisme qu'elle endosse, ni même au normativisme en général ; il s'agit d'une idée que n'importe qui reprend à son compte lorsqu'il affirme quelque chose comme : « J'ai été victime d'une vilaine grippe : je me sens mieux mais je n'ai pas encore retrouvé tout mon allant et j'ai toujours un peu de fièvre ». Il n'y a là rien de particulièrement philosophique. Les naturalistes, eux aussi, peuvent admettre qu'il existe des degrés de santé : simplement, ils voient dans un état de santé passable un écart tolérable par rapport à la norme statistique et dans un état de santé mauvais un écart plus important par rapport à cette norme. Chez C. Withbeck, au contraire, la santé est une fonction de la façon dont un agent est capable d'agir dans le sens des buts qu'il a choisis. Les degrés de santé sont donc liés à la façon dont cet agent détermine les buts qu'il fait siens ainsi qu'à sa mise en œuvre des capacités lui permettant d'agir de

---

1. C. Whitbeck, « A Theory of Health », *op. cit.*, p. 611.
2. C'est ce qu'expriment, à leur façon, les stoïciens en distinguant τέλος et σκοπός.

façon à réaliser ces buts [1]. En second lieu, il n'y a pas, pour C. Withbeck, de limite supérieure à la santé ; après avoir proposé « wholeness » (entièreté ou totalité) comme synonyme de « santé, » elle glose de la sorte sa propre proposition :

> Cependant, le terme « entièreté » ne doit pas suggérer qu'il existe une limite supérieure, un état de santé optimal. Une telle suggestion est étrangère à l'analyse qui vient d'être donnée : il est à présumer que, les gens peuvent toujours accroître leur capacité à agir de façon appropriée dans certaines situations. Mais qu'il n'y ait pas de limite supérieure à la santé ne rend pas ce concept plus obscur que le concept de richesse, pour lequel on ne peut pas non plus déterminer de limite supérieure » [2].

Nous sommes maintenant en mesure de dire les effets que ces deux conceptions de la santé vont avoir sur l'évaluation de la médecine d'augmentation, par rapport à la médecine de traitement. Cela pourra aller assez rapidement.

A première vue les choses semblent simples : la conception naturaliste est bien plus conservatrice que la conception normativiste. Elle est plus conservatrice en ce sens précis qu'elle tend à limiter au traitement le péri-mètre de la médecine, et à en exclure l'augmentation. J. Harris, lui-même fervent partisan de la médecine d'augmentation, adresse précisément ce reproche à la conception de la maladie défendue par Ch. Boorse. Selon cette conception, la maladie, mais aussi l'augmentation, constituent des écarts par rapport au foctionnement normal de l'espèce. Il s'ensuit que « mettre fin à un dysfonctionnement, c'est restaurer, en les poussant pour ainsi dire vers le haut, les fonctions typiques de l'espèce ; tandis qu'augmenter, c'est instaurer un écart par rapport aux fonctions typiques de l'espèce en les inscrivant dans une trajectoire ascendante. Selon cette théorie, traiter une

---

1. Il s'ensuit que seuls les agents, *stricto sensu*, peuvent être malades. Dans ces conditions, les plantes ne peuvent pas, en toute rigueur, être malades et probablement pas les animaux non plus : c'est là une conséquence contre intuitive de la thèse qui consiste à lier la santé et la maladie non aux états d'un organisme, mais aux capacités d'un agent. En outre, comme l'a noté Lennart Nordenfelt, *On the Nature of Health. An action-Theoretic Approach*, *op.cit.*, p. 73-76, il s'ensuit que l'on a d'autant moins de chances d'être en mauvaise santé que l'on se fixe des buts modestes, et d'autant plus de chances d'être en mauvaise santé que l'on se fixe des buts ambitieux. C'est là une autre façon de dire que la thèse de C. Whitbeck succombe à une forme de relativisme que l'on pourrait qualifier de décisionniste ou de nietzschéen : autant de buts, autant de santés !

2. C. Whitbeck, « A Theory of Health », *op.cit.*, p. 616. La note 47 *supra* détectait quelque chose de nietzschéen dans la démarche de C. Whitbeck. On comprend pourquoi : elle semble réinventer le concept de grande santé, si tant est qu'il s'agisse d'un concept, comme faculté de créer toujours de nouveau.

pathologie, c'est restaurer une fonction typique de l'espèce, mais augmenter, c'est mettre fin à une telle fonction »[1]. Et même lorsqu'il s'agit de traitement, un normativiste, pourvu qu'il soit aussi relativiste, a tendance à considérer cette notion de façon assez flexible. Ainsi, H.T. Engelhardt[jr] conclut de la sorte son chapitre sur les langages de la médicalisation :

> Il n'existe pas de représentation laïque, canonique et en même temps dotée de contenu de la réalité médicale, des affections et des pathologies, de la santé et des soins de santé qui conviennent. Mais il existe des représentations de la réalité médicale et des soins de santé convenables qui sont celles : de communistes Cubains, de Musulmans Shi'ites, de païens tendance New Age, de féministes, de machistes, de Baptistes du Sud et d'Orthodoxes. Étant donné l'autorité limitée de l'État en matière de morale laïque ; étant donné la diversité des représentations morales et métaphysiques de la réalité médicale, il faut qu'il y ait, pour paraphraser Mao Zedong, de la place pour que fleurissent mille visions des systèmes de soin ; et pour qu'entrent en compétition cent différents systèmes de soins médicaux[2].

Cela est exact en première approximation. Mais il y a « conservatrice » et « conservatrice » : il faut donc distinguer. Prenons l'exemple du naturaliste Leon Kass. Sa thèse principale a été énoncée dans un long article de 1975 « Regarding the End of Medicine and the Nature of Health »[3]. Elle est structurellement analogue à celle de Ch. Boorse : elle mobilise donc les thèses maintenant familières. Ainsi, pour L. Kass, la maladie, au sens strict, est une pathologie. Pour lui, la médecine, au sens strict, consiste à remettre de l'ordre dans cette pathologie. Enfin, tout ce qui va au-delà ou à côté de cet objectif n'est pas de la médecine à proprement parler. Par exemple, satisfaire les désirs du patient ou participer au contrôle social et au redressement des conduites délictueuses s'écarte d'une visée médicale légitime. De même, modifier la nature humaine ou prolonger la vie et prévenir la mort va au-delà de l'objectif à proprement parler médical[4]. L. Kass admet encore,

---

1. J. Harris, *Enhancing Evolution*, *op. cit.*, p. 44.

2. H.T. Engelhardt, *The Foundations of Bioethics*, *op. cit.*, p. 227.

3. L. Kass, *The Public Interest*, Été 1975. Il porte actuellement le titre : « The End of Medicine and the Pursuit of Health » ; je cite dans la pagination du recueil : *Toward a More Natural Science. Biology and Human Affairs*, New York, The Free Press, 1985.

4. Le refus de considérer la prolongation de la vie comme une finalité propre de la médecine est surprenant : en effet, une grande partie de la littérature médicale de l'âge classique sur la vieillesse est aussi une littérature sur l'art, la méthode ou les moyens de se conserver en santé de prolonger la vie. Il est difficile d'imaginer que ce refus ne soit pas en fait dirigé contre Bacon. On sait que le *De Dignitate* de 1623 affirme (IV, 2) qu'outre la conservation de la santé et la guérison des maladies, la médecine comporte une troisième partie, tout

contrairement à Ch. Boorse cette fois-ci, mais comme C. Withbeck, qu'il existe une asymétrie essentielle entre la maladie et la santé : la santé n'est pas seulement une absence de pathologie. Il caractérise, en effet, la santé comme *Wholeness*[1] Il y a encore un point à propos duquel notre auteur est très affirmatif :

> La santé est un critère (*standard*) naturel ou une norme – pas une norme morale, pas une « valeur » opposée au « fait », pas une obligation – ; c'est un mode de l'être qui se manifeste dans l'activité comme un critère d'excellence corporelle ou de forme physique, qui est relatif à chaque espèce et, jusqu'à un certain point relatif aux individus ; qui est, sinon définissable, du moins identifiable et qu'il est possible d'atteindre, du moins dans une certaine mesure[2].

Cette définition de la santé a été précédée d'un pittoresque portrait d'un écureuil en bonne santé, c'est-à-dire d'un gaillard à la queue touffue, alerte et prudent à la fois, qui bondit de branche en branche et qui dissimule les glands qu'il a cueillis un peu partout pour mieux les retrouver ensuite. En un mot, qui manifeste la plénitude de son écureuilléité, si j'ose dire, en fonctionnant comme un vrai écureuil doit fonctionner : c'est-à-dire, bien. On remarque que, pour L. Kass, c'est la santé elle-même qui est une norme ; cela ne veut évidemment pas dire qu'il n'y a de discours sur la santé que normatif : L. Kass est bien un naturaliste. Dire que la santé est à elle-même sa propre norme n'engage encore à rien. G. Canguilhem a bien écrit que la vie fait spontanément effort pour lutter contre ce qui fait obstacle à son maintien et à son développement pris pour normes, sans pour autant être considéré comme un mystique ou comme un bioconservateur. Ce qui fait la différence chez L. Kass, c'est l'intervention soudaine d'un propos beaucoup plus radical et, pour autant que je puisse juger, sans rapport direct avec les thèses soutenues par lui jusqu'ici. Il écrit, en effet, dans un autre texte, à propos de la relation médecin-patient :

> Les médecins respectent l'intégrité du corps de leurs patients non seulement si ceux-ci veulent qu'il en soit ainsi et les y autorisent, et pour ces seules raisons. Ils en respectent l'intégrité et lui prodiguent des soins

à fait neuve et qui nous manque absolument bien qu'elle soit la plus nobles de toutes : la prolongation de la vie. La justification de ce refus par l'acceptation symétrique de la finitude humaine est en fait une attaque en règle contre l'interventionnisme baconien, probablement considéré comme emblématique de la modernité.

1. Il n'est pas très facile de traduire ce terme chez L. Kass ; on hésite entre « Intégralité » ; « Plénitude » ; « Accord de soi à soi » ; « Totalité ».

2. L. Kass, « The End of Medicine and the Pursuit of Health », *Toward a More Natural Science. Biology and Human Affairs*, New York, The Free Press, 1985, p. 173.

parce qu'ils reconnaissent – ne serait-ce que tacitement – à quel point un corps humain en bonne santé est une chose merveilleuse, qui inspire une crainte révérentielle (*awe*), pour ne pas dire une chose sacrée [1].

Ici, le naturalisme initial semble bel et bien subverti par quelque chose qui est de l'ordre du supranaturel. Les valeurs mobilisées dans un second temps, conformément au programme naturaliste, font soudainement irruption dans l'argumentation, comme si licence leur était enfin donnée de se manifester depuis l'espace numineux où elles étaient en réserve depuis l'origine.

Mais il n'est pas nécessaire que les choses se passent de façon aussi dramatique. Ch. Boorse lui-même fait preuve de beaucoup plus de mesure lorsqu'il envisage la question de savoir ce qui peut justifier le fait, pour ma médecine, d'aller au-delà du traitement. Selon lui, définir la maladie comme pathologie a précisément l'avantage de garantir une posture de neutralité quand aux valeurs. Ce qu'il exprime de la façon suivante :

> L'importance pratique d'une définition claire de la maladie, selon moi, est de délimiter un domaine dans lequel on trouve une très forte présomption de valeur négative (*disvalue*). La valeur négative de la maladie et le bénéfice qu'il y a à la traiter tendent à être au-delà de toute controverse pour au moins trois raisons :
> 1. En général, les *designs* biologiques excellent à favoriser la survie et il s'agit d'un but auquel presque tout le monde adhère.
> 2. Les fonctions biologiques, de façon générale, sont en harmonie les unes avec les autres, de sorte que lorsqu'il existe une dysfonction elle est accompagnée par d'autres.
> 3. Les fonctions biologiques sont neutres relativement à la plupart des activités dans lesquelles nous pouvons nous engager ou à nos choix de vie [2].

Mais, bien entendu, il s'agit d'une présomption seulement : certains contextes font que certaines pathologies qui ne sont pas porteuses de valeurs négatives et ne valent pas la peine d'être traitées. Symétriquement, les entreprises non-thérapeutiques dans lesquelles des médecins sont impliqués sont généralement plus sujettes à controverse que les entreprises simplement thérapeutiques. Mais cela aussi n'est valable que dans les grandes lignes. Un exemple intéressant est celui de cette spécialité que l'on nomme, en France, la chirurgie plastique, reconstructrice et esthétique. Elle

---

1. L. Kass, « Practicing Prudently : Ethical Dilemmas in Caring for the Ill », *Toward a More Natural Science. Biology and Human Affairs*, *op. cit.*, p. 198.
2. Ch. Boorse, « A Rebuttal on Health » dans J.M. Humber, R.F. Almeder, *What is Disease ?*, *op. cit.*, p. 98-99.

est indiscutablement « thérapeutique » dans certains cas : par exemple la chirurgie de la main, pratiquée en étroite collaboration avec les chirurgiens orthopédistes, où la « brûlologie », c'est-à-dire le traitement des grandes brûlures. Mais c'est beaucoup moins évident en ce qui concerne la chirurgie esthétique, laquelle vise à atténuer où à supprimer certaines disgrâces physiques ; les disgrâces physiques dépendent manifestement en partie de l'image que celui ou celle qui s'en estime victime, se fait de lui-même. Par conséquent, il n'est pas toujours facile de faire la différence entre l'intervention à vocation corrective et l'intervention gratuite, voire ludique.

Il en est de même, je crois, pour la médecine d'augmentation en général : plus on pourra établir qu'un acte d'augmentation ressemble à un acte thérapeutique ordinaire, moins on aura de mal à le faire admettre. Et c'est pour cela que J. Harris, par exemple, qualifie d'*enhancement* à peu près n'importe quel objet, procédé ou procédure permettant d'aller au-delà de ce que ferait un individu avec ses mains nues : les vêtements, les lunettes de vue, la cuisine, le langage, l'écriture sont pour lui des outils d'*enhancement*[1].

Au total, rien dans la conception naturaliste de Ch. Boorse ne constitue un obstacle à la médecine d'augmentation : la raison profonde en est que la normalité y est statistique et non (si j'ose dire …) normative. À supposer qu'on modifie une espèce tout entière (ou même simplement un groupe de référence dans une espèce), on n'a pas agi contre la norme, ou contre la nature, ou contre la norme naturelle : on a modifié le seuil de la normalité. La pratique de la vaccination de masse suivie de l'éradication de la variole est un assez bon exemple de ce que je veux dire.

Une théorie naturaliste à la Boorse n'est donc pas conservatrice au sens où une théorie naturaliste à la Kass l'est. Elle n'édicte pas d'interdits et ne fulmine pas d'anathèmes : elle est conservatrice en ce sens modéré qu'elle met la charge de la preuve du côté de ceux qui veulent entreprendre une augmentation. À eux d'établir que les bénéfices escomptés sont suffisamment importants, que les risques encourus n'y sont pas excessifs, que les principes de la justice distributive n'y sont pas violés, etc.

Pour conclure, je me fonderai sur une importante remarque d'H. Jonas. Dans son article *Ärtzliche Kunst und Menschliche Verantwortung* il définit, de façon naturaliste, la santé comme l'intégrité de toutes les fonctions orga-

---

1. Mais en cette affaire, John Harris est philosophiquement naïf en ce qui concerne la technique : il est naïf parce qu'il est constructiviste ; il est encore naïf parce qu'il pense que la technique est éthiquement neutre et que tout dépend de l'usage qui en sera fait (c'est d'ailleurs une conséquence de son constructivisme).

niques; mais il relève aussi l'existence d'autres besoins de bonheur que la santé, besoins qui sont accessibles à la médecine. Qu'est-ce que cela veut dire? Cela veut dire qu'il est relativement facile d'assigner à la médecine un projet de construction d'un être humain parfait, en la mettant au service de tous les besoins de bonheur sur lesquels il est possible d'agir[1]. Faut-il voir dans un tel projet une révolte prométhéenne contre la finitude inhérente à la condition humaine?

Peut-être, mais est-il indispensable d'en appeler à de telles notions, si prestigieuses soient-elles? Je voudrais, pour ma part, opérer une remarque beaucoup plus prosaïque. C'est un problème, en effet, bien connu des ingénieurs en armement: lorsqu'on cherche à augmenter certaines capacités d'une arme ou d'un système d'armes, c'est, le plus souvent, au détriment d'autres. Par exemple, si on augmente le blindage d'un char de façon à le protéger contre les missiles antichars, on diminue, toutes choses égales par ailleurs, sa capacité à évoluer en tous terrains; et si l'on veut également conserver cette capacité, il faudra augmenter la puissance de sa motorisation, ce qui, toutes choses égales par ailleurs, diminuera son autonomie. Même le technophile J. Harris semble reconnaître – au moins implicitement – un problème de ce genre au premier chapitre de *Enhancing Evolution*:

> Cela ne serait-il pas quelque chose de merveilleux si nous, les êtres humains, pouvions mener plus longtemps une vie plus saine, en étant protégés contre bon nombre de ces maladies dont nous sommes actuellement victimes, comme le SIDA ou le cancer? Ne serait-il pas encore plus merveilleux que nous puissions développer des facultés mentales accrues: plus de mémoire, plus de concentration, meilleur raisonnement; ou que nous puissions développer des facultés physiques accrues: plus de puissance, plus d'énergie, vitesse de réaction accrue; et ainsi de suite?[2].

Je m'interroge simplement sur le statut du « ou » dans la dernière partie de cette phrase: exclusif ou disjonctif? Ces pouvoirs augmentés ne sont peut-être tout simplement pas compatibles et croire que l'on peut s'affranchir de la finitude, c'est peut-être oublier que l'on ne peut pas tout augmenter en même temps.

Plutôt que de spéculer sur le caractère transgressif de l'augmentation en tant que telle, il serait plus judicieux de remarquer, comme G. Hottois, qu'il

---

1. Et c'est d'ailleurs exactement le reproche que Boorse adresse aux partisans d'une conception positive de la santé (dans le dernier paragraphe de «Health as a Theoretical Concept», *Philosophy of Science*, 44, 1997, p. 568-572).
2. J. Harris, *Enhancing Evolution, op. cit.*, p. 8.

existe une multitudes de visées médicales : « Préventive, curative, palliative, méliorative, (re)constructive, régénérative, transformatrice ... mais
aussi cognitive, expérimentale, la médecine se décline au grand pluriel »[1].
Certaines de ces visées semblent historiquement être apparues avant les
autres ; mais ce qui est vrai d'un point de vue historique ne l'est pas nécessairement d'un point de vue conceptuel. Dans ces conditions, il semble
assez vain de s'interroger sur l'essence de la médecine et de se demander si,
cette essence étant posée, l'augmentation s'en trouve ou non légitimée.
Des augmentations, il y en a déjà eu ; il y en aura encore et tant mieux.
Ainsi, l'idée, qu'on puisse augmenter la résistance à certaines maladies,
même par des interventions génétiques ne me paraît, en principe, poser
aucun problème particulier.

En revanche, l'idée que l'on puisse prendre en charge l'évolution est
très différente et me paraît, en elle-même problématique : la question n'est
peut-être pas de déterminer une limite entre soigner et augmenter. La
question est plutôt d'évaluer les intentions de ceux qui misent tout sur
l'augmentation, comme j'ai distingué les intentions des deux coureurs
cyclistes dont il a été question au début.

Jean-Yves Goffi
UPMF-Grenoble 2

---

1. G. Hottois, *Qu'est-ce que la bioéthique ?*, Paris, Vrin, 2004, p. 84.

LES AMPHÉTAMINES : UN AIGUILLON PHILOSOPHIQUE À LA CONQUÊTE DES RECORDS

INTRODUCTION

Parmi les questions, si nombreuses et si variées, que l'on rencontre dans la littérature philosophique, aucune peut-être n'atteint le degré de récurrence qu'y a la question : «qui suis-je?». Un très grand nombre de questions éthiques, en effet, y renvoient implicitement ou explicitement. Dans de nombreux cas, cette question sommeille sous d'autres questions. Elle s'y dissimule comme une anguille dans une roche. Ainsi, par exemple, tandis qu'il y a quelques mois, j'engageais un cours sur la notion de vie – le cours s'intitulait «qu'est-ce que la vie?» – et que je demandais à mes étudiants de formuler par écrit les questions qu'ils se posaient au sujet de la notion de vie, l'un d'eux exposa son interrogation de la façon suivante : «qu'est-ce que ma vie?». Subtil et délicat passage, par la substitution d'une seule lettre, d'une question qui s'oriente vers la biologie et le savoir sur le vivant en général à une question qui s'oriente vers l'éthique et le savoir sur soi. Cette métamorphose d'une question de fait (qu'est-ce que la vie?) en une question de valeur (qu'est-ce que ma vie?) est au cœur de toute la problématique de l'augmentation de soi par des moyens techniques. C'est ce que je voudrais montrer dans cette brève présentation.

Les transformations techniques de l'être humain que laissent entrevoir aujourd'hui certaines applications médicales des connaissances biologiques ne sont, dit-on parfois, qu'un développement, une continuation d'un processus bien plus ancien dont les origines remontent à l'aube de la science grecque. Ce processus connaît en Europe, au XVIIe siècle, une accélération remarquable dont témoignent un certain nombre d'œuvres : Francis Bacon, René Descartes, Galilée, etc. Et c'est donc, poursuit-on, ce processus qu'il faut analyser dans son ensemble. Sans doute. Mais il reste qu'il y a une différence entre transformer le monde – se rendre «comme maître et possesseur de la nature» – et se transformer soi-même. Transformer le monde signifie modifier son environnement en se guidant sur des valeurs qui n'ont pas elles-mêmes été affectées par la transformation en question. Alors que se transformer soi-même, implique que soient changées en même temps les valeurs qui commandaient le désir de cette transformation – sans bien savoir ce qu'on fait puisqu'on ne savait pas, au départ, ce qu'était ce «soi-même» que l'on a pourtant, les progrès techniques aidant, le pouvoir de modifier.

Je voudrais partir de ce point, de cette distinction entre la modification de l'environnement, du monde, de ce qui nous entoure, et la transformation de soi-même, de ses propres valeurs, pour réfléchir à la première question que nous posent les organisateurs de ce colloque : «quelles sont les techniques actuelles ou potentielles d'amélioration des fonctions de l'être humain ? ».

CATALOGUE RAISONNÉ DES TECHNIQUES DE TRANSFORMATION DE SOI

On peut remarquer que ce que l'on appelle aujourd'hui les techniques de transformation (ou d'amélioration) de soi-même se présentent, en fait, comme un ensemble de moyens de transformation qui sont plus ou moins extérieurs à l'homme. En d'autres termes, la distinction entre technique de transformation du monde et technique de transformation de soi n'est pas tranchée et radicale. Elle est plutôt une commodité de langage car, dans les faits, nous avons plutôt affaire à une graduation entre ces deux types de techniques.

Ainsi, il y a, conceptuellement, peu de différence entre un appareil qui amplifie des signaux sonores situés en dehors du corps (un dispositif composé d'un microphone et un haut-parleur, par exemple) et un appareil du même genre implanté dans le corps humain et qui a une fonction analogue (un appareil destiné à palier des déficits auditifs, par exemple). Pourtant, dans le premier cas, nous parlons d'une transformation de l'environnement et dans le second cas, d'une transformation de soi. Derrière cette distinction que fait le langage, il y a une continuité dans l'ordre des interventions techniques, une continuité qui va du plus extérieur – création d'un objet technique au sens le plus classique d'outil – au plus intérieur.

Mais peut-on tout de même dessiner les contours de cette série continue d'actions afin de repérer la façon dont ces techniques se disposent les unes par rapport aux autres ? Peut-on faire une cartographie des techniques d'intervention sur soi-même ? Si on veut esquisser les contours d'un catalogue raisonné de ce genre, on peut partir d'une notion qui a beaucoup intéressé les philosophes, depuis Platon jusqu'à Heidegger et au-delà (en passant par les stoïciens et par Nietzsche) : la notion d'incorporation. Il est impossible, dans les limites de cette présentation, de rendre justice à l'entendue et la richesse des réflexions philosophiques qui ont été consacrées à cette notion d'incorporation tout au long de l'histoire de la philosophie : très tôt, on voit des penseurs s'interroger sur ce phénomène qui est inhérent à toute vie, par lequel nous ingérons des substances qui sont nécessaires à la perpétuation de notre être, à sa vigueur (et sur le rôle que joue l'alimentation dans le régime des pensées). Leurs réflexions ne sont pas seulement consacrées à la question socratique du « connais-toi », mais aussi à celle du « transforme-toi ». Les questions qui se posent aujourd'hui sur l'augmentation des performances humaines par des moyens techniques en sont les héritières directes. Elles mêlent la question du « qui suis-je ? » et celle du « que puis-je transformer en moi ? ». Et elles s'attachent à déterminer jusqu'à quel point la transformation qu'on considère est « incorporée ». Transposons ces réflexions sur le problème qui nous occupe : pour chaque dispositif technique sur lequel on est amené à s'interroger, on se demandera alors quel est le degré d'incorporation qui le caractérise.

NOTION DE DEGRÉ D'INCORPORATION D'UN DISPOSITIF TECHNIQUE

Le degré d'incorporation, tel que je l'entends ici, c'est la profondeur du contact qui s'établit entre le corps et un dispositif technique donné. Car il est facile de voir que les techniques de modification de soi-même s'incorporent plus ou moins profondément dans le corps humain. Le degré d'incorporation d'un dispositif technique dans l'organisme humain suit lui-même une courbe qui correspond au degré de délocalisation de ce dispositif dans le corps : moins le dispositif est localisé, plus il est dilué dans le corps, plus il est incorporé. À l'inverse, plus le dispositif est localisé, moins il est incorporé. Mais, précisons tout cela par des exemples.

Un pacemaker, par exemple, une prothèse quelconque – qu'il s'agisse d'une prothèse dentaire ou de celles d'Oscar Pistorius avec ses tibias en fibre de carbone –, c'est un objet technique greffé sur le corps mais qui demeure localisé et localisable. L'objet est bien ici incorporé au sens où il est devenu une partie intégrante du corps. Mais il ne se confond pas, pourtant, avec ce corps ; il en demeure une partie distincte. Le dispositif technique est ici faiblement incorporé. C'est le premier cas de figure que l'on peut retenir : celui qui s'apparente le plus au cas des techniques de transformation du monde extérieur.

Deuxième cas de figure, celui d'une substance, d'un médicament, et, plus spécialement, bien sûr, d'un médicament psychotrope, un médicament qui modifie le comportement humain. Ici, on le voit immédiatement, l'objet technique n'est pas localisable une fois qu'il a été ingéré. Le médicament se répand dans le corps tout entier et agit dans toutes ses parties (même si, bien sûr, c'est dans les régions du corps qui sont dotées de la plus grande réceptivité à la molécule ingérée que cette action se fait le plus sentir). Contrairement au cas de la prothèse, la transformation est ici délocalisée. On ne peut pas lui assigner une place spécifique ni identifier la région du corps où elle serait greffée. Elle est répandue dans tout l'organisme. Elle est « incorporée ». Toutefois, cette transformation demeure temporaire. Le dispositif technique est certes profondément incorporé, mais il l'est de façon seulement transitoire : le médicament, une fois qu'il a accompli son trajet dans le corps, est éliminé, évacué. Il est, comme disent parfois les biochimistes, métabolisé. Et, si on veut prolonger son action, on doit en renouveler l'administration : comme un vase percé qu'on doit remplir sans cesse si on veut éviter qu'il ne se vide entièrement, le corps doit être, pour ainsi dire, aussi longtemps qu'on veut que dure l'action du médicament, rempli par de nouvelles doses de la substance.

Enfin, troisième cas de figure : la transformation génétique, la transformation de l'individu humain dans ses cellules mêmes, dans la partie la plus pérenne de ces cellules puisque cette partie a justement pour fonction de transmettre les informations qu'elle possède aux descendants de la cellule, l'ADN. Là encore on peut distinguer – et on le fait classiquement – deux types de transformations génétiques : les transformations qui sont relativement localisées, qui ne concernent que certaines cellules somatiques, et les transformations qui sont entièrement délocalisées au sens où elles concernent la totalité des cellules du corps – y compris celles qui sont destinées à la génération qui suit, les cellules dites germinales (ce sont ces dernières transformations et elles seules qui sont interdites – souvent avec vigueur – par les législations sur les interventions génétiques chez l'homme). Dans les deux cas, cependant, il s'agit de transformations délocalisées (on ne peut pas localiser précisément les dispositifs dont elles dépendent) et durables. Elles affectent de larges parties de l'organisme, voire l'organisme tout entier, et elles durent aussi longtemps que durent les parties en question puisqu'elles sont incorporées dans le matériel génétique qui en assure le renouvellement.

Les quatre grands types d'interventions techniques qui sont généralement distinguées lorsqu'on évoque les transformations possibles de l'homme dans un avenir plus ou moins proche recouvrent la distinction fondée sur le degré d'incorporation : les implants électroniques ou d'autres matériaux, les substances ingérées (psychotropes ou autres), les produits obtenus par les nanotechnologies (qui sont une sorte de raffinement de la précédente technique), et enfin les interventions de type génétique. En proposant une classification des types de transformation de soi-même fondée sur l'examen du degré d'incorporation associé à une technique, on introduit une forme de rationalité dans le catalogue des interventions techniques sur soi. On avait bien identifié des techniques de modification de soi, mais on ne les avait pas précisément situées les unes par rapport aux autres. On ne voyait pas non plus pourquoi certaines étaient plus inquiétantes que d'autres. On le comprend maintenant : à mesure que le degré d'incorporation d'une technique s'élève, cette dernière entre aussi plus profondément dans le corps et le résultat de ce processus est, entre autres choses, d'activer les questions les plus fondamentales sur ce que nous sommes nous-mêmes.

L'EXEMPLE DES AMPHÉTAMINES

Montrons-le plus nettement encore sur un exemple précis. Suivons de près un type de transformation technique de soi-même. Attachons-nous, après avoir survolé la question pour tenter d'établir les grandes lignes du paysage des transformations possibles de l'homme, à un mode de transformation particulier. Voyons comment une simple molécule a pu transformer, non seulement le comportement d'un être humain particulier, mais encore l'histoire de nombreux hommes et, par là, l'histoire du XXe siècle tout entier.

Ici, comme on va le voir, l'idée a précédé la réalisation effective sous la forme d'une fable, d'une narration romanesque, même si cette narration, nous le savons maintenant, emprunte plusieurs éléments importants à la réalité (et n'est donc pas aussi fictive qu'elle prétend l'être). Cette fable, c'est *L'étrange histoire du Dr Jekyll et de Mr Hyde*. À l'époque où Robert Louis Stevenson publie ce roman, on peut parler de science-fiction. Le recul historique permet de le dire : ici la fiction précède la science – comme on dit parfois que ce genre littéraire a vocation à le faire. Mieux même : ici la fiction va inspirer la science et on pourrait même dire que, dans ce domaine, la science se fait en suivant le chemin tracé d'abord par l'imagination d'un écrivain. En effet, l'année même de la publication de cette histoire sous la forme d'un roman (l'histoire avait été publiée auparavant dans un journal anglais sous forme d'épisodes) en 1887, en Allemagne, à Berlin, un chimiste, Lazar Edeleano, synthétise ce qui deviendra plus tard le premier psychotrope de synthèse. Il synthétise une molécule qu'il va appeler « phénisopropamine » et qui n'est autre que la molécule connue aujourd'hui sous le nom d'amphétamine.

Cependant, ce chimiste n'est pas l'inventeur du premier des psychotropes de synthèse (dont une bonne partie sont également appelés

« drogues de synthèse », le mot drogue ne faisant ici rien d'autre que
signaler le caractère illicite de la consommation de la substance). Et
pourquoi ne l'est-il pas ? Parce qu'il n'a pas fait, dans la réalité, ce qu'a fait,
de façon toute fictive, le Dr Jekyll : après avoir synthétisé la phénisopropamine, il ne l'a pas testée, il ne l'a pas goûtée, il n'en a pas fait l'essai sur lui-
même. Il est impossible de dire si Edelano a lu ou non la fable de Stevenson
(aucune biographie sur lui n'est assez précise pour le mentionner – en fait, à
ma connaissance, il n'y a même jamais eu de biographie sur cet important
chimiste qui a synthétisé une molécule qui pourrait figurer dans un tableau
de l'histoire du XXᵉ siècle comme une sorte d'emblème du chapitre si
important des transformations de soi par des moyens techniques). On ne
sait pas, donc, si Edelano a pu avoir connaissance de la fable du Dr Jekyll.
Ce qui est sûr, c'est qu'il ne l'a pas imité. Il n'a pas suivi cette méthode
simple et directe qui consiste à consommer un produit qu'on vient soi-
même de synthétiser. S'il l'avait fait, il se serait immédiatement rendu
compte de l'effet étonnant, stupéfiant, de cette substance (ce que fit,
quarante années plus tard, un autre chimiste).

DÉCOUVERTE DES AMPHÉTAMINES

Celui qui restera comme l'inventeur du premier psychotrope de
synthèse, lui, a certainement eu connaissance de la fable de Stevenson. Car
le personnage principal de cette nouvelle est devenu, dans l'intervalle, si
légendaire, si représentatif des attraits et des dangers d'une transformation
de soi par des substances chimiques qu'il est désormais impossible de
l'ignorer. En 1927, à Los Angeles, un chimiste du nom de Gordon Alles,
s'inspirant du travail d'Edeleano, synthétise la même molécule. Mais, à la
différence de ce dernier, il se comporte ensuite comme le Dr Jekyll l'avait
fait avec la composition de son invention : il l'absorbe et éprouve
immédiatement des transformations psychologiques tout à fait semblables
à celles qui sont décrites, à titre fictionnel, par le Dr Jekyll.

Cette similitude, qui peut paraître surprenante, n'est en fait pas fortuite :
pour imaginer les transformations que subit son héros, Stevenson se fonde
sur l'effet d'une substance qu'il a effectivement absorbée. Cette substance
est la cocaïne. Or, la cocaïne présente un spectre d'effets pharmacologiques
très semblable à celui de l'amphétamine – cette similitude fait du Dr Jekyll
une sorte de prototype dans la fiction de Gordon Alles.

Gordon Alles a d'ailleurs, de son côté, commenté la méthode qui l'a
conduit à la découverte des amphétamines en la qualifiant de méthode en
double clairvoyance. C'est l'époque où on commence à se référer au test en
double aveugle comme à un critère décisif d'objectivité dans le domaine

médical. Alles fait remarquer que dans le cas de sa méthode, l'expérimentateur connaît parfaitement la substance qu'il utilise, puisque c'est lui qui l'a synthétisée et que d'autre part, le testeur la connaît aussi très bien, puisque c'est la même personne. Loin de se présenter comme un récepteur naïf qui enregistre ses impressions avec la même ingénuité qu'un aveugle qui décrirait le monde visible, l'expérimentateur est ici à la recherche de l'effet, il guette attentivement tous les faits qui pourraient signaler une différence avec son état habituel et l'idée qu'il aurait pu ingurgiter un placebo ne l'effleure à aucun moment.

GÉNÉRALISATION DE L'USAGE DES AMPHÉTAMINES

Et très vite, cet effet va être reproduit, retrouvé chez d'autres personnes, confirmant ainsi la nature très particulière de la substance qui vient d'être découverte. Très vite aussi, la médecine s'empare de ce nouveau remède. Avec elle, elle soigne d'abord la narcolepsie, puis la dépression, puis le mal de tête, puis le manque de concentration (chez les enfants notamment), puis la maladie de Parkinson, puis le mal de mer, etc.[1]. Au total, au début des années 1940, William Bett qui fait une revue sur l'usage des amphétamines dénombrera trente-neuf indications distinctes tout en précisant que les risques d'addiction paraissent minimes. Mais surtout, Bett propose, pour rendre compte du succès des amphétamines aux États-Unis, une explication socio-pharmacologique. Il explique que les amphétamines sont une drogue typiquement américaine. Non seulement elles ont, pour ainsi dire, refusé de naître en Europe où on les avait pourtant initialement synthétisées, mais, de plus, leur profil pharmacologique est typique du tempérament américain, selon lui. C'est le traitement de la dépression par les amphétamines qui en fournirait la meilleure illustration : loin de se perdre dans les infinies explications des psychanalystes, on aborde ici le problème de façon frontale et directe. On évite ainsi d'errer dans des interprétations plus ou moins hypothétiques. On aborde le problème à la façon d'un athlète – lesquels athlètes ont aussi l'époque de plus en plus souvent recourt aux amphétamines[2]. En même temps qu'elle guérit de la lassitude et de l'ennui, la stimulation chimique devient le point de passage obligé de tous les records.

1. J. Holland, *Ecstasy: The complete guide: a comprehensive look at the risks and benefits of MDMA*. Rochester, Vt, Park Street Press, 2001 ; F.R. Menhard, *The facts about amphetamines*, New York, Marshall Cavendish Benchmark, 2006.
2. A.J. Ryan, « Use of amphetamines in athletics », *Journal of the American Medical Association*, 170 (5), 1959.

Le dopage est sans doute, dans la culture occidentale, aussi ancien que le sport et la recherche de la performance, de la victoire et du dépassement non seulement de soi mais surtout de l'autre. Pourtant, avec les amphétamines et pour la première fois, c'est un produit technique qui est utilisé comme dopant. Un produit qui ne se trouve nulle part dans la nature. Un produit qui ne pouvait pas être connu ni fabriqué avant de pouvoir disposer de tout un ensemble de connaissances que l'on groupe sous le nom de «chimie organique» (chimie du carbone, mais aussi, originellement, chimie du vivant). Pour la première fois un produit de synthèse devient plus efficace que les divers produits qu'on avait pu jusque-là identifier pour l'augmentation des performances humaines[1]. L'idée qu'il est possible d'imaginer ou de réaliser des produits obtenus d'une façon semblable va s'imposer progressivement : l'homme peut être transformé par les techniques qu'il maîtrise. Et ceci, non seulement dans ses conditions de vie, comme la révolution industrielle l'a amplement démontré, mais aussi dans son être même. Il peut devenir plus que lui-même, se surpasser en ingérant une substance qui le transforme psychologiquement et physiquement : on reconnaît là les premiers linéaments du credo sur lequel, plus tard, le transhumanisme fondera ses analyses et ses démarches. L'homme est par essence transformable et la technique humaine, en permettant de développer des instruments qui s'incorporent dans son être, est un des moyens de ces transformations.

Ces dispositifs techniques, ici, des molécules, mêmes si elles ne modifient la physiologie humaine que pendant quelques heures, le font d'une façon suffisamment profonde et radicale pour faire apparaître dans un homme un homme différent : dans le cas des amphétamines, un homme plus fort, plus déterminé, plus énergique, plus ambitieux, plus travailleur. Et tout ceci, explique encore William Bett, c'est un concentré de l'esprit d'entreprise de conquête qui a fait l'Amérique. Cette interprétation socio-pharmacologique est donc aussi une interprétation pharmaco-politique. Car ce qui s'annonce dans ces propos, c'est une façon d'intervenir sur soi-même qui consiste à introduire dans le corps des artefacts techniques qui, ensuite, se diluant en lui, transforment sa physiologie pendant la durée de leur présence en favorisant certaines valeurs ou certains types de réactions qui sont elles-mêmes susceptibles de faire l'objet d'une appréciation politique.

---

1. L.L. Iversen, *Speed, ecstasy, ritalin : The science of amphetamines*, Oxford, Oxford University Press, 2006 ; N. Rasmussen, *On speed : The many lives of amphetamine*. New York, New York University Press, 2008.

LES DANGERS DES AMPHÉTAMINES

Dans les années qui vont suivre, cependant, dans les années 1950, on réalisera que la transformation induite par les amphétamines est moins transitoire qu'on ne l'avait d'abord cru. Certes, l'effet qui suit l'ingestion est relativement bref (quelques heures), mais un autre effet se révèle en cas d'utilisation prolongée : une transformation plus inquiétante de la personnalité qui va progressivement conduire à un retournement complet de l'évaluation sur les amphétamines. Ce qui guérissait toutes les pathologies va bientôt devenir l'agent causal d'une pathologie subtile : la psychose amphétaminique[1]. Cette maladie se caractérise par une forme agressive de paranoïa qui peut conduire l'individu jusqu'au meurtre et ceci, bien souvent, pour des raisons infimes. C'est une sorte d'expérience sociale improvisée qui mettra le mieux en lumière ces dangers.

Dans les années 1960, les amphétamines sont d'accès si facile que se développe une véritable culture autour de leur consommation. Cette culture à sa capitale, la capitale du *Speed* : un quartier de San Francisco, le *Haight-Hashbury district*[2]. On va pouvoir y constater un phénomène étonnant : cette substance qui, à lire les commentaires que lui consacrent les utilisateurs, paraît être si bénéfique et paraît procurer un sentiment d'épanouissement à ceux qui l'utilisent, cette substance qui semble permettre à chacun d'être meilleur que lui-même devient, lorsqu'elle est utilisée non plus par un individu mais par une population d'individus, extrêmement dangereuse. On voit, en effet, dans le *Haight-Hashbury district* des petits groupes s'attaquer à des personnes pour les détrousser, les violer, les tuer, parfois, et le tout avec un grand luxe de cynisme et de cruauté. La résultante sociale de l'effet d'un produit n'est manifestement pas la somme des effets qui sont produits sur les individus singuliers qui composent le groupe et il apparaît erroné de raisonner sur un groupe à partir d'observations faites sur une personne unique. C'est en constatant ces effets, qui sont tout à l'opposé des vertus qu'on avait d'abord prêtées aux amphétamines, qu'on en viendra progressivement à les interdire. L'histoire des amphétamines présente encore plusieurs épisodes qui mériteraient d'être évoqués, mais les limites de cette communication font qu'il me faut conclure en me restreignant aux considérations que je viens d'évoquer[3].

1. P.H. Connell, *Amphetamine psychosis*, London, Pub. for the Institute of Psychiatry by Chapman & Hall, 1958.
2. M. Joseph, *Speed : Its history and lore*, London, Carlton Books, 2000.
3. P. Nouvel, *Histoire des amphétamines*, Paris, P.U.F., 2009.

Conclusions

Je conclurai donc en reprenant les questions qui nous étaient suggérées par Laurence Perbal et Jean-Noël Missa dans leur invitation à participer au colloque sur les aspects éthiques et philosophiques de la médecine d'amélioration. Les questions que posaient les organisateurs, cependant, étaient plus générales que celles auxquelles il me paraît possible de répondre avec les seuls éléments que je viens de rappeler. En effet, ces questions portaient sur l'ensemble de techniques d'amélioration de l'homme, tandis que je n'ai évoqué ici que l'une de ces techniques, celle qui repose sur l'usage d'une molécule de synthèse, plus spécifiquement même, sur l'usage des amphétamines.

Quelles sont, demandent les organisateurs du colloque, les questions éthiques que soulèvent ces nouvelles techniques ? Dans le cas des amphétamines, mais je pense qu'on peut étendre cette conclusion à d'autres techniques de modification de soi, la principale question éthique qui est soulevée est la question qui se présente comme le préalable de toute action et que je rappelais au début de cette présentation : « qui suis-je ? », qui suis-je moi qui veux entreprendre telle action ? Car s'il est possible de transformer l'homme, il faut se demander, comme le fait d'ailleurs le docteur Jekyll, qui est ce « je » qui entreprend des actions dont l'idée directrice peut-être elle-même entièrement modifiée au gré des changements de physiologie qu'induisent en lui ces substances chimiques.

La deuxième question posée porte sur les réactions que suscitent ses effets dans la sphère bio-politique. Pour ce qui concerne les amphétamines ces réactions iront de l'incitation la plus directe (en particulier au Japon après la Seconde Guerre Mondiale sous forme de campagnes publicitaires) à l'interdiction la plus généralisée (ces substances font maintenant l'objet d'un contrôle international décidé en 1971). Ces variations de l'usage bio-politique d'une substance suivent un cheminement complexe dans lequel se joue la question du passage d'un niveau d'observation individuel à un niveau d'observation social : la médecine n'est pas seule à entrer ici en ligne de compte, loin s'en faut. Et il eut été bien difficile de prédire *a priori* (ou même à partir des récits des premiers utilisateurs) le devenir bio-politique de la substance.

Puis finalement, dernière question : peut-on parler d'un changement de paradigme médical ? Comme l'action du médecin est toujours prise entre une problématique technique (qu'est la cause de la maladie et comment la combattre ?) et une problématique éthique (comment respecter le patient ?), il est inévitable que toute nouvelle technique d'action sur le corps réactive les questions qui concernent le sens et la portée de l'action médicale. Mais l'idée que cette réactivation soit la conséquence d'un changement de paradigme est moins évidente. Elle renvoie, bien sûr, à Thomas Kuhn et au modèle de la révolution copernicienne qui voit un schéma d'explication héliocentrique succéder au modèle alors couramment admis de l'explication géocentrique. L'ajout de nouvelles techniques aux moyens d'intervention de l'homme sur lui-même produit-il quelque chose d'analogue à une telle révolution? Ou bien ne fait-il que réactiver la tension entre technique et éthique que je rappelais à l'instant et qui est au cœur de toute action médicale (qu'on pourrait appeler une «tension essentielle» pour reprendre les termes qu'il est arrivé à Kuhn lui-même d'employer)? L'avenir peut-être saura répondre à ces questions. Mais aujourd'hui, elles relèvent de la simple opinion car pour qu'il y ait réellement révolution, il ne suffit pas que les techniques de transformation de l'homme soient connues, il faut encore qu'elles soient réellement accessibles à un grand nombre de personnes et que ces dernières jugent utile et avantageux d'en faire usage. Bien que disposant depuis longtemps des techniques qui permettraient d'éviter que des hommes meurent de faim ou de maladies curables il ne s'est manifestement pas encore trouvé suffisamment de personnes pour juger utile et avantageux d'en faire usage. On peut donc se demander si le fait que ces techniques commencent à être disponibles peut et doit suffire à faire qu'elles soient effectivement utilisées.

Pascal NOUVEL
Université de Montpellier

ENHANCEMENT ET PERCEPTION DES RISQUES

INTRODUCTION

La fonction de lien social récemment associée au risque, ainsi que les enjeux que celui-ci soulève en matière de responsabilités civiles et en termes de redistribution des rôles politiques, justifient à eux seuls l'intérêt croissant accordé à la perception du risque depuis quelques décennies.

Dans cette communication, nous présentons brièvement les théories dominantes qui éclairent la perception des risques – à savoir le «paradigme psychométrique» et la théorie culturaliste, dont les développements respectifs ont contribué à l'interprétation du phénomène d'opposition du public à l'utilisation d'énergie nucléaire civile. Notre objectif est d'analyser dans quelle mesure ces théories peuvent expliquer la perception des risques biotechnologiques et plus particulièrement des risques liés aux OGM. Nous vérifions ainsi la possibilité d'esquisser un parallèle entre la perception des risques liés au nucléaire et celle des risques relatifs aux biotechnologies.

Notre analyse se déroule en trois temps.

En premier lieu, nous évoquons le rôle des travaux fondateurs du paradigme psychométrique publiés à la fin des années soixante-dix, principalement par Slovic, Fischhoff et Lichtenstein. Leur démarche vise à tenter de comprendre pourquoi le public perçoit certains risques de manière plus aiguë que d'autres.

Ensuite, nous soulignons l'intérêt de la théorie culturaliste initiée par Mary Douglas. Son application à la problématique du risque dans les années quatre-vingt fournit une réponse à la question de savoir pourquoi les individus perçoivent différemment un même risque.

Enfin, nous rappelons combien le champ d'application de la psychométrie s'élargit dans les années quatre-vingt-dix puisqu'il s'étend désormais sur la perception des risques, de facteurs tels que la confiance, l'affect, ou le milieu socioculturel.

Avant d'aborder ces trois étapes, il convient de rappeler les définitions classiques du risque ainsi que de sa perception, notions dont nous analysons l'évolution au cours des dernières décennies.

D'une part, le risque se définit couramment comme le produit de la probabilité d'apparition d'un événement indésirable par l'amplitude de ses conséquences. Cette formule, que la sociologie et la philosophie contemporaines jugent caduque, correspond à la définition technique traditionnelle du risque. Elle s'inscrit dans une tradition réaliste, véhiculant une opposition ontologique entre les notions de danger et de risque. En effet, cette conception accorde au danger un statut réel et matériel – puisqu'un danger est envisagé comme un ensemble de circonstances susceptibles de causer des dommages –, et elle lui associe un risque permettant de quantifier le danger à l'aide d'un modèle probabiliste. Le risque est ainsi considéré comme la mesure d'une propriété physique objective, inhérente au danger, et extérieure au sujet percevant.

D'autre part, la perception du risque, quant à elle, renvoie aux jugements et aux évaluations des risques auxquels les individus sont exposés. Dans la mesure où ces jugements sont fonction à la fois de signaux physiques et d'informations perçues au niveau cognitif, ils prennent en compte aussi bien les expériences que les croyances.

Abordons, dans un premier temps, les travaux fondateurs du paradigme psychométrique.

LE PARADIGME PSYCHOMÉTRIQUE

A la fin des années soixante-dix, Slovic, Fischhoff et Lichtenstein[1], psychologues de l'université d'Oregon, importent dans le champ de la perception du risque les « heuristiques » que Kahneman et Tversky[2] avaient identifiées dans le cadre d'expériences psychologiques en laboratoire. Pour rappel, les « heuristiques » sont des processus mentaux simplificateurs qui structurent le traitement subjectif de l'information et qui permettent d'expliquer les distorsions et les erreurs de jugement effectuées par les

---

1. P. Slovic, B. Fischhoff et S. Lichtenstein, « Rating the risks », *Environment* 2(3), 1979, p. 14-20 et p. 36-39.

2. D. Kahneman, P. Slovic et A. Tversky (éd.), *Judgment under uncertainty : heuristics and biases*, Cambridge, Cambridge University Press, 1982.

individus lorsqu'ils effectuent des choix et formulent des jugements en situation incertaine.

C'est en référence aux travaux de Kahneman et de Tversky que les psychologues de l'université d'Oregon élaborent la méthode dite des « préférences exprimées », à l'origine du paradigme psychométrique. Cette méthode, fondée sur l'utilisation de questionnaires et sur le traitement de données par des techniques statistiques, est destinée à rendre compte de la manière dont les individus perçoivent et acceptent le risque. Cette démarche domine le champ de l'étude de la perception des risques dès les premières publications à la fin des années soixante-dix – notamment « How safe is safe enough? »[1] et « Facts and fears »[2].

Non seulement les premiers travaux du paradigme psychométrique établissent les relations entre bénéfices et risques perçus, mais ils étudient aussi l'influence d'un certain nombre de caractéristiques qualitatives sur la perception des risques.

Les principaux résultats de ces recherches sont donc doubles.

Premièrement, les auteurs établissent que risques perçus et bénéfices perçus sont inversement proportionnels : une activité ou une technologie est ressentie comme d'autant moins risquée que ses bénéfices apparaissent élevés. C'est ainsi que, de nos jours, le téléphone portable est perçu comme peu risqué dans la mesure où il répond à des besoins bien tangibles et présente donc des bénéfices très élevés. En revanche, les bénéfices des OGM sont moins évidents pour le public, ce qui explique une perception élevée des risques[3]. Notons à cet égard que, selon l'Eurobaromètre de 2005, les biotechnologies, en particulier dans leurs applications médicales, sont de mieux en mieux acceptées par les Européens. En effet, plus de la moitié des Européens estiment que les biotechnologies permettront d'améliorer leur qualité de vie. Les OGM font toutefois exception puisque seuls 27% des Européens leur font confiance. Ce scepticisme vis-à-vis des OGM

---

1. B. Fischhoff *et al.*, « How safe is safe enough? A psychometric study of attitudes toward technological risks and benefits », *Policy sciences* 9, 1978, p. 127-152.

2. P. Slovic, B. Fischhoff et S. Lichtenstein, « Facts and fears : understanding perceived risk », dans R. Schwing et W. Albers (éd.), *Societal risk assessment*, New York, Plenum Press, 1980, p. 181-214.

3. G. Gaskell *et al.*, « GM foods and misperception of risk perception », *Risk analysis* 24(1), 2004, p. 185-194.

n'a pas diminué entre 1996 et 2005 car leurs bénéfices ne sont toujours pas reconnus[1].

Une autre contribution essentielle des premiers travaux du paradigme psychométrique consiste en la mise en évidence du rôle d'un ensemble de caractéristiques qualitatives, qui tendent à structurer de manière systématique la perception des risques par les profanes. Sont ainsi identifiés des facteurs tels que la «nouveauté» d'un risque ou son caractère «inconnu», qui caractérisent aussi bien le risque nucléaire à la fin des années soixante-dix que les risques liés aux OGM ou au clonage humain aujourd'hui. La dimension «involontaire» du risque constitue un autre facteur qui intervient autant dans la perception du risque des OGM que dans celle du risque nucléaire. En revanche, les caractères «terrifiant» ou «non maîtrisable» s'appliquent davantage au risque nucléaire.

Ce constat permet d'interpréter l'aversion de la population envers certaines technologies dont l'estimation scientifique du risque s'avère faible ou modérée. Ainsi, la perception du risque relatif à l'énergie nucléaire aux États-Unis à la fin des années soixante-dix illustre bien l'impact de ces caractéristiques qualitatives : malgré une estimation scientifique du risque assez faible, la perception qu'en a le public est extrêmement aiguë, en raison de l'influence des facteurs «terrifiant», «nouveau», «non maîtrisable» ou encore «menace pour les générations futures». Notons que dès la fin des années soixante-dix, les chercheurs de l'université d'Oregon prédisent que public développera une perception très aiguë des risques liés à la recherche en génétique, compte tenu des caractéristiques – somme toute assez proches des risques nucléaires – qu'il leur associe.

L'analyse des études fondatrices du paradigme psychométrique appelle un triple commentaire.

D'abord, implicitement, ces travaux restent encore fidèles à une conception réaliste du risque et ce, bien que les auteurs privilégient la perception du risque plutôt que le risque lui-même.

Ensuite, l'approche psychométrique se fonde sur une conception individuelle de la perception des risques. En effet, dans ses travaux fondateurs du moins, elle ne prend pas en compte l'éventuelle influence de la collectivité : la perception n'engage que l'individu percevant, indépendamment de toute représentation sociale du risque. Elle reste conçue selon le

---

1. European Commission, «Europeans and biotechnology in 2005 : patterns and trends», 2006, disponible sur ec.europa.eu/research/press/2006/pdf/pr1906_eb_64_3_final_report-may2006_en.pdf.

modèle stimulus-réponse qui réduit la perception du risque à une réaction quasi mécanique.

Enfin, le paradigme psychométrique envisage l'influence des facteurs qualitatifs de manière universelle : l'hypothèse sur laquelle se fondent ces travaux suppose en effet que tout individu réagisse de manière similaire face à un risque identique. Or, c'est précisément ce postulat d'universalité qui constitue la faiblesse des travaux fondateurs du paradigme psychométrique, lequel s'avère donc incapable de répondre à la question de savoir pourquoi les individus ne perçoivent pas les risques de façon identique.

LA THÉORIE CULTURALISTE

En fait, c'est la théorie culturaliste qui permet d'apporter une réponse à cette question dès lors qu'elle se voit appliquée à la problématique du risque, au début des années quatre-vingt.

Cette théorie trouve son origine dans l'anthropologie, lorsque Mary Douglas examine les perceptions de la saleté et de la souillure dans des sociétés tribales. En effet, dans *Purity and danger*[1], Mary Douglas observe que les « sociétés » opèrent une sélection parmi les croyances relatives aux dangers, afin d'assurer leur propre stabilisation. La généralisation de ce constat constitue l'hypothèse de base de la théorie culturaliste telle qu'elle se développe par la suite, à savoir que culture et société se maintiennent mutuellement.

Notons qu'à la différence du terme « société » qui ne concerne que le type de relations interpersonnelles mises en jeu, le terme « culture » désigne ici l'ensemble des croyances, valeurs, manières de percevoir le monde et d'y réagir.

En ce qui concerne plus particulièrement les types de relations interpersonnelles, Mary Douglas les définit, dans *Natural symbols*[2], sur base de deux critères indépendants : les dimensions d'incorporation sociale (« *group* ») et de différenciation des rôles (« *grid* »).

La dimension d'incorporation sociale correspond à l'expérience d'une unité sociale soudée ; elle représente donc le degré d'intégration sociale de l'individu et elle décrit l'absorption de la vie individuelle par le groupe.

---

1. M. Douglas, *Purity and danger : an analysis of concepts of pollution and taboo*, London, Routledge & Kegan Paul, 1966.
2. M. Douglas, *Natural symbols : explorations in cosmology*, London, Barrie & Rockliff, 1970.

La dimension de différenciation des rôles se réfère aux règles reliant un individu aux autres, sur une base égocentrée. Elle s'appuie, dans la tradition anthropologique, sur l'âge, le sexe ou l'hérédité de l'individu en question. Cette dimension intègre ainsi les classifications institutionnalisées qui régulent les interactions entre les membres de toute société ou, en d'autres termes, de toute forme sociale.

A elles deux, les dimensions de différenciation des rôles et d'incorporation sociale permettent à Douglas de dégager, dans *Cultural bias*[1], quatre types de formes sociales – les formes hiérarchiques, fatalistes, individualistes et égalitaires (Figure 1).

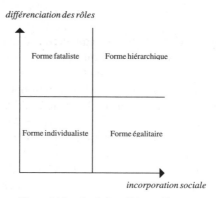

Figure 1 (d'après *Cultural bias*, p. 7)
Typologie des formes sociales

La forme hiérarchique se définit par des dimensions de différenciation des rôles et d'incorporation sociale fortes. Il s'agit donc de groupes très hiérarchisés, où les rôles sont clairement spécifiés. La distribution des ressources qui y est liée est souvent inéquitable. A la limite, les castes hindouistes constitueraient un exemple caricatural de forme hiérarchique.

La forme fataliste correspond à une dimension d'incorporation sociale faible et à une dimension de différenciation des rôles forte. Les individus n'y ont pas la possibilité d'effectuer des transactions personnelles, leur autonomie est minime et leurs rôles sociaux sont complètement déterminés. C'est le cas, par exemple, des artisans non syndiqués.

La forme individualiste, quant à elle, est définie par des dimensions de différenciation des rôles et d'incorporation sociale faibles. Les conditions y

---

1. M. Douglas, *Cultural bias*, London, Royal Anthropological Institute (Occasional paper No. 35), 1979.

sont très compétitives, l'autonomie individuelle y est importante et ses membres exercent un contrôle sur les individus des autres formes sociales, en particulier sur les individus de la forme fataliste. L'homme d'affaires incarnant une idéologie libérale raciale illustre bien cette attitude.

Enfin, la forme égalitaire correspond à une dimension d'incorporation sociale forte et une dimension de différenciation des rôles faible. Les rôles n'y sont pas définis et les contraintes sociales fondamentales sont liées au maintien, par le groupe, de la frontière extérieure contre les étrangers ainsi qu'au contrôle exercé sur le comportement des individus au nom du groupe. On peut illustrer cette forme par les cas des Amishs, des sectes ou, selon Douglas elle-même, des mouvements environnementalistes radicaux.

A chacune de ces formes sociales correspond un biais culturel recouvrant l'ensemble des contenus cognitifs et axiologiques, y compris la manière de concevoir la nature et les risques.

Avant d'analyser les différentes conceptions des risques, il convient d'examiner comment la nature est envisagée au sein de chaque biais culturel. Dans *Cultural theory*[1], les auteurs relèvent quatre « grands » mythes de la nature, entendus comme perspectives générales sur son fonctionnement et sur la manière dont elle répond aux interventions humaines. Ces mythes de la nature peuvent se représenter symboliquement par une balle sur une ligne.

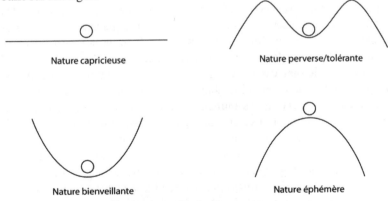

Nature capricieuse

Nature perverse/tolérante

Nature bienveillante

Nature éphémère

Figure 2 (d'après *Cultural theory*, p. 27)
Mythes de la nature

1. M. Thompson, R. Ellis et A. Wildavsky, *Cultural theory*, Boulder, Westview Press, 1990.

Le premier cas est celui du mythe de la nature « perverse/tolérante » qui correspond à une nature capable de se préserver tant que l'homme ne transgresse pas certaines limites, auquel cas la nature devient vulnérable. Si l'action humaine sur la nature est symbolisée par la mise en mouvement de la balle, on voit que tant qu'elle ne dépasse pas certaines limites, la balle revient à cette position d'équilibre. Dans le cas contraire, la balle sort du creux et quitte définitivement sa position d'équilibre. Une régulation de manière à éviter les événements inhabituels s'impose donc. Cette optique privilégie le jugement des experts. Il s'agit du mythe typique des formes hiérarchiques.

Le deuxième cas est celui du mythe de la nature « capricieuse » : elle ne nous enseigne rien et il est donc impossible d'apprendre à la gérer. La seule « stratégie » envisageable consiste à improviser face aux événements fortuits. Toute intervention humaine suscite une réponse aléatoire, symbolisée par un déplacement aléatoire de la balle. La nature « capricieuse » constitue le mythe du fataliste.

Le troisième cas correspond au mythe de la nature « bienveillante », qui implique qu'elle est capable de se préserver et de rétablir son statu quo. Ce mythe équivaut à une situation d'équilibre global : quoi que les hommes infligent à la nature, la balle revient toujours à sa position d'équilibre. Ce mythe implique souvent une attitude de laisser-faire de la part des institutions et justifie une méthode d'essai-erreur en présence d'incertitudes. A l'image de l'esprit de l'économie libérale, ce mythe se développe dans les formes individualistes. Les initiatives aux conséquences imprévisibles d'une société telle que Monsanto témoignent bien de la confiance en la capacité de la nature de se régénérer en cas d'agression.

Enfin, le dernier cas est celui du mythe de la nature « éphémère », perçue comme fragile et vulnérable aux interventions humaines : quelles que soient les interventions humaines, la balle quitte définitivement sa position d'équilibre. Dans cette optique, les institutions doivent traiter l'écosystème avec une extrême prudence et déployer des mesures préventives. Ce mythe justifie les modes de vie des communautés décentralisées qui respectent la fragilité de la nature. Il correspond, selon Douglas, à la conception typique des formes égalitaires, à l'image des groupes environnementalistes radicaux qui se sont multipliés dans les années soixante et soixante-dix. Plus récemment, des chercheurs tels que Lakoff[1] relèvent que la plupart des mouvements environnementalistes se réfèrent encore à ce

---

1. G. Lakoff, *Moral politics : what conservatives know that liberals don't*, Chicago, Univerity of Chicago Press, 1996.

mythe de la nature. La nature est en effet régulièrement conceptualisée de manière métaphorique, perçue en tant qu'organisme vivant dont les besoins doivent être satisfaits, ou personnifiée en tant que victime de blessures.

Non seulement la théorie culturaliste suggère que toute forme sociale produit sa propre conception de la nature de manière à se stabiliser, mais Douglas et Wildavsky montrent, dans *Risk and culture*[1], que la perception des risques est également liée à la forme sociale dans laquelle ils se manifestent : les individus des différentes formes sociales ont une propension à minimiser certains risques et à en maximiser d'autres, ils opèrent donc une sélection parmi la multitude des risques environnants. Dans cette perspective, le risque est élaboré selon un processus social dans lequel les hommes sont impliqués en tant que sujets actifs, ce qui exclut l'accès à un risque « brut » qui n'aurait pas été socialement construit[2]. On observe donc que cette analyse renouvelle totalement la conception de la perception des risques.

Il convient de noter que la sélection des risques est liée non seulement à la conception de la nature, mais aussi à la conception de la rationalité au sein de chaque biais culturel.

Les formes hiérarchiques jugent la rationalité de leurs membres en termes de soumission aux règles instaurées par le système. C'est en maintenant tels quels leur système et les avantages qui y sont liés que les formes hiérarchiques estiment fournir la meilleure protection aux générations futures. L'effondrement du système et les risques qui le menacent – principalement les révoltes internes ou les guerres – constituent en ce cas les peurs partagées dominantes.

Les fatalistes ne se préoccupent guère des risques étant donné qu'ils n'ont aucun pouvoir d'action qui leur permettrait de les gérer.

Quant aux formes individualistes, elles développent une rationalité conforme aux principes de la théorie de l'utilité espérée. Ici, la peur dominante est l'effondrement du marché. Toutefois, les individualistes ne craignent pas les incertitudes en général, perçues comme des opportunités dans une logique de prise de risque intentionnelle, en fonction des profits escomptés.

---

1. M. Douglas et A. Wildavsky, *Risk and culture*, Berkeley, University of California Press, 1982.
2. M. Thompson et A. Wildavsky, « A proposal to create a cultural theory of risk », dans H. Kunreuther et E. Ley (éd.), *The risk analysis controversy : an institutional perspective*, Berlin, Springer-Verlag, 1982, p. 145-161.

Enfin, les conditions d'adhésion volontaire propres aux groupes égalitaires font apparaître un quatrième type de rationalité, qui s'explique par les stratégies nécessaires à la survie de ces groupes, se référant à l'égalité, à la pureté, au caractère exclusif du groupe et à l'importance de ne pas s'en faire exclure. Les risques mis en évidence dans les formes égalitaires sont ceux qui vont à l'encontre de leurs exigences de pureté. Il s'agit de risques liés aux rapports avec l'extérieur, tels que la pollution ou les risques technologiques, perçus comme menaces pour l'environnement. C'est dans ce contexte que se développe en toute logique l'appréhension face aux risques liés aux techniques mélioratives.

Remarquons qu'à l'origine, la théorie culturaliste a été appliquée aux mouvements environnementalistes anti-nucléaires, afin de montrer que le radicalisme de certains d'entre eux était lié à leur structure égalitaire. Il conviendrait de mener une enquête approfondie afin de vérifier s'il est permis d'élargir cette analyse à la radicalisation de l'opposition de certains groupes aux OGM ou aux biotechnologies en général.

La conception culturaliste du risque s'insère donc clairement dans une perspective constructiviste, au sens où le danger garde un statut onto-logique réel – il n'y a jamais, chez Douglas, de déni de la réalité du danger – et où le risque est subjectivisé puisqu'il ne caractérise plus simplement un élément du monde mais qu'il constitue le fruit d'un processus social en interaction avec le monde.

Dès lors, il apparaît que la perception des risques est envisagée ici de manière collective et contextuelle. Cette conception donne tout son sens aux différences de perceptions des risques générés par les OGM selon le public américain et le public européen[1].

Plus précisément, l'approche culturaliste renouvelle fondamentale-ment la notion même de perception, qui n'est plus traitée comme un réflexe quasi mécanique du destinataire d'un stimulus, mais plutôt comme résultant d'un processus au cours duquel l'individu, en interaction avec les repères symboliques fournis par la société, participe activement à l'élabo-ration du risque. En ce sens, il est, dans le cadre du culturalisme, plus adéquat d'accorder la priorité à la notion de représentation du risque plutôt qu'à celle de perception.

Toutefois ce modèle, imposant quatre types de rationalités, peut sembler trop rigide pour rendre compte de la complexité des réactions possibles face au risque. En outre, il peut paraître trop spéculatif dans la

---

1. G. Gaskell *et al.*, « Worlds apart ? The reception of genetically modified foods in Europe and the U.S. », *Science*, 1999, p. 384-387.

mesure où il est essentiellement fondé sur des observations d'ordre anthropologique transposées hâtivement dans nos sociétés contemporaines. Il n'en demeure pas moins que son cadre de rationalités plurielles a contribué à la reconnaissance du rôle des facteurs socioculturels, tant dans la manière de percevoir le risque que d'y réagir.

L'ÉLARGISSEMENT DU CHAMP D'APPLICATION DE LA PSYCHOMÉTRIE

Plus récemment, l'élargissement du champ d'application du paradigme psychométrique témoigne de la fin de l'antagonisme entre l'approche culturaliste et le paradigme psychométrique. En effet, alors que, dans un premier temps, les psychologues à l'origine de la psychométrie privilégiaient l'analyse de l'influence des caractéristiques du risque sur sa perception, dans les années quatre-vingt-dix, ils tentent de vérifier empiriquement le modèle culturaliste[1]. Même si les résultats de ces études sont mitigés, la conception réaliste du risque se voit néanmoins remise en question au sein même du paradigme psychométrique, au profit d'une conception constructiviste. Comme finit par le souligner Slovic lui-même, la conception qui s'impose désormais peut se résumer selon la formule : « le danger est réel, le risque est socialement construit »[2].

Outre la reconnaissance de l'influence du contexte socioculturel sur la perception des risques, les derniers travaux menés dans le cadre de la psychométrie révèlent l'importance de l'individualité de la perception des risques. En effet, leur champ d'investigation s'étend désormais à l'étude du rôle, dans la perception des risques, de l'affect et de la confiance dans les autorités en charge de la gestion de technologies à risques.

Selon Slovic et ses collègues, l'affect – c'est-à-dire la charge affective ou émotionnelle, qui peut être positive ou négative – constitue un mécanisme d'orientation des processus psychologiques fondamentaux – tels que l'attention, la mémoire ou le traitement de l'information – et permet de rendre plus efficace et plus rapide le repérage dans un monde complexe et

1. P. Slovic et E. Peters, « The importance of worldviews in risk perception », *Risk decision and policy* 3(2), 1998, p. 165-170.

E. Peters et P. Slovic, « The role of affect and worldviews as orienting disposition and acceptance of nuclear power », *Journal of applied social psychology* 26, 1996, p. 1427-1453.

2. « Danger is real, risk is socially constructed », P. Slovic, « Trust, emotion, sex, politics and science : surveying the risk-assessment battlefield », dans Bazerman M. *et al.* (éd.), *Environment, ethics, and behavior : the psychology of environmental valuation and degradation*, San Francisco, New Lexington, 1997, p. 277-313.

incertain, ce qui autorise l'identification de l'affect comme heuristique[1]. Les recherches les plus récentes de l'équipe de Paul Slovic montrent que les individus construisent leurs jugements sur le risque – et en particulier sur le risque nucléaire – non seulement en fonction de ce qu'ils en pensent, mais aussi en fonction de la manière dont ils le ressentent. Dans le cas qui nous occupe, on retiendra l'étude de Townsend[2] qui a contribué à mettre en évidence le rôle de l'heuristique de l'affect dans perception des risques liés aux OGM.

En ce qui concerne la confiance, de nombreux auteurs ont montré qu'elle exerce une influence considérable sur la perception des risques. C'est à l'occasion de la crise suscitée à la fin des années quatre-vingts par le choix du site de Yucca Mountain pour la mise en dépôt des déchets radio-actifs aux États-Unis que la thématique de la confiance a été mise en relief pour la première fois. Plus récemment, l'influence de la confiance en les autorités en charge de la gestion des biotechnologies a également été mise en lumière, comme le confirme notamment l'analyse de Sigriest[3] de l'opposition aux OGM.

CONCLUSION

Si aucune des théories que nous avons présentées n'est totalement satisfaisante à elle seule, il faut bien admettre que chacune d'entre elles éclaire de manière bien spécifique une facette de la perception des risques. Les travaux fondateurs du paradigme psychométrique prennent en compte les caractéristiques qualitatives du risque, le culturalisme s'attache davantage au contexte socioculturel et les travaux psychométriques plus récents intègrent un grand nombre de facteurs, dont les principaux sont la confiance et l'affect. Contrairement à ce que la littérature suggère fréquemment, ces approches sont donc davantage complémentaires qu'antagonistes.

1. M. Finucane *et al.*, « The affect heuristic in judgments of risks and benefits », *Journal of behavioural decision making* 13, 2000, p. 1-17 ; P. Slovic *et al.*, « Risk as analysis and risk as feelings : some thoughts about affect, reason, risk, and rationality », *Risk analysis* 24(2), 2004, p. 311-322.

2. E. Townsend, D. Clarke et B. Travis, « Effects of context and feelings on perceptions of genetically modified food », *Risk analysis* 24(5), 2004, p. 1369-1384.

3. M. Sigriest, « The influence of trust and perceptions of risks and benefits on the acceptance of gene technology », *Risk analysis* 20(2), 2000, p. 195-203.

Par ailleurs, il semble bien qu'un parallèle puisse être esquissé entre la perception du risque nucléaire et la perception du risque biotechnologique. La psychométrie permet d'établir qu'un certain nombre de facteurs aiguisent la perception des risques. Certains d'entre eux sont communs aux risques nucléaires et biotechnologiques – tels les caractères « nouveau », « inconnu » ou « involontaire ». Par ailleurs, la théorie culturaliste, qui fournit une interprétation originale de l'opposition de groupes de citoyens au nucléaire, pourrait éclairer de la même façon les réticences face aux biotechnologies. Enfin, les études récentes concordent sur le rôle déterminant joué par l'affect et la confiance, et ce aussi bien dans la perception des risques liés aux techniques mélioratives que dans celle des risques associés au nucléaire.

Céline KERMISCH
Fonds de la Recherche Scientifique
Université Libre de Bruxelles

ÉTHIQUE DES CONDUITES DOPANTES

DE QUOI PARLONS-NOUS?

Dans cet article, l'éthique est la connaissance et l'atteinte de la vie meilleure. Pour Spinoza, est « bon » ce qui permet d'atteindre ce but et il précise, dans l'*Ethique* : « Par bon, j'entendrai ce que nous savons avec certitude être un moyen de nous rapprocher du modèle de la nature humaine que nous nous proposons »[1].

Pour autant, cette posture rationaliste qui regarde, en quelque sorte, l'éthique comme une science de l'action libre, ne semble pouvoir être tenue qu'à la double condition énoncée par Aristote dans l'*Ethique à Nicomaque*[2] : l'objet de l'action et son intention doivent être « bons ».

Quant aux conduites dopantes, il s'agit de comportements de consommation de substances à des fins de performance[3]. Elles se distinguent des traitements médicamenteux, dont le but est préventif ou thérapeutique, comme des conduites addictives, qui visent, en résumé, une recherche de sensations.

Dans les conduites dopantes, la nature des produits utilisés importe peu : il suffit que la personne les consomme avec l'objectif d'affronter de façon performante une situation quelconque, mais volontiers perçue comme un obstacle. Par exemple : un entretien d'embauche, des heures supplémentaires, une compétition sportive, etc. La difficulté réelle de la performance à réaliser compte moins que sa perception. Ainsi, certaines personnes sont paniquées à l'idée de prendre la parole en public, tandis que l'art de la rhétorique n'a pas de secret pour d'autres. De plus, si l'origine de cette perception est souvent la personne elle-même, elle peut aussi être

---

1. Spinoza, *L'Ethique* (1677), trad. R. Caillois, Paris, Gallimard, 1954.
2. Aristote, *Éthique à Nicomaque* (IVe siècle avant J.-C.), trad. J. Tricot. Paris, Vrin, 1959.
3. P. Laure (dir.), *Dopage et société*, Paris, Ellipses, 2000.

celle de son entourage (parent, conjoint, compagnon de travail, entraîneur, professionnel de la santé). Par exemple, les coéquipiers d'un sportif légèrement blessé qui, estimant le prochain match absolument décisif, l'incitent à recourir à un produit pour calmer sa douleur et pouvoir être « au top » de ses capacités (au risque d'aggraver sa blessure). Enfin, la performance est la réalisation d'une fonction en situation ordinaire dans le contexte de la vie courante. Il ne s'agit donc pas nécessairement d'un exploit. Cette performance s'apprécie selon deux échelles. La première, sans toujours être une norme, est communément acceptée par un grand nombre. C'est, par exemple, le fameux dix sur vingt qui permet d'être reçu à un diplôme. La seconde est propre à chacun et traduit, entre autre, le degré d'exigence que chaque personne s'applique. Ainsi en est-il de l'étudiant qui tient à décrocher son diplôme avec une note supérieure à dix-huit sur vingt, là où la moyenne précédente suffirait.

Le dopage est une conduite dopante particulière, car il ne concerne qu'une partie de la population, les sportifs, une partie des substances disponibles, celles qui sont inscrites sur la listes des substances et méthodes prohibées de l'Agence mondiale antidopage, et qu'elle est interdite.

LES CONDUITES DOPANTES SONT-ELLES RÉPANDUES ?

Une partie parfois non négligeable de la population, adolescente comme adulte, est concernée par les conduites dopantes, comme le suggèrent différentes études menées par entretiens ou questionnaires, voire par observation participante ou analyse d'échantillons biologiques.

Ainsi, quelques pourcents des élèves en collège déclarent prendre régulièrement des vitamines pour mieux travailler en classe. Au Canada, 3% des adolescents âgés de 11 à 18 ans consomment des stéroïdes anabolisants, des hormones dérivées de la testostérone, dans le but d'accroitre un peu leur musculature, non pas à des fins sportives, mais pour améliorer leur apparence physique[1].

Chez les adolescents sportifs, 3 à 5 % disent avoir déjà pris des substances prohibées, quelle que soit la discipline qu'ils pratiquent et leur niveau en compétition. Ainsi une enquête auprès de 6 400 Français âgés de 14 à 18 ans et faisant en moyenne 10 heures de sport par semaine montre

---

1. P. Melia, A. Pipe, L. Greenberg, « The use of anabolic-androgenic steroids by Canadian students », *Clin J Sport Med* 6, 1996, p. 9-14.

que 4,5 % d'entre eux ont déjà recouru au dopage[1]. Cet usage commence tôt, puisque, selon une étude menée auprès de 3 500 préadolescents, 1 % des jeunes âgés de 11 ans ont déjà été concernés au cours des six derniers mois[2]. Cette prévalence est plus élevée chez les garçons, les plus âgés, ceux qui participent à des compétitions et, parmi eux, ceux qui concourent à haut niveau.

Quant aux adultes, le recours à des substances pour améliorer les performances serait encore plus répandu. En milieu professionnel, la prévalence de l'usage au moins une fois au cours de la vie pourrait être comprise en 10 et 40 %. Une étude réalisée par des médecins du travail auprès de 2 100 travailleurs montre que 20 % d'entre eux adoptent des conduites dopantes pour se sentir en forme au travail et 18 % pour se détendre après une journée difficile[3]. Dans une autre enquête, menée en France, 19 % des médecins généralistes reconnaissent consommer des anxiolytiques et 24 % des stimulants pour lutter contre le stress et la fatigue professionnelle, respectivement[4]. Les étudiants ne sont pas en reste : environ 20 % d'entre eux prennent des substances pour préparer leurs examens[5], un pourcentage plus élevé dans certaines filières, comme les futurs professionnels de la santé.

Enfin, si les conduites dopantes des sportifs professionnels restent quasi-inexplorées à ce jour, celles des amateurs sont mieux connues. On estime qu'en moyenne 5 à 15 % auraient déjà recouru à des substances interdites, quelle que soit la discipline et le niveau de compétition. Cela dit, les études sont assez difficiles à comparer, notamment parce qu'elles portent sur des populations différentes (haut niveau, loisirs, etc) et des produits divers (stéroïdes anabolisants seuls, tous produits confondus, etc).

1. P. Laure, C. Binsinger, « Adolescent Athletes and the Demand and Supply of Drugs to Improve their Performance », *J Sports Sci Med* 4, 2005, p. 272-277.

2. P. Laure, C. Binsinger, « Doping prevalence among preadolescent athletes : a 4year follow-up ». *Br J Sports Med* 41, 2007, p. 660-663.

3. M. Lapeyre-Mestre, P. Sulem, *et al.* « Taking drugs in the working environment : a study in a sample of 2106 workers in the Toulouse metropolitan area ». *Therapie* 59, 2004, p. 615-623.

4. P. Laure, C. Binsinger, « Consommations de produits « aux fins de performance » par les médecins généralistes », *Thérapie* 5, 2003, p. 445-450.

5. C. Grignon (dir.) *Les conditions de vie des étudiants, enquête OVE.* Paris, P.U.F., 2000.

PETIT RETOUR EN ARRIÈRE

Pour mieux saisir la place prise par les conduites dopantes dans les comportements et habitudes de vie actuels, il convient de les situer dans le temps et d'esquisser brièvement leur évolution[1].

Depuis leur apparition sur Terre, hommes et femmes n'ont de cesse de découvrir de nouveaux outils, de nouveaux matériaux et invoquer de nouvelles puissances divines pour répondre à leurs priorités : se nourrir, se loger, conquérir des territoires. Dans le même but, ils consomment des plantes aux vertus stimulantes, et parfois leurs propres congénères pour s'approprier leur courage ou leur force.

Ainsi, il y a plus de cinq mille ans, les Chinois mâchaient des brins d'éphédra pour se tenir éveillés et pour résister à la fatigue et à la faim pendant les conflits qui secouaient leur continent. En Asie, on consommait aussi du ginseng, du bétel et autre ashwagandha.

Sur le continent américain, on trouve le maté, le peyotl, le teonanacatl, le guarana, l'ololiuqui, le muirapuama et autre cashpachina-yugo.

En Afrique, où les infusions et autres décoctions sont préparées selon des règles coutumières très codifiées et souvent par le seul sorcier de la tribu, on recourt aux racines d'iboga, au khat, à l'ancolie, au café, à la noix de kola.

En Europe, l'alcool, la noix vomique, la mandragore, et autre arsenic sont utilisés à des fins stimulantes.

À l'aube du XIXe, à partir des travaux de Louis de Gay-Lussac (1778-1850), Antoine de Lavoisier (1743-1794), puis Marcellin Berthelot (1827-1907), les chercheurs réussissent à extraire les principes actifs de ces plantes, comme l'éphédrine à partir de l'éphédra, ou la cocaïne à partir des feuilles de coca. Puis, ils les synthétisent et les produisent à grande échelle. À tel point qu'en 1938 déjà, le Comité international olympique (CIO) prend position.

> L'usage de drogues ou de stimulants artificiels, quels qu'ils soient, doit être fermement condamné et quiconque accepte ou offre un produit dopant, sous quelque forme que se soit, ne devrait pas être autorisé à participer à des rencontres d'amateurs ou aux Jeux olympiques [2].

---

1. Pour en savoir plus, lire notamment P. Laure, *Histoire du dopage et des conduites dopantes*, Paris, Vuibert, 2004.
2. *Bulletin Officiel du CIO*, n°37bis, 1938, p. 29-31.

Enfin, en intervenant directement sur les molécules, les chercheurs les modifient et créent des substances entièrement artificielles, comme les amphétamines et certaines hormones stéroïdes.

Dès lors, la logique change et l'emprise sur les corps se fait plus incisive. Il ne s'agit plus seulement de donner un coup de pouce à un organisme fatigué, il faut le reprogrammer pour qu'il se plie au mieux aux différentes contraintes de l'entraînement physique et sportif. Des apprentis sorciers recourent à des hormones produites par génie génétique et détournent certaines techniques de thérapie cellulaire ou d'ingénierie tissulaire. Et certains se prennent à rêver à la fabrication par clonage de sportifs entièrement sur mesure, sortes de « prêts-à-gagner » des stades.

LE CONTEXTE DES CONSOMMATIONS DE SUBSTANCES

Les substances sont habituellement consommées pour quatre motifs : l'alimentation, la thérapeutique, la recherche de sensations et la recherche de performance.

L'alimentation est la seule raison permanente et vitale d'en consommer. La thérapeutique est l'usage de produits à des fins préventives ou curatives, voire diagnostiques. La recherche de sensations se réfère à l'utilisation de substances psychoactives, comme l'alcool, la nicotine et autres stupéfiants. Elle peut, plus que les autres motifs, engendrer une addiction. Quant à la recherche de performance, elle constitue la finalité des conduites dopantes.

Ces quatre champs de consommation comportent des zones qui se chevauchent. Ainsi en est-il des alicaments, substances alimentaires présentées comme dotées de vertus thérapeutiques. Autre exemple : l'usage curatif de morphine peut relever, dans certaines circonstances, de la recherche de sensation, voire d'une addiction, quant à celui de corticoïdes ou de certains antidépresseurs de la recherche de performance.

Ces liens brièvement placés permettent d'envisager un autre aspect du contexte des consommations de substances.

Depuis le début du XIXᵉ siècle, les conditions de vie et la qualité de vie s'améliorent dans la plupart des pays, bien qu'on puisse déplorer une inégalité dans l'accès à cette évolution.

Celle-ci a été rendue possible, entre autres, par la mise au point et l'utilisation de médicaments de plus en plus efficaces, spécifiques et avec un minimum d'effets indésirables. Ces produits ont tout d'abord fait reculer les limites de la thérapeutique : certaines maladies actuellement considérées comme bénignes étaient mortelles ou très invalidantes il y a quelques décennies à peine.

Mais ces progrès incontestables ont aussi entraîné une élévation du niveau d'exigence des individus par rapport aux capacités des médicaments à résoudre des aléas quotidiens. Par exemple tous les petits maux qui, auparavant négligés, sont devenus progressivement insupportables. L'industrie pharmaceutique a donc conçu des médicaments destinés aussi à garantir le confort des consommateurs. Ce qui s'est avéré, dans certains cas, un marché singulièrement fructueux, comme celui des veinotoniques.

Enfin, le niveau d'exigence poursuivant son ascension, certains médicaments se sont vus attribuer la mission de répondre à des besoins qui ne relèvent plus nécessairement de la médecine ou de la santé, mais de la quête d'une performance, d'un bien-être, caractérisés par l'immédiateté de leur accessibilité : perdre du poids rapidement et sans effort, augmenter la mémoire des étudiants, avoir « bonne mine », etc. Autant de produits qui réduisent « l'effort » à fournir à l'action de tendre la main vers son armoire à pharmacie.

QUEL SENS POUR LES CONDUITES DOPANTES ?

Plusieurs hypothèses suggèrent que les conduites dopantes pourraient traduire autre chose que la simple intention d'être performant.

La première se rapporte à l'augmentation rapide du seuil d'exigence de la société par rapport au pouvoir des médicaments. Celle-ci pourrait traduire une forme d'anomie. En effet, selon Emile Durkheim, le niveau de désir, de demande, des personnes est susceptible d'augmenter quand les normes sociales sont confuses[1]. Le danger, c'est qu'il peut devenir inaccessible, soit parce qu'il est trop élevé, soit parce qu'il s'accroît trop rapidement, entraînant une augmentation proportionnelle de la frustration individuelle qui, à son tour, peut déterminer le recours à de nouveaux produits, mais aussi, quand la lutte s'avère désespérée, à des altérations identitaires et/ou à des pathologies comme la dépression nerveuse. Dès lors, comment est-il possible à la médecine de prétendre améliorer la santé, considérée comme un élément positif de la qualité de vie, tout en permettant le recours à des produits dont la fin n'est pas thérapeutique ? Même s'il est vrai qu'il n'y a rien d'insolite à se prêter à des « manipulations médicales » sans but curatif. C'est le cas de la femme présumée indemne de maladies qui accepte l'injection d'hormones destinées à provoquer la maturation multiple d'ovules afin de permettre, par une technique appropriée, de palier à la « stérilité » de son compagnon. La réponse est

1. E. Durkheim, *Le suicide, étude sociologique*, Paris, Alcan, 1897.

donnée par Daniel Folscheid, selon lequel la médecine peut avoir des objectifs qui ne sont pas la santé, parce que sa fin absolue est la personne elle-même, et pas la santé[1]. Pour autant, cette médecine du « mieux-être », légitime quand son action s'inscrit dans le respect des principes de l'éthique médicale, devient indéfendable si elle accepte le risque de transformer les personnes en objets, uniformes maillons d'une chaîne forgée au bénéfice de la productivité et de la performance. Comme le souligne Bernard Baertschi : « Pour une personne, être à la merci d'un agent bienfaisant, même s'il l'est réellement, n'est pas une consolation si le prix doit en être la négation de son autodétermination et de sa liberté de se construire »[2].

Pour évoquer la seconde hypothèse, il convient d'examiner certaines caractéristiques des usagers, en particulier celles des adolescents sportifs.

Contrairement à ce qu'on pourrait attendre, la majorité de ceux qui se « dopent » ne le ferait pas pour gagner en compétition. Leur consommation de substances serait plutôt inscrite dans un contexte de transition difficile entre l'âge adolescent et l'âge adulte. Ainsi, les jeunes sportifs ayant déjà recouru à des produits interdits sont plus nombreux que les autres à utiliser aussi d'autres substances, comme le tabac, l'alcool ou le cannabis. Ils sont également plus enclins à dire qu'ils manquent de soutien au sein de leur famille et à se rapprocher de leurs pairs[3], ce qui pourrait traduire la quête d'un soutien social destiné, notamment, à améliorer leur équilibre émotionnel[4]. Or, à cet âge, les amis peuvent avoir un rôle d'initiateurs à la consommation de substances licites comme le tabac[5] ou illicites[6]. On pourrait finalement penser que ces adolescents sportifs adoptent le modèle

---

1. D. Folscheid, J.J. Wunenburger, *La finalité de l'action médicale* dans D. Folscheid, B. Feuillet-Le Mintier, J.-F. Mattei, *Philosophie, éthique et droit de la médecine*, Paris, P.U.F., 1997, p. 139-146.

2. B. Baertschi, *L'homme et son espèce : l'espèce humaine est-elle menacée par les progrès des biotechnologies ?* dans G. Huber, C. Byk, *La bioéthique au pluriel*, Paris, John Libbey, 1996, p. 17-30.

3. P. Laure, T. Lecerf, A. Friser, C. Drug Binsinger, « Recreational Drug Use and Attitudes Toward Doping of High School Athletes », *Int J Sports Medicine* 25, 2004, p. 133-138.

4. B.J. Hirsch, D.L. DuBois, « The relation of peer social support and psychological symptomatology during the transition to junior high school : a two-year longitudinal analysis », *Am J Community Psychol* 20, 1992, p. 333-347.

5. A. Biglan, T.E. Duncan, D.V. Ary, K. Smolkowski, « Peer and parental influences on adolescent tobacco use », *J Behavior Med* 18, 1995, p. 315-330.

6. M.D. Newcomb, P.M. Bentler, « Impact of adolescent drug use and social support on problems of young adults : a longitudinal study », *J Abnormal Psychol* 91, 1988, p. 64-75.

du « consommateur de substances psychoactives » comme un moyen d'insertion dans un groupe de pairs dont ils attendent un appui.

Enfin, rappelons l'ancien modèle des motivations d'Atkinson[1], selon lequel l'engagement dans une action serait fonction de la tendance à atteindre le succès moins la tendance à éviter l'échec. Ce dernier représente le résultat d'un processus visant à atteindre un objectif mais en vain, ou qui y est parvenu tout en générant des effets inattendus jugés problématiques. Dans ce cadre, une conduite dopante constitue un ensemble d'actes observables (le processus de recours à la substance) par lesquels, dans un contexte d'incertitude, une personne tente de s'adapter à la représentation qu'elle a d'une situation donnée, aux fins de performance. Un peu comme s'il s'agissait pour elle d'espérer échapper à l'insuccès. Dès lors, les conduites dopantes ne seraient-elles pas des conduites de prévention de l'échec ? Si tel est le cas, il serait utile de questionner la légitimité d'actions de prévention qui viseraient, au fond, à empêcher des individus de ne pas être mis en échec personnel.

PRÉVENTION DES CONDUITES DOPANTES

Par définition, la prévention consiste à aller au-devant d'un comportement individuel ou collectif, jugé problématique par un groupe social par rapport à ses valeurs fondamentales

Son objectif est d'éviter l'apparition de ce comportement, ou, à défaut, d'en limiter les effets indésirables pour la personne ou le groupe. Ses moyens sont constitués de toutes les formes d'interventions non coercitives, c'est-à-dire qui se font avec le consentement éclairé des personnes concernées.

Différents modèles théoriques tentent de mettre en scène les éléments essentiels à prendre en compte en prévention, considérée ici comme un processus évolutif d'accompagnement au changement. L'un d'entre eux, dit « tripartite », avance que les conduites dopantes seraient déterminées par la réunion et l'interaction de trois facteurs : la personne, les substances et l'environnement. Ceux-ci constituent autant de lieux d'action pour la prévention, laquelle doit en outre s'adapter en permanence, par exemple à l'origine culturelle, religieuse ou sociale de la personne, ou encore à l'évolution des mœurs, des connaissances, des croyances et du degré d'inquiétude engendré par ces conduites dopantes.

---

1. J.W. Atkinson, *An introduction to motivation*, Princeton, NJ, Van Nostrand, 1964.

Les actions centrées sur la personne recourent à différents concepts, dont celui de développement des compétences psychosociales, définies selon l'Organisation mondiale pour la santé (OMS), comme les aptitudes d'une personne à adopter un comportement approprié et positif qui lui permet de répondre aux exigences et difficultés de la vie quotidienne[1]. Les objectifs du développement des compétences psychosociales sont, entre autres, de renforcer les comportements positifs, sanitaires et sociaux, existants et de prévenir les conduites à risque. En pratique, les actions éducatives recommandées par l'OMS ou l'UNICEF portent sur des aptitudes dites « essentielles » comme savoir prendre des décisions, avoir une pensée créatrice, avoir une pensée critique, avoir de l'empathie pour les autres, savoir communiquer, savoir gérer ses émotions, savoir s'affirmer et savoir dire non, etc.[2]. L'une des composantes fondamentales de nombreux programmes de prévention efficaces est l'aptitude à s'affirmer et à savoir refuser (« *self-assertion and refusal skills* » des anglo-saxons), en particulier dans le champ des substances psychoactives et dans celui du dopage et des conduites dopantes.

Ainsi ne s'agit-il plus d'imposer un comportement présumé être « bon pour l'individu », mais de favoriser l'émergence de conduites responsables et librement consenties. Si tant est qu'elles soient possibles. Cette démarche permet aussi de mieux prendre en compte la question de la pertinence de la prévention évoquée plus haut.

Dans le champ du dopage des sportifs, les deux arguments qui fondent la prévention de l'usage des substances dopantes, comme d'ailleurs leur répression, sont la protection de la santé des athlètes et le respect de « l'éthique sportive », c'est-à-dire de l'égalité des chances entre concurrents. Forgés au début des années 1950, ils ont servi à la création des règlements et, plus tard dans certains pays, des lois contre le dopage, dont la première est promulguée en Belgique le 2 avril 1965 et la seconde en France le 1er juin de la même année.

Toutefois, ces arguments sont l'objet de mises en question régulières, en parculier de la part des tenants d'une forme de libéralisation du dopage. Au point qu'ils les utilisent parfois pour étayer leur propre posture. Ainsi affirment-ils, par exemple, qu'autoriser le dopage permettrait de mieux connaître les substances utilisées par les sportifs et donc de mieux préserver

---

1. WHO. *Life skills education in schools*. WHO/MNH/PSF/97.Rev. 3. Geneva, World Health Organization, 1997.
2. Unicef. *Life skills-based education for drug use prevention. Training Manual*, New York, UNICEF, 2004.

leur santé. Ou encore que chaque athlète recourrant aux mêmes produits, les chances de chacun redeviendraient identiques.

Peut-être pour tenter de concilier ces deux positions opposées, une démarche originale est apparue dans les années 1980.

L'idée était de considérer les produits dopants parmi d'autres formes d'innovation : nouvelle technique ou nouveau matériau, comme la perche en fibre de verre ou le javelot profilé de Nemeth (athlétisme), l'électronique embarquée (sport automobile) ou les combinaisons hydrodynamiques (natation). Dès lors, serait déclaré acceptable tout avantage supplémentaire, y compris une substance, qui permettrait à la fois de prévenir un effet indésirable et qui augmenterait la performance sportive[1]. Par exemple une nouvelle raquette de tennis en matériau composite qui, tout en diminuant le risque de tendinite du coude, élèverait la vitesse de renvoi de la balle. Enfin, cet avantage devrait pouvoir être diffusé vite et largement, afin que tous les sportifs puissent en bénéficier[2].

Cette proposition a connu un succès très limité puis a sombré dans l'oubli.

CONCLUSION

Le concept de conduites dopantes renvoie immanquablement à une question, celle de la performance, son unique déterminant.

D'aucuns pourraient avancer, en guise de boutade, que la meilleure prévention des conduites dopantes serait de supprimer la recherche de performance.

Certes.

Mais, lorsqu'on considère la performance non telle un exploit mais comme la réalisation d'une fonction en situation ordinaire dans le contexte de la vie courante, on mesure vite le caractère illusoire de cette proposition.

Dès lors, de nombreuses questions surgissent. Parmi les principales d'entre elles : quelle valeur accorde-t-on à cette quête incessante de la performance ? La performance est-elle une valeur ? Pourquoi privilégie-t-on, en général, le résultat par rapport au processus qui y a mené ? Que faire des personnes qui, quelles qu'en soient les raisons, ne sont pas jugées

---

1. C. Perry, « Blood doping and athletic competition », *Int J Appl Philosophy* 2, 1983, p. 39-45.

2. T. Black, A. Pape, « The ban on drugs in sport. The solution or the problem ? », *J Sport Soc Issues* 1, 1997, p. 83-92.

performantes? Quelle place devrait-on ménager à l'échec et à sa prise en compte?

La philosophie et l'éthique pourront-elles contribuer à résoudre ces questions, au moins en partie?

Patrick Laure
Laboratoire Lorrain des Sciences Sociales (2L2S)
Université Paul Verlaine, Metz, France

LE CORPS RATIONNEL DU SPORT DE HAUT NIVEAU :
AMBIVALENCES DU DÉPASSEMENT DE SOI

INTRODUCTION

Depuis quelques décennies, une révolution s'est opérée quant au corps.
Il ne s'agit plus seulement de soigner, de prévenir et de restaurer la santé tel
que l'Antiquité en avait initié l'usage, ni de cultiver une perfectibilité
corporelle susceptible d'infléchir un destin individuel – et de l'*améliorer* –,
projet médical, pédagogique et politique du XVIIIe siècle, mais bien de
modifier et de *transformer* le corps, c'est-à-dire aussi la *nature*. La pharmacologie nouvelle, les greffes, les prothèses, le dopage supposent la plasti-
cité du corps humain et sa perméabilité à l'artifice technique. Par là, la
question de l'*identité humaine* se pose, ou *se posera*, c'est-à-dire celle de la
définition d'un *corps naturel*, de ses limites éventuelles et de sa combinaison possible avec l'artifice, ou celles de la *technicisation de l'humain* ou
de son hybridation. Que sera l'homme du futur? La médecine est ardemment sollicitée sur ce point de même que, corollairement, la réflexion
philosophique ou bioéthique.

Mais, plus avant, la « révolution du corps » suggère sa *production*. Les
progrès médicaux ont permis l'allongement de la durée de vie dans les pays
riches, le « recul de la mort[1] » et des existences vécues dans/avec un corps
plus confortable, moins souffrant, qui n'est plus – du moins statistiquement – le « corps tombeau » de Platon. S'annonce l'ère d'un corps *su*,
voulu, créé, projet volontaire et rationnel qui, de la naissance médicalement
assistée – *programmée*? – à la chirurgie esthétique, en passant par la
pharmacologie, la diététique, la cosmétologie, le sport, suggère le rejet de
la nature et du hasard. Tel est le fantasme d'aujourd'hui : la maîtrise du
corps, l'investissement identitaire dans un corps devenu destin, capital,

---

1. P. Yonnet, *Famille I, Le recul de la mort*, Paris, Gallimard, 2006.

jugement dernier. Sans doute, la perte des grandes transcendances, politiques et religieuses, dans la deuxième moitié du XXe siècle a-t-elle, aussi, cette conséquence : l'*espoir*, c'est-à-dire la vie *bonne*, longue, saine, *réussie*, vient par le corps.

Or le sport, et en particulier le sport de haut niveau comme laboratoire expérimental de la performance humaine, incarne pleinement ce processus. De par l'optimisation exacerbée de tous les paramètres de la performance – matériaux, matériels, science médicale et entraînements, techniques gestuelles, diététique, préparation psychologique et stratégique – il illustre ce culte du progrès hérité des Lumières et dont le XIXe siècle, siècle de la naissance du sport moderne, consacra l'effectivité en étalonnant la force et le mouvement humains. De par son essence même – *l'amélioration de la performance* –, le sport de haut niveau illustre un évolutionnisme schématique dont le dopage est un ingrédient *logique*, si ce n'est moralement ou médicalement légitime. Par la manière, enfin, dont la *construction sportive de soi* suppose une *économie instrumentale du corps*, l'entraînement du champion entre en résonance avec une « sportivisation » du corps et des mœurs qui, au-delà de l'injonction médicale à faire de l'exercice, révèle le culte contemporain d'un *corps-œuvre*, indéfiniment perfectible.

LE SPORT DE HAUT NIVEAU SE CARACTÉRISE PAR LE DÉPASSEMENT DE SOI

Le culte des records : un évolutionnisme schématique

Le « sport » dont on parle communément, autant pour en prescrire l'usage hygiéniste que pour en déplorer les « dérives » – dopage, corruption, violence, racisme – est en réalité pluriel et recouvre des réalités bien différentes. Le « sport de haut niveau », n'est pas le « sport de masse », ni le « sport loisir » ou encore le « sport santé ». Le premier, invention de la deuxième partie du XXe siècle, s'est développé comme une sphère de plus en plus autonome, avec ses fonctionnements, ses codes, son économie propres. Son succès est tel que la terminologie « sport » a happé le champ sémantique au point que nous sommes portés à croire, aujourd'hui que « tout est sport » – voiture, parfum, attitudes, sexualité – ou que toute forme d'exercice physique est du sport. En retour, les critiques portant sur le sport oublient souvent ce distinguo et amalgament dans le « sport » ce qui ne concerne que le « sport de haut niveau ».

C'est que ce dernier, de par l'« extrêmisation » de tous ses paramètres – spectacularisation, entraînement intensif, innovations technologiques, médicalisation, intérêts économiques – accapare l'espace médiatique et donne à penser. Il propose des prototypes – les champions –, pointe des enjeux – l'amélioration du corps humain, l'exploitation des enfants – et met en scène le culte de la performance. Là où, ailleurs dans la société, dans l'entreprise ou à l'école, des réflexions s'élaborent sur la limitation du temps de travail ou les effets pervers du progrès à tout prix, rien de tel dans le sport de haut niveau dont l'essence même est l'amélioration des performances. À ce titre, il illustre un évolutionnisme schématique qui exhibe, à cent ans d'intervalle, la progression systématique et quasi linéaire de tous les records.

Le sport de haut niveau est l'empire du chiffre et de la statistique. Ainsi s'évalue la performance et le dépassement de soi. Il aurait pu en être autrement si le primat grec antique de l'*agon* avait perduré, privilégiant la compétition sur le chiffre et la victoire sur le record. Ainsi certaines compétitions modernes, les Jeux Olympiques en particulier, suggèrent-elles que figurer à leur palmarès vaut bien tous les records, mais en réalité la mesure de la performance, le commentaire sportif et la scientifisation du sport convergent aujourd'hui vers cette même visée : l'amélioration chiffrée de la performance, le détail calculé qui attise la comparaison. Telle est le *signe* moderne du progrès, attestée par la sophistication croissante des instruments de mesure et des paramètres pris en compte.

Primauté de la mesure chiffrée : un héritage du XIXᵉ siècle

Le sport moderne qui naît au milieu du XIXᵉ siècle, en particulier dans les collèges anglais et sous l'impulsion de Thomas Arnold à Rugby, hérite d'une idée-force du XVIIIᵉ siècle : la considération du corps comme *territoire de perfectibilité*. L'expression « éducation physique » apparaît en 1762 sous la plume du médecin Ballexserd, tandis que se constitue autour de Madame de Genlis, préceptrice des enfants du Duc D'Orléans et à partir des écrits de Rousseau, un groupe de réflexion composé de médecins, pédagogues, philosophes, hommes politiques et encyclopédistes décidés à promouvoir l'éducation comme outil de la démocratie naissante. Ce que peut le *corps éduqué*, comme l'esprit, c'est lutter contre les déterminismes sociaux, contrer l'effroyable mortalité infantile et compléter une éducation intellectuelle pour laquelle il faut, selon Rousseau, une assise corporelle épanouie.

Ces idéaux progressistes se conjuguent à une volonté d'améliorer l'espèce humaine – voir les écrits de Condorcet ou Vandermonde, entre autres –, qui a pour contrepartie la peur de la *dégénération* (terme du XVIIIᵉ) ou de la *dégénérescence* (XIXᵉ). D'où, au XIXᵉ, avec l'apparition des sciences humaines, l'essor des mesures et statistiques appliquées à l'humain – sociométrie, économétrie, anthropométrie, criminologie, etc. –, et l'invention d'appareils graphiques destinés à quantifier la force humaine à l'usine ou au gymnase. L'objectif est de définir l'être humain *normal*, *moyen* comme chez Quetelet, autant que de spécifier les marges de l'*anormal* ou de l'extraordinaire. On sait les dérives discriminatoires que connaîtra cette anthropologie. La station de physiologie du Parc des Princes à Paris, dirigée par Marey, puis Demenÿ utilise la chronophotographie, ancêtre du cinéma, après que von Helmholtz ait inventé « kymographes » ou « myographes » évaluant la pression artérielle, la respiration, puis le travail musculaire.

C'est dans ce contexte d'effervescence scientifique qu'apparaît le sport, d'abord comme projet pédagogique. Il s'oppose d'emblée aux gymnastiques, suédoise, allemande, française, austères et statiques, et subordonnées à des finalités militaires et hygiénistes. Le sport est un jeu, une formation, une éducation. La compétition permet d'établir des palmarès. L'initiative individuelle y est valorisée. Le contexte aristocratique de sa naissance ne tarde pas à se mêler aux valeurs triomphantes de la bourgeoisie capitaliste : méritocratie, culte de l'effort utile, ordre social, libération d'énergies capitalisées. Dans le dépassement de soi individuel ou collectif, le sport moderne établit des registres comptables et s'institutionnalise. Par là, l'exploitation des forces et de soi devient exutoire et performance. Coubertin ne s'y trompera pas, qui voit dans le sport « grandeur et eurythmie », mais surtout « liberté d'excès »[1].

Une optimisation de tous les paradigmes, d'où la question du dopage

Le sport de haut niveau est une activité technique, technicienne, caractérisée par l'inventivité – parfois extravagante – de ses innovations. Il est devenu une activité de laboratoire où s'élaborent matériels et matériaux, avec le même souci du détail – et parfois en interaction – que la recherche industrielle, par exemple automobile ou aéronautique. La performance commande, qui enrichit les palmarès, mais aussi les enjeux économiques que génèrent les grandes compétitions. Au matériel s'adjoint la « science des entraînements », symbole de perfectionnisme et sophistication de l'effort. Le sport de haut niveau n'a plus rien de commun avec le sport de masse, ni quantitativement, ni qualitativement. Plusieurs heures par jour – six ou huit dans certains sports –, conjuguant entraînement disciplinaire et préparation physique, satisfaisant aux soins et massages, l'athlète de haut

---

1. P. de Coubertin, *Mémoires Olympiques*, Lausanne, 1931, rééd. Paris, Éditions Revue « EP.S », 1996, p. 217.

niveau expérimente un dépassement de soi qui confine à l'extrême et à l'excès.

Le corps devient corps bolide, prototype, rentabilisé, instrumenté, exploité. Chaque détail est optimisé, de l'ergonomie de la machine à celle du mouvement, du contrôle du poids à celui de la pilosité, de la préparation en altitude ou en caisson hyperbare à la récupération sous perfusion, des compléments alimentaires à la pharmacologie autorisée, jusqu'aux frontières de la psychologie. « Être à la pointe » signifie souvent « franchir les limites », les siennes ou celles humaines supposées, pour explorer des territoires inconnus, ceux de la douleur, de la performance, du risque et, dans le cas du dopage, enfreindre la règle.

Le culte de la performance conjugué à l'omniprésence de la médecine fait du dopage une tentation familière. La frontière est floue, du produit dopant à l'AUT (autorisation à usage thérapeutique), de la préparation biologique au rééquilibrage hormonal, de la drogue au médicament et du médicament à la drogue. Elle existe néanmoins, reposant sur les valeurs de la santé et de la règle. Mais ces valeurs sont elles-mêmes questionnables. Le sport de haut niveau est-il la santé ? Les règles n'évoluent-elles pas, en sport comme partout ailleurs ? Que penser d'un dopage autre que chimique et pharmacologique ? Que le dopage tue est une réalité d'aujourd'hui qui justifie la lutte anti-dopage. Néanmoins, les modalités de cette lutte manquent souvent l'objet philosophique qu'est le dopage, qui appelle une réflexion sur l'« amélioration de l'humain » excédant très largement le champ du sport.

AMBIVALENCES DU DÉPASSEMENT DE SOI

Perspectives historiques et philosophiques sur la notion de dépassement de soi

L'idée d'un dépassement de soi-même, aujourd'hui familière, est liée, historiquement, à l'avènement de la modernité. Elle ne pouvait advenir dans l'univers de pensée antique, marqué par l'idée de finalité naturelle et la représentation d'un monde clos et fini. Pour Aristote, « Dieu et la nature ne font rien en vain »[1]. Le *fini* est la limite, le parfait, l'achevé. Dans l'astronomie, la physique, la médecine, dans l'histoire des *gymnastiques* et le culte du héros « sportif », prévaut l'idée d'une nature pourvoyeuse d'ordre et de normes, interdisant à l'homme l'idée de progrès *indéfini*. Car cette

---

1. Aristote, *Du Ciel*, I, 4.

idée de progrès suppose l'arrachement aux « limites », la possibilité pour l'homme de se penser hors de la référence naturelle, voire *contre-nature*, chose impossible dans l'Antiquité. Les exploits des athlètes olympiques ou du coureur de marathon n'infirment pas cette *valeur* : l'homme ne progresse pas *au-delà* de la nature.

Il faut attendre les bouleversements scientifiques des XVIᵉ et XVIIᵉ siècles, l'acceptation de l'idée d'*infini*, l'invention du *sujet* par Descartes, pour qu'advienne l'ambition de perfectibilité et que l'homme *se pense* selon un progrès constant, ouvert aux sciences et techniques. Le projet cartésien de « nous rendre comme maître et possesseur de la nature »[1] préfigure l'élan des *Lumières* et chez Buffon, Rousseau, Kant, l'affirmation de la *liberté* humaine face à la *nature*. La croyance en une amélioration possible de l'humain et en la technicisation du monde légitime les désirs modernes de performance et de *dépassement de soi*. Les mesures et statistiques se développent, au XIXᵉ siècle pour quantifier la *norme*, autant que l'« excellence ». La médecine concourt à ce projet d'optimisation jusqu'aux rêves les plus futuristes. Quant à l'histoire de l'*éducation physique*, puis du *sport*, elle témoigne de que le *corps* – c'est-à-dire la nature en soi – devient *perfectible*.

Au début du XXᵉ siècle, l'éducation physique qui portait jusque là les rêves d'amélioration de l'espèce est forcée de se repenser dans ses finalités. Le succès du sport la menace, un conflit idéologique émerge qu'illustre par l'exemple l'ouvrage de Georges Hébert : *Le sport contre l'éducation physique*[2]. Le sport conduit à la recherche de performance et à la spécialisation extrême du geste. L'éducation physique devient projet global d'éducation, formation civique et morale, développement harmonieux du corps. Elle entraîne les capacités foncières, quand le sport exploite au maximum les potentialités de l'organisme, jusqu'à la blessure, la rupture. Force est aujourd'hui de constater que le sport de haut niveau, laboratoire expérimental du dépassement de soi humain, oblige à penser une disjonction entre « santé » et « performance » qui contredit à la fois le sens historique et le sens commun.

Entre « bien » et « mieux », ambivalence de l'excellence corporelle

En réalité, cette disjonction est symptomatique de l'ambivalence qui traverse, depuis toujours, la notion d'« excellence » et d'« excellence

---

1. Descartes, *Discours de la méthode*, VI, dans *Œuvres et lettres*, Paris, Gallimard, 1953, p. 168.
2. G. Hébert, *Le sport contre l'éducation physique*, Paris, Vuibert, 1925.

corporelle ». Déjà, dans l'Antiquité, l'*arêtê* d'Homère, synonyme de « grandeur », de « force guerrière » et de « vertu morale », qualifiant les exploits accomplis à la guerre ou aux jeux, n'est pas celle d'Aristote signifiant la « juste mesure » et la « médiété »[1]. D'un côté, si l'on veut, la « performance », une forme d'« extrême » n'excédant pas, toutefois, les limites de la nature, de l'autre, un équilibre subtil, celui de l'effort mesuré, de l'acuité, de la sagesse, non sans parenté avec la médecine d'Hippocrate. Celle ambivalence de l'équilibre et de l'excès, de la limite et de l'illimité, de la juste mesure et de la performance s'incarne donc, *aussi*, transposée, dans l'histoire croisée de l'*éducation physique* et du *sport*.

Plus avant, elle accompagne la notion d'*effort* et particulièrement d'*effort physique*. Qu'est-ce qu'être « excellent » : viser le « bien » ou viser le « mieux » – question par ailleurs fondamentalement pédagogique – ? Que recherche-t-on dans l'*exercice physique* ? En miroir du dépassement de soi du sportif de haut niveau, admis comme étant l'essence même de sa pratique, se profile un dépassement de soi « ordinaire », celui du sportif « amateur » en comparaison avec lui-même. « Finir » un marathon, en six heures s'il le faut, participer à un raid en milieu hostile ou tout simplement étalonner son effort grâce à des appareils de mesure sur un vélo d'appartement ou dans une salle de fitness appartiennent à ce registre. *Intrinsèque* à l'effort, il semblerait que la maîtrise de l'exercice corporel ait souvent pour corollaire un dépassement de soi parfois revendiqué, parfois nié, chez qui même pratique un sport « loisir ».

D'où l'interrogation actuelle sur l'équivalence entre le sport et la santé, à un moment où le néo-hygiénisme ambiant inscrit le sport dans un univers prescriptif. *Le sport est-il bon pour la santé ?* En réalité,

> sport et santé […] entretiennent un rapport contradictoire à deux faces. L'exercice modéré a un effet préventif de certaines maladies […]. Encore faudrait-il que celui-ci, pour convenablement remplir son rôle, soit adapté sous contrôle physiobiologique à caractère médical, en quantité et en qualité, à chaque individu […]. D'autre part, le sport – de simple loisir ou de masse – abrège la vie de sujets chez qui se révèlent à cette occasion des carences souvent indécelables. Ces individus en l'absence d'exercice auraient continué à vivre. Si l'on pouvait faire le décompte des vies prolongées et des vies abrégées par le sport, rien ne dit que la balance serait en faveur de ce dernier[2].

---

1. Aristote, *Ethique à Nicomaque*, II, 6, 1036 b 36.
2. P. Yonnet, *Sytèmes des sports*, Paris, Gallimard, 1998, p. 219.

La prise en compte des idiosynchrasies chères à la médecine hippocratique est ici nécessaire. Elle souligne aussi à quel point, malgré l'hypermédicalisation du sport d'élite, celui-ci s'éloigne, de par les statistiques liées aux blessures, aux pathologies chroniques, aux problèmes dépressifs d'après-carrière d'une définition de la santé selon la « juste mesure ».

Le sport de haut niveau, révélateur d'une société de performance et annonciateur des questions de demain portant sur le corps

On sait, toutefois, que cette définition antique de la santé n'est pas tout à fait la définition canguilhemienne d'une santé comme *capacité adaptative* ou *normativité* qui fixe à la nature ses critères[1]. À ce titre, l'exemple du sportif de haut niveau est utilisé par Canguilhem pour illustrer cette dimension « hors normes », créatrice en quelque sorte de normes ou du moins ouvrant sur une conception « souple » de la santé : ce qui vit, progresse et s'adapte. Le champion serait une sorte de prototype indiquant les traits d'une humanité ou d'une santé *possible*, ou *future*. Le versant moins optimiste de cette perspective conduit, toutefois, à envisager l'hypermédicalisation et l'hypertechnicisation du sport comme facteurs d'*exploitation*. Le sportif serait alors plutôt *sujet d'expérimentation*, cobaye de laboratoire. Les récentes affaires de dopage dans le sport de haut niveau et les risques pris quant à l'espérance de vie des athlètes suggèrent cette approche.

Le traitement médiatique des affaires de dopage, néanmoins, interroge. Il révèle la différenciation opérée entre le milieu du sport et d'autres milieux, les arts, l'armée, la politique, quant à la consommation de substances dopantes. Il pointe le rôle social joué par le sport. A-t-on pensé invalider la performance de tel chanteur ou écrivain sur le motif de sa consommation de drogues ou de médicaments ? Évidemment non. Mais le sport incarne un idéal de la démocratie – égalité des chances, ascenseur social, transparence des règles et de l'État de droit –, un mythe de la pureté et de la santé lié aussi à son histoire, que le dopage trahit. La traçabilité de la performance est le leitmotiv du sport, le garant de sa crédibilité – non sans des excès certains et des questionnements quant au respect des « droits de l'homme » par la lutte anti-dopage dans ses contrôles « longitudinaux » – et la tricherie apparaît inacceptable à ce titre. L'enceinte méritocratique du sport entretient le mythe d'une contre-société vertueuse.

Le dopage sportif apparaît, toutefois, comme la partie émergée d'un iceberg social où la « conduite dopante » se généralise. Produits alimen-

---

1. G. Canguilhem, *Le normal et le pathologique*, 1966, Paris, P.U.F., rééd. 1999.

taires « enrichis en… », alicaments, compléments alimentaires, médicaments à usages sociaux détournés – *Prozac*, *Viagra*, *DHEA* – la dépendance psychologique à l'idée que la performance quotidienne dépend d'une *consommation* est riche d'interrogations : sur le développement des addictions dans une société médicalisée ; sur la fragile frontière entre le « normal et le pathologique », si une existence entière et « socialement intégrée » se déroule sous médicaments, par exemple des anti-dépresseurs ; sur la perméabilité du corps humain aux nouveaux artifices chimiques et technologiques susceptibles d'améliorer la performance. Du bien-être à la performance, de l'entretien de soi au refus de vieillir, de la sculpture du corps à l'expérimentation des limites, on voit à quel point le thème sportif de l'amélioration est bien la figure de proue d'un thème social.

LA NOTION DE « CORPS RATIONNEL »
UNE RÉVOLUTION DU XXIᵉ SIÈCLE : *PRODUIRE* LE CORPS

Continuité de l'histoire, mais rupture dans l'évolution, le siècle qui vient de s'écouler ajoute au maelström des représentations du corps l'activité de le produire. Le corps était un donné naturel, irréductible, en lui la nature se combat, comme la fatalité. Il était un profil identitaire, à peine perfectible par les soins cosmétiques, le voilà génome décrypté et mécanique transformable. Cette dimension neuve spécifie notre époque, sans doute comme les révolutions de Copernic, Darwin et Freud ont spécifié les leurs. Le corps devient matière malléable, réparable, multiplement transformable. Le projet d'un corps rationnel, luttant contre la nature et le hasard, se fait ambition de la volonté, fantasme aussi, non exempt par ses excès de confiner à l'irrationnel.

La déperdition des grandes transcendances, dans la deuxième partie du XXᵉ siècle a précipité, outre l'essor de l'individualisme, un puissant investissement matérialiste dans le présent, le « tout, tout de suite » et le « jouir à tout prix » qui font qualifier notre société d'« hédoniste ». Et le corps, comme « plus bel objet de consommation »[1], répond à ce projet identitaire, matérialiste et narcissique. Puisque l'individu ne projette plus dans des « au-delà » censés meilleurs que l'existence *hic et nunc*, le voici croire dans un destin *par le corps*, dans les mirages de la vie saine et longue qui, à condition de souscrire aux prescriptions d'un nouvel hygiénisme, *dépend de nous*.

---

1. J. Baudrillard, *La société de consommation*, Paris, Éditions Denoël, 1970, p. 199. *sq.*

Aussi le sport épouse-t-il ces conditions d'un nouveau culte du corps. La « sportivisation » des mœurs et des corps a pour vecteurs la prescription médicale et les critères de l'intégration sociale et professionnelle : santé, beauté, jeunesse éternelle, « forme ». L'*Inpes*[1] préconise que « bouger, c'est la santé » et assortit en France les publicités alimentaires de cette mention : *mangerbouger.fr*. Par le sport, comme par l'alimentation ou les soins cosmétiques, *je me construis le corps que je veux*. Il se pourrait, toutefois, que l'hédonisme apparent et l'*hyperchoix* individualiste soient traversés par la thématique d'un rapport *plaisir/douleur* plus complexe qu'il n'y paraît, de même que par la persistance des normes d'un corps sain en cette période dite *anomique*. Il se pourrait aussi que le matérialisme affiché, renvoyant toujours à un au-delà de lui-même – le corps indéfiniment perfectible – laisse percer les relents d'une quête de transcendance, d'un au-delà de soi ou du moment présent.

Le sport de haut niveau : l' « esprit du capitalisme » appliqué au corps

Dans *L'Éthique protestante et l'esprit du capitalisme*[2], Max Weber met en évidence une « homologie de structure » entre l'esprit du capitalisme défini de façon idéal-typique et l'éthique protestante. Or cette « homologie de structure », et nonobstant quelques réserves notamment liées à la place du corps dans le protestantisme, s'observe aussi dans les traits qui président au progressisme sportif. Le champion, comme beaucoup de ceux qui s'attellent à la construction quotidienne d'un corps sportif, mêlant diététique, cosmétologie, entraînement physique, etc., souscrit au *profil ascétique* : obsession de l'agir (le *faire*), valorisation du travail (la « *profession-vocation* »), rationalité, contrôle de soi, éthique référentielle, individualisme, utilitarisme, esprit de méthode et de sérieux, esprit de système, ascèse entendue comme un style de vie, enfin constitution et entretien d'un *capital*. Ceci est emblématique d'une capitalisation sur soi et de ses modalités, parmi lesquelles une relation particulière à la douleur et au temps.

L'hédonisme suppose le plus souvent la quête du plaisir immédiat, toujours la primauté du plaisir. La construction sportive de soi, en particulier dans le sport de haut niveau, qui côtoie l'extrême et l'excès, implique la médiation de la douleur, soit un plaisir obtenu *après* ou *malgré* la douleur, soit un plaisir obtenu *par* la douleur. Cette expérience sportive commune, revendiquée par les champions et non exempte de masochisme,

---

1. Institut national pour l'éducation et la santé.

2. M. Weber, *L'Éthique protestante et l'esprit du capitalisme*, trad. fr. J.-P. Grossein, Paris, Gallimard, 2003.

tranche avec l'hédonisme invoqué et s'étend à nombre d'aspects de la production du corps rationnel.

Par ailleurs, la perfectibilité du corps ou de la performance suppose l'espoir d'un *gain*, la constitution d'un *capital* – être jeune plus longtemps, vieillir mieux, etc. – qui appelle elle-même un report dans le temps. Le temps des régimes, de l'entraînement se déploie dans la durée. C'est donc bien d'une temporalité de type capitaliste dont il s'agit, dans laquelle l'investissement présent prend sens dans le futur – donc pas tout à fait un matérialisme – et suggère un jugement dernier : « votre corps se souvient de tout ». Par là, le corps rationnel du sportif définit un paradigme, *médico-sportif*, qui traduit la permanence de critères dans une époque supposée sans.

Le corps technicisé du champion sportif

La production du corps suppose un corps plastique, matière et matériau. Elle traduit aussi, et exacerbe, le lien du corps avec la technique, en son sens le plus large et, en particulier dans le sport, avec l'innovation technologique. Par là s'illustre la question du rapport entre la *nature* et la *culture*, ou entre la *nature* et l'*artifice*. Par là également, le dopage s'invite dans le débat sur l'*amélioration artificielle de la performance*, formule qui fut longtemps sa définition et le motif de sa sanction. Puisque « tout » dans le sport est artifice, stades, gymnases, piscines, chaussures, selles de vélo, raquettes, etc., quel est le statut du dopage qui concerne un prétendu « corps naturel » et une performance assimilée ?

Sans doute la pilule dopante ou l'injection d'un produit chimique n'est-elle pas exactement similaire – si ce n'est dans son intention – au matériel sportif. D'abord parce qu'elle nuit à la santé du sportif, quand l'innovation technique améliore les conditions de l'effort ; ensuite, parce qu'elle affecte le corps lui-même, dans son *esoplasticité*, ce corps dit « naturel », contrairement à l'habit ou l'engin. Il faut pourtant poser la question d'un dopage du futur qui ne serait plus seulement chimique et pharmacologique, comme celui d'aujourd'hui, nocif à coup sûr et relativement visible, d'un dopage peut-être moins nocif et peut-être invisible. Comment penser, le cas échéant, le dopage génétique, l'implant de nanotechnologies visant à contrôler telle ou telle fonction ou organe, voire la présence des prothèses ou d'exosquelettes dans le sport de haut niveau ?

Le cas d'Oscar Pistorius, cet athlète équipé de prothèses de jambes et participant aux compétitions des valides est à ce titre éloquent. Cette participation lui ayant été dans un premier temps refusée, au motif que ses prothèses constituaient un « avantage », voici cette notion d'« avantage » portée sur le devant de la scène et l'interrogation sur les limites du « corps naturel », sa perméabilité à l'artifice technique et sur un dopage qui inclurait les exosquelettes plus que jamais cruciale. Faut-il considérer que le dopage s'inscrit dans l'histoire du progrès humain ? Faut-il le légaliser au motif que les sportifs de haut niveau sont des professionnels avertis des risques, au mépris de toute considération pédagogique et médicale notamment relatives aux enfants sportifs ? On le voit, la question du dopage est loin d'être circonscrite aux termes actuels de la lutte anti-dopage. Elle les excède très largement. Elle est la question des limites du corps humain « naturel » et, plus avant, de l'identité humaine.

CONCLUSION
LE PARADOXE DU BATEAU DE THÉSÉE

Plutarque expose, dans sa *Vie de Thésée*, le paradoxe d'un bateau indéfiniment réparé et dont plus aucune pièce n'est d'origine [1]. Ce bateau est-il encore celui de Thésée ? Qu'est-ce qui en fait son identité pérenne ? Est-il un autre ? Même si le corps humain est soumis intrinsèquement à ce même questionnement de par sa nature *biologique* et le remplacement des cellules – qu'est-ce qui m'assure que je suis *le/la même* qu'il y a cinq ou trente ans ? –, force est de constater que le *corps ouvert* de la médecine moderne et le remplacement des organes accroissent son acuité. L'investigation savante conforte le matérialisme, qui entérine à son tour la *réification* du corps. Par là, la question du dépassement de soi ou de *l'amélioration de l'humain*, apparaît comme une question *technique*, et celle de la définition de l'*identité humaine*, corollaire de la perméabilité du corps à l'artifice.

Emblématique du culte de la performance, le sport de haut niveau met en scène ces questionnements. Le corps bolide est travaillé comme un objet, optimisé, technicisé. Le dopage laisse deviner ses formes nouvelles : génétique, nanotechnologies, exosquelettes. C'est en cela qu'il intéresse le champ philosophique et éthique, par ce qu'il révèle et par ce qu'il préfigure.

Isabelle QUÉVAL
Université Paris Descartes
Faculté des Sciences humaines et sociales – Sorbonne
Centre de Recherche Sens, Éthique, Société (CERSES UMR 8137)

---

1. Plutarque, *Vies parallèles*, « *Vie de Thésée* », XXIII, 1, Paris, Gallimard, 2001, p. 76.

HUMAN ENHANCEMENT IN PERFORMATIVE CULTURES

INTRODUCTION

Within the last five years, the landscape of sport technologies and policy has changed dramatically and it is reasonable to consider that further innovations are imminent. Elite sports constitute arenas for convergent technologies where a range of applications demonstrates the embeddedness of sports within technological structures. The prospects for even more radical technologies to influence athletic performance grow continually as progress in nanotechnology, stem cells and genetics gain strength. This growing role of technology within sport raises questions about its future direction, particularly how, as Kelly describes it, biology will relate to the « new biology of machines »[1].

One of the more volatile debates in this subject surrounds enhancement in sport is specifically, the application of gene transfer and the use of genetic technology more generally. In 2003, the World Anti-Doping Agency (2003) instituted a policy prohibiting the use of « gene doping » and yet there is still considerable lack of clarity over whether it will ever be possible to detect all kinds of genetic enhancement[2]. These debates have engaged mainstream bioethicists where controversies relating to human enhancement abound. Sport, has become an exemplary case study for investigations into the end goals of technology within society. One of the pivotal questions surrounding sports is whether the approach to doping needs radical transformation, as the age of enlightenment gives way to an age of enhancement.

---

1. K. Kelly, *Out of Control : The New Biology of Machines*, London, Fourth Estate, 1994.
2. World Anti-Doping Agency, *Prohibited Classes of Substances and Prohibited Methods*, 2003.

This paper aims to re-constitute the debate surrounding enhancement issues in sport and, in so doing, establish sports as a paradigmatic instance of the broader performative culture that we inhabit. First, I outline the recent legislative context surrounding the regulation of enhancement in sport, which draws attention to the political nature of the issue and the tensions between individual liberties and social justice. Subsequently, I develop a conceptual framework for analyzing the effects of technology in sport, each of which reveals varying ethical connotations but, collectively, they demonstrate the convergent role of technology in sport and its multifarious moral value. Finally, I consider two case studies that, together, engage the complex ethical arguments arising from the use of enhancement but which also both demonstrate the case for rethinking how enhancement technologies should be regulated by sports authorities.

LEGISLATIVE STRUCTURES ON ENHANCEMENT

Since the early part of the 20th century, various sports organizations have employed an anti-doping policy, though it was 1967 when the International Olympic Committee first organized a Medical Commission whose primary role was to address the use of doping substances in elite sport. The main concern of this committee was the risks to health that doping entailed for athletes, which, expectedly, was also seen to diminish the values of Olympism. In particular, the televised death of Tommie Simpson in the Tour de France in 1967 began a cultural turn in how the doped athlete was represented. His image of a doped athlete has become characteristic of the abjection associated with unnatural enhancements, which, I suggest, sustains part of the political will surrounding anti-doping. In 1998, the Tour de France again was monumental in transforming this political landscape. The images of athletes under siege by police provoked the world of sport to rethink its approach to doping and the World Anti-Doping Agency (WADA) was created soon after.

The current international standard for doping technologies is the World Anti-Doping Code, which indicates that two of three conditions must be met in order for a technology to be considered for prohibition from sport. These consist of the following:

1. Is the technology harmful to health?
2. Is it performance enhancing?
3. Is it against the « spirit of sport »?

It is widely recognized that determining whether these conditions are engaged is not simple and requires some form of discursive process to resolve. However, this process does not apply to all forms of enhancement technology, many of which are not considered by Code. For instance, when a new design element of a tennis racquet is introduced – such as the use of piezoelectric dampening technology – the anti-doping code is not engaged. Rather, the specific sports federation will consult its own guidelines on technical specifications to determine whether the innovation is acceptable.

Since its beginning, WADA's role has been to harmonize policy and it has gradually worked towards independence from the International Olympic Committee at a time when the IOC was under scrutiny for allegations of corruption. During this time, it has succeeded in working with UNESCO to develop a Convention on doping and its relocation to Montreal has been accompanied by renewed efforts from a range of countries whose recent actions suggest greater, rather than less controls over athletes'actions. In particular, former U.S. President George W. Bush included references to the « war on drugs » within two State of the Union addresses (2004 and 2005). Also, over the last three years, a series of congressional hearings have taken place in relation to doping within baseball, which aim to address the prevalence of substance use within youth culture. Yet, also during this time, critics have alluded to a need for more careful consideration on how best to tackle the use of performance enhancing substances in sport. At a time when the USA is beginning to introduce anti-doping tests within a number of high schools, it is pertinent that the American Academy of Pediatrics (AAP 2005) published a statement questioning the effectiveness of such tests as a deterrent[1].

Other activities within the USA have also been relevant for raising the political profile of sports enhancement issues. For instance, during 2002 the US President's Council on Bioethics received two sessions, which discussed enhancement in sport[2]. Also, the leading bioethics institute, The Hastings Center, has undertaken continual research in this area since the 1980s[3]. Projects taking place at the Hastings Center during these years have

---

1. American Academy of Pediatrics, « Policy Statement : Use of Performance-Enhancing Substances », *Pediatrics* 115, 2005, p. 1103-1106.

2. The U.S. President's Council on Bioethics, *Session 4 : Enhancement 2 : Potential for Genetic Enhancements in Sports*. Washington, D.C., The President's Council on Bioethics, 2002. Hypertext Document, available at http: //www.bioethics.gov/200207/session4.htlm; The U.S. President's Council on Bioethics, Sixth Meeting : Session 7 : Enhancement 5 : Genetic Enhancement of Muscle. Washington, D.C., The President's Council on Bioethics, 2002. Hypertext Document, available at: http : //www. bioethics. gov / transcripts / sep02/ session7. html.

3. T.H. Murray, « The Coercive Power of Drugs in Sports ». *Hastings Center Report* August, 1983, p. 24-30; T.H. Murray, *Drugs, Sports, and Ethics, in* T.H. Murray, W. Gaylin

been pioneering in terms of sport's commitment to funding ethical research. In 2006, Murray was also appointed as Chair of the new WADA Ethical Issues Review Panel, which, also in 2006, made its first substantive intervention by concluding that the use of hypoxic environments (also known as altitude chambers) should be deemed an infraction of the WADA Code because they violate the « spirit of sport ».

Other, recent historical moments have been critical in shaping the current political landscape of anti-doping. In 2003, the now infamous Bay Area Laboratory Co-Operative (BALCO) affair reminded anti-doping authorities that designer substances are completely unknown and it will be near impossible developing direct tests for them in advance. Indeed, the challenge of proving positive doping cases has been one of the major obstacles for anti-doping authorities. This challenge has also recently given rise to changes in the law, where the emergence of a non-analytical positive – a doping infraction without the need for a urine or blood test – means that athletes now face possible disqualification (and sometimes prosecution) based on evidence other than unequivocal facts. These circumstances are also accompanied by an emerging willingness to criminalize doping infractions and to discuss doping as underpinned by an international criminal drug mafia[1].These terms re-shape what is at stake in the issue of doping, transforming a matter related to fairness and ethics in sport to a moral panic over drug use. An additional facet to this debate is also greater willingness to recognize the broader use of illicit substances, which are typically associated with sports performance. The AAP notes that many users are not elite athletes at all, but young people who are preoccupied with body image.

This final point alludes to the relevance of broader cultural studies of body modifications when considering the use of enhancement technologies in sport. While it is tempting to believe that the rationale for any athlete's use is merely to gain an edge over other competitors, other values are at stake. Yet, related studies of the cultural context of performance enhancement are often overlooked in the debate about the ethics of sporting

and R. Macklin (eds.), *Feeling Good and Doing Better*, T. Clifton, New Jersey, Humana Press, 1984, p. 107-126; T.H. Murray, « Guest Editorial : Drug Testing and Moral Responsibility ». *The Physician and Sportsmedicine* 1411, 1986, p. 47-48; T.H. Murray, « Guest Editorial : Human Growth Hormone in Sports : No ». *The Physician and Sportsmedicine* 145, 1986, p. 29; E. Parens (ed.), *Enhancing Human Traits : Ethical and Social Implications*, Hastings Center Studies in Ethics. Washington, D.C., Georgetown University Press, 1998.

1. A. Donati, *Criminality in the International Doping Trade*, World Anti-Doping Agency, 1995, Hypertext Document, Available Online at : http ://www.wada-ama.org.

performance[1]. For instance, while there is considerable reference to how the media characterize the doping debate, very rarely is this media presentation taken into account in policy discussions. Thus, one could be skeptical of the claim that society broadly is unhappy about *enhanced* athletes. Rather, one might more adequately claim that the media discourses surrounding the *doped* athlete generate a justification for a culture of anti-doping[2].

The recent discussions on the ethics of hypoxic chambers in elite sport demonstrates how technology gives rise to a mixed reception and that the ethical stance taken by athletes or lay spectators or sports fans is malleable. In short, there is no ethical view « out there » that can, without qualification, justify the current approach to evaluating the role of technology in sport. However, concerns about doping in sport also reveal a rhetoric of « dehumanization »[3] in sport, where technology might reduce the athlete's role in performance and, in so doing, diminish the value of competition. This view of dehumanization also emerges from a « mechanization » thesis that describes the scientification of sport as bringing about feelings of alienation – the manufacturing of athletes, for instance. Such an evaluation of contemporary, elite sports, describes the athlete as a product of a scientific or technological process, somehow automated in performance.

Elsewhere, I have argued that the « dehumanization » thesis about sport and technological progress is neither accurate nor critical, but is a historical consequent of disenchantment with grand, technological progress[4]. Thus, one might describe a sense of anxiety over tampering with biology on a global scale. Yet, even in these cases, it is unclear why such tampering should matter morally. A further example that raises questions about whether there is a broad social concern about enhancement technologies is *cosmetic surgery* (or more broadly body modification). Very little is known about whether athletes would utilize elective reconstructive surgery for sports performance. For instance aesthetic interventions could be valuable

1. B.E. Denham, « On Drugs in Sports in the Aftermath of Flo-Jo's Death, Big Mac's Attack », *Journal of Sport and Social Issues* 233, 1999, p. 362-367; B.E. Denham, « Building the Agenda and Adjusting the Frame: How the Dramatic Revelations of Lylle Alzado Impacted Mainstream Press Coverage of Anabolic Steroid Use », *Sociology of Sport Journal* 16, 1999, p. 1-15.

2. T. Magdalinski, « Performance Technologies: Drugs and Fastskin at the Sydney 2000 Olympics », *Media International Australia* 97November, 2000, p. 59-69.

3. John M. Hoberman, *Mortal Engines: The Science of Performance and the Dehumanization of Sport*, reprinted 2001, the Blackburn Press, New York, The Free Press, 1992.

4. A. Miah, *Genetically Modified Athletes: Biomedical Ethics, Gene Doping and Sport*, London and New York, Routledge, 2004.

given the importance of gaining sponsorship within the sports world, though one might also envisage other surgical procedures that could enhance the body. Indeed, there is some evidence of athletes undertaking risky, experimental surgical procedures when injured, hoping that their ability will be restored. In particular the so-called « Tommy Johns » surgery to rehabilitate the shoulder of baseball pitchers has shown anecdotal evidence that the recovered athlete is even stronger after the intervention than they were befor injury. A related case that has been discussed widely is LASIK eye surgery to attain perfect vision, which was used by the champion golfer Tiger Woods. Such enhancements are not prohibited by sports governing bodies, which further emphasizes how blurred the boundaries are between legitimate and illegitimate enhancements. These examples also raise questions about the appropriateness and capacity of sporting authorities to legislate in respect of personal biological modifications which require medical interventions.

CONVERGENT TECHNOLOGICAL SYSTEMS IN SPORT

The suggestion that sport enhancement issues are converging with broader medical enhancement debates is reflected in the activities of key legislative agencies and advisory committees. The US President's Council has focused considerably on « enhancement » or, perhaps more accurately, emerging technology issues. Its landmark publication *Beyond Therapy* (2003) engages with some of the issues faced by the world of sport in the context of enhancements. Alternatively, in 2003, the Australian Law Reform Commission published an extensive document on the use of genetic information within a range of social contexts, one of which was sport[1]. More recently, the UK Government Select Committee for Science and Technology launched a public inquiry into the use of Human Enhancement Technologies in Sport[2]. To this extent, it is useful to employ our convergent metaphor in the analysis of converging legislation surrounding human enhancement technologies. Nevertheless, of critical value is to understand how a range of technological systems affect social practices. The following section outlines various forms of technology within sport,

1. The U.S. President's Council on Bioethics, *Beyond Therapy: Biotechnology and the Pursuit of Happiness*, Washington, D.C, 2003; Australia Law Reform Commission, 2003, *ALRC 96: Essentially Yours*.
2. Science and Technology Select Committee, *New Inquiry: Human Enhancement Technologies in Sport*, Select Committee for Science and Technology, British Government, 2006, March 1.

and establishes a critical response to how technology is framed by sports authorities as a diminishing influence.

Making Sport Possible

An initial category of effect for technology involves its constitutive function of technology within sports. The category raises questions about the politics of defining technology, since it reminds us that sports have always been technological and the moral evaluation of this relationship shifts over time. Technology (primitive or sophisticated, pre-modern or post, recent or ancient) is unequivocally a necessary characteristic of many sports without which they would not be possible. It is thus, no surprise to notice that, as the technology evolves, so too do the sports. In Formula One motor-racing, it is possible to see this most clearly where advances in motor engineering vastly affect the outcome and demands upon a driver and race team. In such a performance-driven sport, the technology has often been argued as being the determining factor of success, where the driver plays merely a secondary role[1]. Yet, such a view would be naïve or, at least, incomplete since even those who reject the most recent advances in technology that they consider to have reduced the skills required to be a driver, would not argue for a return to cars from the earlier parts of the 20th century. To this extent, one might describe that the relationship between technology and sports has an optimal limit beyond which some-thing critical about the sports particular character is compromised. One important conclusion that must be drawn from this is to realize that technologies are not antithetical to sports and that it can only be the way in which they develop – rather than their very existence in sport – that raises ethical problems.

Safety and Harm

One of the central aims of technological change in sport has been to improve safety and reduce the risk of harm. Many rule changes within sports can be viewed as *technologies of knowledge* that aim to restructure the range of technological interactions – such as the foot against the floor or a shoulder's movement when swinging a racket. Other examples include the re-designing of the javelin in the 1980s, when athletes were throwing dangerously close to the spectators. The only reasonable solution to this

---

1. A.F. Aveni, « Man and Machine : Some Neglected Considerations on the Sociology of Sport », *Sociology Bulletin* 51, 1996, p. 13-23.

impending problem was to change the specifications of the javelin so that the athletes could not throw it as far. This resulted in a change in the kinds of athlete that were successful as javelin throwers, from the strongest to the technically proficient. Other examples include,

– Improved floor surfaces within sports halls to reduce shock to athletes when landing or bounding[1].
– Introduction of plastic helmets in American Football to reduce head injury[2].
– More sophisticated shoe design for more support to foot during athletic events.
– Increased wicking qualities in clothing to protect climber or mountaineer from the cold and rain.
– Spring board surface in diving to prevent slip and increase resiliency of board tips to reduce injury[3].
– Sturdier epee and foil in fencing, as well, Kevlar jackets for more protection but with no loss to movement[4].
– Navigational equipment in sailing[5].
– Carbon composite Poles in Pole Vaulting and enhanced safety pits, allowed more daring contest and higher vaults[6].

These examples identify the imperative for sports federations or governing bodies of sport to strive for their practices to be less dangerous for the competitors by introducing new technological measures. Their ethical justification derives from an interest in athlete safety and, generally, allowing the athlete to perform at an optimal level without placing undue stress on the body. However, these examples are controversial since their implementation can change the kind of test that is constituted by the competition.

---

1. D. Bjerklie, « High-Tech Olympians », *Technology Review* 96, 1993, p. 22-30.
2. J.N. Gelberg, « The Lethal Weapon : How the Plastic Football Helmet Transformed the Game of Football, 1939-1994 », *Bulletin of Science, Technology, and Society* 155-6, 1995, p. 302-309.
3. D. Bjerklie, « High-Tech Olympians », *op. cit.*
4. E. Tenner, *Why Things Bite Back : Predicting the Problems of Progress*, London, Fourth Estate, 1996.
5. F. Inizan, « Masters and Slaves of Time », *Olympic Review* 320, 1994, p. 306-310; *Ibid.*
6. D. Bjerklie, « High-Tech Olympians », *op. cit.*

De-skilling and Re-skilling

Technological innovations can alter the way that sports are played. They can change the conditions of training that are required to be successful at a particular skill, and can even make it easier to perform the required skills. Examples of such technologies include,
– U-groove golf clubs that allowed greater accuracy on stroke[1].
– Depth finders in fishing to make it easier to locate large schools of fish to enhance prospects of catching[2].
– Superman cycling position that allowed more streamlined position for greater speed[3].
– Breathable clothing material used to regulate body temperature in extreme climates[4].

The PGA's reasons for disallowing the « square » or « U-grooved » irons from golf in 1990 reflect how technology can alter the kinds of skill required of an athlete[5]. Gardner describes how tour players considered that the clubs gave the golfer an advantage by creating a higher spin rate, which translated into better ball control. Some tour professionals had been opposed to their use because of a concern that they « devalue true golf skill and consolidate their talent » (p. 69). Similarly, Hummel and Foster (1986) recognized that the « spinning reel » in fishing « virtually eliminated backlash in casting and thus the necessity of an "educated thumb" to act as a drag on line being cast » (p. 46). Thus, the innovation was considered to have democratized the skills of the sport and had devalued or de-skilled the activity. While these devices would seem quite useful for a novice who may require assistance to engage in the activity in a meaningful way, their application to competitive sports is implied – yet, it is unclear that such things are beneficial within elite competition.

1. R. Gardner, « On Performance-Enhancing Substances and the Unfair Advantage Argument », *Journal of the Philosophy of Sport* XVI, 1989, p. 59-73.

2. R.L. Hummel and G.S. Foster A, « Sporting Chance : Relationships between Technological Change & Concepts of Fair Play in Fishing », *Journal of Leisure Research* 181, 1986, p. 40-52.

3. W. Fotheringham, « Cycling : Hour of Pain, Shame or Glory », *The Guardian*, London, 1996 Sept, p. 614.

4. A. Miah, *Climbing Upwards of Climbing Backwards ? The Technological Metamorphoses of Climbing and Mountaineering*, chapter 27 *in* N. Messenger, W. Patterson and D. Brook (eds.), *The Science of Climbing and Mountaineering*, London, Human Kinetics, 2000.

5. R. Gardner, « On Performance-Enhancing Substances and the Unfair Advantage Argument », *op. cit.*

Additionally, it is not representative to argue that these technologies necessarily de-skill a sport. It may also be argued that technological changes in sports « re-skill » an activity. In explanation of « re-skilling » one may consider the controversial « superman » cycling position introduced by Graeme Obree in 1995. The position entailed the arms of the cyclist being placed in front of the face and the seating post being unusually high, thus making the position more aerodynamic. Thus, whilst the skill had not been made any easier, it had altered the bicycle such that it did not resemble conventional cycling positions (it had been re-skilled and it made it possible to achieve more without any greater physical capability). Interestingly, the International Cycling Union (ICU), made this very argument when legislating against the use of the position. In concluding their stance on the « superman » position, the ICU argued that the technical developments had « *obscured the physical demands made by cycling, and had made it harder for the man on the street to identify with elite cyclists* »[1]. Despite such claims, it might be wondered how the ICU justify the acceptance of methods of design and construction of bicycles that are more comparable to the design of an aircraft than an « everyday » bicycle. It would seem possible to argue that, on similar grounds, the use of such materials also makes the bicycle unacceptably different from a preconceived notion of what is a bicycle.

Dehumanizing and Superhumanizing

The cycling example raises a more complicated question about whether an athlete can claim responsibility for any performance achievement and puts into question whether the human athlete or the technology has achieved the performance. However, to answer such a question requires being able to make clear distinctions between each. This category presumes that something clear can be said about humanness that is lessened or removed by the use of some technology. Yet this categorisation might be criticised for bringing together two quite different claims about a technology that are not at all oppositional. Indeed, the elite athlete might both be dehumanised and superhumanized by a technology.

Nevertheless, the purpose of this categorisation is to demonstrate ideas about the moral implications of technology so as to identify the kinds of argument that are being made about the effects of technology. In this sense, dehumanization is justified in as much as researchers of technology have

---

1. Verbruggen cite dans W. Fotheringham, *op. cit.*, p. 23.

made such claims. Some examples that have been (and might be) seen as reflective of dehumanizing/ superhumanizing technologies are as follows.
– Doping and Drug-taking[1].
– Genetic Enhancement[2].
– Springboard in diving allowed divers to gain more height on dive[3].
– Fiberglass archery bows, more resilience and more consistency[4].
– Plastic/metal composite discus allows longer throw
– Barbells are now stronger with some flexibility to allow the lifter to use more technique when lifting and drop bar at end of lift to save strength[5].
– Kevlar and carbon-fiber kayaks are lighter, more sturdy and easier to maneuver.

While various authors discuss how these technologies alter what it means to be human, adding content to such claims is more problematic as identifying the salient characteristics of humanness that are removed or lessened by such technology is not easy. Nevertheless, if one is to place any credit at all in these, at least, intuitions about technology, then it is worth considering the possibility that they are not consistent with the characteristics of humanness. If one is not convinced that these technologies do, in fact, dilute human qualities, then it can be useful to discuss whether any kind of technology could be a threat to humanness. Would, for example, a human that is largely a mechanoid be a challenge to humanness? If not, then is a robotic human, one whose mental capacities are formed by some artificially intelligent computer, a threat to humanity? If such beings can be seen as a challenge to humanness, then there might be some grounds for concern. Where this line is drawn is less important than the possibility that it could be crossed, which I suggest, is often the basis on which anti-doping policy is justified (ie. there is an imperative to draw a line somewhere).

---

1. J.M. Hoberman, *op. cit.*; W.P. Fraleigh, « Performance Enhancing Drugs in Sport : The Ethical Issue », *Journal of the Philosophy of Sport* XI, 1984, p. 23-29.
2. A. Miah, « The Engineered Athlete : Human Rights in the Genetic Revolution », *Culture, Sport, Society* 33, 2000, p. 25-40; C. Munthe, *Selected Champions : Making Winners in an Age of Genetic Technology* in T. Tännsjö, C. Tamburrini (eds.), *Values in Sport : Elitism, Nationalism, Gender Equality, and the Scientific Manufacture of Winners*, London and New York, E & F.N. Spon, 2000, p. 217-231.
3. D. Bjerklie, « High-Tech Olympians », *op. cit.*
4. *Ibid.*
5. *Ibid.*

Increase Participation and Spectatorship

One of the major interests of a sport governing body is to maximize the breadth of inclusion within the given sport. This ambition often translates into the development of technology that can allow a sport to become more accessible to prospective participants. The example is slightly different from developing technologies to make the sport easier, as the main aim here is the maintenance of standards, with the broadening of participation. Alternatively, equipment is often developed that can even exclude particular kinds of individual from participation. For example, the sophistication of technology demands a level of finance that is beyond many individuals. Examples of such technology include the following,
– Artificial turf for field sports [1].
– U-Grooved Golf Clubs [2].
– Carbon composite tennis racquets and mass production of other kinds of equipment [3].
– The Carving ski (alpine) that makes it easier to learn skiing.
– Different sized tennis balls [4].
– Varying speeds of squash ball for different levels of competence.

The benefits of such technology are not complex. The ability to reach a wider audience can seem a worthwhile ambition. However, the ends of such ambitions can be problematic for the sport. For example, in sports such as climbing or skiing, there exist limited natural resources, the overuse of which could seriously damage the environment and lessen the aesthetic experience of the performance. If mountains were overrun with climbers and skiers, they could lose their tranquil characteristics, which would seem to entirely contradict what is valuable about these activities. Along these lines, it is not at all clear how big would be big enough for sports. While the ambition for widening participation is admirable, its justification tends to me more financial than moral. Yet, the exploitation of a sport simply to widen participation and generate more financial resources seems ambiguously beneficial.

---

1. E. Tennerr, *Why Things Bite Back : Predicting the Problems of Progress*, *op. cit.*
2. R. Gardner« On Performance-Enhancing Substances and the Unfair Advantage Argument », *op. cit.*
3. H. Brody, « An Overview of Racket Technology » *in* S.A. Haake, A.O. Coe (eds.), *Tennis, Science, Technology*, London, Blackwell Science, 2000, p. 43-48.
4. A. Miah, « "New Balls Please" : Tennis, Technology, and the Changing Game » *in* S.A. Haake and A.O. Coe. (eds.) *Tennis, Science, and Technology*, London, Blackwell Science, 2000, p. 285-292.

These varied examples provide some basis for understanding the complexity and effect of technologies in sport and the range of values that are engaged when considering the ethical implications of any proposed technological innovation. In addition to these effects, one must also recognize that there are further concerns about the unknown consequences of new technologies. Indeed, it is crucial to recognize how anti-doping authorities develop policy on the basis of lacking scientific evidence that can demonstrate safety.

Alternate Conceptualizations

Within this brief conceptualization there is a degree of overlap among the different technological effects. For example, the improvement of floor surfaces within sports halls that can significantly reduce injury risk and which would thus, fit within the safety category, though it also re-skills the activity. As such, the categorisation vastly simplifies any single example of technology within sport and, therefore, does not suitably characterize it. Consequently, it is tempting to draw some further categorisation about them in an effort to find some conceptual framework that demarcates technologies from non-technologies. Thus, one might separate them into such categories as body, external, internal, environment, or something similar. However, this categorisation would not yield any further critical edge to the main task, which is to demonstrate the broader performative role of technology as a way of reconceptualizing the role and ethics of enhancement within sport as an explorer of our performative culture. It is not reasonable to expect that the categorisation alone will yield answers to which ones are acceptable or not. Instead, the reason for undertaking this conceptualization is to reveal the range of technological effects that arise within sport and to demonstrate the range of moral narratives that they provoke. In short, the present approach to enhancement technology within the structures of sports administration, where, for instance, the performance enhancing capacities of the Speedo FastSkin swimming suit are completely separate from debates over the ethics of blood doping creates a limited environment for ethical debate. Rather than an anti-doping policy, a « performance policy »[1] is necessary to develop so this broader range of ethical discussions can take place.

1. A. Miah, « From Anti-Doping to a "Performance Policy" : Sport Technology, Being Human, and Doing Ethics ». *European Journal of Sport Science* 51, 2005, p. 51-57.

The final substantive sections of this chapter will explore two case studies of human enhancement technology in sport. I have already mentioned the recent discussions surrounding the use of hypoxic chambers within elite sports. It is useful to focus on this technology as a specific case study, because it is an instance of technological enhancement whose ethical status remains in great doubt and because it does not easily fall within a specific kind of categorisation. Subsequently, I will discuss the emergence of gene doping within sport, outlining some of the crucial ethical problems it provokes.

THE ETHICS OF HYPOXIC TRAINING

Unlike many forms of doping, the use of hypoxic chambers within sports does not involve synthetic substances that can easily be characterized as artificial or unnatural. Moreover, it cannot easily be aligned with the anti-social connotations of drug abuse, which are so effective at garnering political sport. At most, the arguments surrounding its use involve its effect as a form of cheating or as a health risk. Yet, for some time now it has not been possible to describe the use of such chambers as a form of cheating since they have been legal. Moreover, a number of high profile athletes have used them extensively without any moral outrage reported.

The science of hypoxia involves changes in the partial pressure of oxygen within an environment, which increases the body's hematocrit level. These changes reduce the partial pressure of oxygen in the pulmonary capillaries, which leads to an increased need to breathe. In turn, the body senses the changes and increases the production of red blood cells, which are rich in oxygen carrying protein (hemoglobin). This enhanced production leads to a greater aerobic potential for the individual.

In the same way that I allude to the importance of Tommie Simpson's televised death, one might also draw attention to the visual presence of hypoxic chambers. It was not so long ago that the pop singer Michael Jackson was photographed within such a chamber. Such a context easily frames this technology as something alien to « normal » human practices. Indeed, the characteristics of the technology tend to have required obstructive practices for athletes who will need to spend extensive time in these isolated booths. Such spaces conjure up images of athletes as rats in laboratories simply growing stronger almost by magic[1]. Such images forces

---

1. R. Stivers, *Technology as Magic: The Triumph of the Irrational*, New York, Continuum, 2001.

one to question whether the WADA Code seeks to protect an athletically *moral* way of life more than an *ethical* practice. Hypoxic training has also been particularly interesting because it seems to have divided the scientific community and its support for WADA's work.

Yet, the more intriguing characteristics of this issue relate to the ethical debate that has ensued. During 2006, the ethical status of hypoxic chambers was put to the recently formed Ethical Issues Review Panel in WADA. The Panel's report raises a number of specific arguments as critical to the ethical status of hypoxic training, beginning its discussion paper by asking what it is about sport that people find honorable, admirable, and beautiful. Their position concludes that hypoxic training is a violation of the « spirit of sport » (WADA Code) insofar as it does not require the « virtuous perfection of natural talents » matters to sport. In short, their view was that the use of such chambers was « passive » requiring no skill, knowledge or effort on the part of the athlete. They state : « my responsibility for my performance is diminished by technologies that operate upon me, independent of any effort on my part ». As was mentioned earlier, the « spirit of sport » concerns constitute only one element of the process by which a technology might be deemed a doping technology. Yet, in this case, it was the first major case where the Ethical perspective was seen as being potentially decisive to the overall outcome, since the health risks surrounding hypoxia were unproven. The final outcome of this inquiry made in September 2006 was that the hypoxic chambers should remain legal, which seems satisfactory to a number of commentators who challenged the proposal to prohibit their use[1]. However, an exploration of its reasoning elaborates on how categories of effect are articulated in moral language within discussions surrounding performance enhancement in sport.

The Non-Virtuous Perfection of Natural Talents

The Panel's view indicates that only virtuous nurturing of natural talents is valued in sports. To this extent, they note that an athlete who benefits from the knowledge of an excellent coach, engages with some form of relationship that implies their interacting. Yet, is such a view a reasonable articulation of the athlete-coach relationship? The athlete will not have undertaken any virtuous sacrifice to access such knowledge. To illustrate this, let us compare two athletes, one who has an international coach and another who has a regional coach. While each of these athletes

1. B.D. Levine, « Should "Artificial" High Altitude Environments Be Considered Doping? », *Scandinavian Journal of Medicine and Science in Sports* 16(5), 2006, p. 297-301.

might engage with some process of learning to gain insights into training and so on, the crucial point seems to be whether the difference in what they gain is attributable to the athlete's virtuous perfection of natural talents. I suggest it does not and, for this reason, the argument from virtuous perfection would require that all athletes are similarly privileged in the expertise of their entourage. In anticipation that this would not be a sufficient rejection of the position, I also suggest that the mere conscientious following of advice and accepting it, does not, in my view constitute or imply virtue. Indeed, as is often the case in the world of sport, an athlete will follow the advice of the coach, doing precisely what they are told to do. Moreover, they will continue with such behavior providing that performance improves. If it fails to improve, then the athlete may switch coaches with nearly no care about the virtuous relationship they will have cultivated. The role of virtuous action here is unclear but doubtful. Nevertheless, if virtue were present here, one would not expect the dismissal of a coach merely due to failure to deliver results. Yet, this is the established ethos of sports practices. To this extent, it is false to suggest that the spirit of sport necessitates that *only* virtuous action is valued. Consequently, one can accept without controversy that non-virtuous action – actions lacking virtuous content, rather than un-virtuous acts such as cheating – can also have value in sport. By proposing a virtue theoretical view of ethics, it neglects other ways in which people value sport – for instance the value of witnessing misbehavior on a playing field.

Further examples challenge the importance of *virtuous* perfection as a limiting ethical criterion. The Panel mentions that use of « improved running shoes…requires interactions between the athlete and the technology; the human athlete utilizes, masters and controls the technology, not the other way round ». It seems unusual that one would talk about new running shoes as having been mastered by the skills of athletes. It is more likely that good performance technology is « seamless » for athletes; it appears as an extension of one's body that demonstrates its synergy with sporting actions by evidence that it is making the body perform better. Consider the use of piezoelectric technology within skis. In this case, it is, again, a stretch of the word virtue to suggest athletes become better by any special moral commitment. More likely, the accomplishment or enhancement in performance will arise quite easily. If the response to this argument is that knowledge of one's body is itself a form of virtuous perfection, then this seems a strange conceptualization of the word « virtue », which should imply some attribute of moral character.

While this response to the Ethics Panel position does not reject the claim that « the means » are ethically relevant in sport, it does not accept the notion that *only* virtuous means are valued. The Panel concludes that the crucial test will be «whether it supports or detracts from sport as the expression of natural talents and their virtuous perfection» but neither might be affected by the introduction of a particular performance enhancing technology. Requiring that any enhancement be earned through virtuous action is too great a requirement, which should not be interpreted as too high an ideal. Non-virtuous action does not mean that it lacks value.

Technology, Expert Systems and the Athlete

The Panel recognizes that *technology and expert systems* have improved sports (though their report does not say how), but that the *athlete's* performance is the crucial factor that gives sport value. Yet, it is necessary to tease out the distinction between these two concepts since their relationship, I suggest, plays a crucial role in framing the moral evaluation of technological enhancements. The concerns of the Panel in this area seem to involve claims over responsibility for the performance. Their view might be similar to the de-skilling thesis noted earlier. The Panel presumes that the athlete is and should remain largely responsible for his or her achievements. Moreover, the expert systems that surround the athlete are mere supplements to this achievement. Yet, one of the crucial factors in the negative culture of anti-doping arises from such a separatist perspective. Instead, the athlete should be empowered to become part of the «expert systems» surrounding technological development in sport, making conscientious and active decisions in the process of developing greater achievements. Indeed, many athletes are experts in sports science, to the extent that their own educational formation involves studying this subject. In a broader context, there might be a number of concerns with conflating the collective and the individual that go beyond their mere attribution of achievement.

The appeal of making a clear distinction between the athlete and the supportive system through which an athlete journeys to become elite derives from concerns about athletes' vulnerability to the political will of such systems. We remain haunted by stories of the GDR (East Germany), where the political value of sporting success gave rise to unacceptable exploitation and manipulation of individual athletes. Moreover, we expect that any state-funded program to improve athletes will have such a character. This is more broadly contextualized within views about human enhancement generally. Without a vigilant permissive environment for human enhancements, this will remain a prospect. As such, the burden must be on critically establishing the conditions through which legitimate human enhancements could be permissible. Yet, our model of the relationship between technology and the athlete might benefit by analogizing it to established medical practice, where the ethical emphasis should be on the individual's autonomy as a guiding determinant of acceptability. Perhaps a useful metaphor here is the driver in the seat of a racing car. In this case, we would not describe the driver as only partially responsible for the performance or, at least, we might recognize her as an integral part of a performance that involves a complex bio-technological interface.

Technology in Progress

It seems remarkable that, for so many years, athletes have used hypoxic training without it giving rise to moral outrage. In various presentations, I have heard that athletes do not much like the form of this kind of commitment. The idea of spending time locked in a room doing nothing cannot easily be associated with the practice ethos of sports. Yet, this view of what hypoxic training entails is also ambiguous or, at least, contingent. For instance, there already exist hyporeic chambers, which resemble regular rooms within a home. Moreover, one could envision their construction as a space of reflection on an athletic life or for learning essential information about the practice of sports. The point is that a hypoxic chamber is a work in progress and that the moral judgment of this technology on how it seems to occupy a quite different social space compared with the idea of athletes running in mountains is neither accurate nor relevant. Moreover, the development of this technology is only likely to become more « seamless » in the way that I mentioned earlier.

The Panel rightly concludes by indicating that the spirit of sport cannot require « an absolute leveling of athletes' circumstances ». Thus, athletes that live at sea level cannot claim an injustice just because they might be disadvantaged by their location. However, where positive action is required to prohibit a sufficiently safe technology that could allow a more egalitarian form of equality to emerge, then it is counter-intuitive to undertake such action. For this reason, the claim that hypoxic chambers violate the « spirit of sport » is not proven. Moreover, I have argued how such use can quite comfortably correspond with the non-virtuous actions of athletes, which are also constitutive of sports value.

In sum, it is possible for a performance enhancing technology to be of no detriment to the spirit of sport, but simply involve a re-skilling of the activities an athlete undertakes in order to remain competitive. The intrinsic value of sports – the skills required to bring about sporting performance – are unaffected by hypoxic chambers. At the very most, their use will raise the standard of sporting achievements, which is precisely what gives elite sports their unique social value. Undertaking action that curbs such technological development within sport compromises the broader intrinsic value of the sports community, which themselves are undervalued within the Panel's report. As I mention earlier, the ideal to approach is one where technologists are seen not merely as auxiliary to athletes, but integral to bringing about the sport performance. While it is inevitable that circumstances arise where an athlete is simply introduced to a new performance enhancing technology, it is crucial to remember that every part of that technology's development has involved members of the athletic community. Indeed, as is true of other technologies, it is likely that open access to this innovation will lead to a more nuanced culture of use.

GENETICALLY MODIFIED ATHLETES

While the hypoxic chamber issue involves a claim about the « passiveness » or less-skilled requirements of the sport, gene transfer technology in sport is prohibited largely for its being a form of experimental science. The most likely applications of gene transfer to sports involve manipulation to enhance endurance capacity or muscle mass. Currently, research implicated for gene doping includes modifications to growth factors such as IGF-1 [1], PGC-1alpha [2], recombinant EPO [3], and the so-called ACE gene [4].

1. E.R. Barton-Davis, D.I. Shoturma, A. Musaro, N. Rosenthal, H.L. Sweeney, « Viral Mediated Expression of Insulin-Like Growth Factor I Blocks the Aging-Related Loss of Skeletal Muscle Function », *Proceedings of the National Academy of Sciences, USA* 95(December), 1998, p. 15603-15607; G. Goldspink, « Gene Expression in Skeletal Muscle », *Biochemical Society Transactions* 30, 2001, p. 285-290; C. Lamsam, F.H. Fu, P.D. Robbins and C.H. Evans, « Gene Therapy in Sports Medicine », *Sports Medicine* 252, 1997, p. 73-77; V. Martinek, F.H. Fu *et al.*, « Gene Therapy and Tissue Engineering in Sports Medicine », *The Physician and Sports Medicine* 282, 2000. http://www.physsportsmed.com/issues/2000/02_00/huard.htm.

2. J. Lin, H. Wu, P.T. Tarr, C. Zhang, Z. Wu, O. Boss, L.F. Michael, P. Puigserver, E. Isotani, E.N. Olson, B.B. Lowell, R. Bassel-Duby, B.M. Spiegelmann, « Transcriptional Co-Activator Pgc-1 Drives the Formation of Slow-Twitch Muscle Fibres », *Nature* 418, 2002, p. 797-801.

3. Svensson E.C., Black H.B., Dugger D.L., Tripathy S.K., Goldwasser E., Hao Z., Chu L. and Leiden J.M., « Long-Term Erythropoietin Expression in Rodents and Non-Human Primates Following Intramuscular Injection of a Replication-Defective Adenoviral Vector », *Human Gene Therapy* 815, 1997, p. 1797-1806.

4. G. Gayagay, B. Yu, B. Hambly, T. Boston, A. Hahn, D.S. Celermajer, R.J. Trent, « Elite Endurance Athletes and the Ace I Allele – the Role of Genes in Athletic Performance ». *Human Genetics* 1031, 1998, p. 48-50; H. Montgomery, R. Marshall, H. Hemingway,

Ethically, its application to sport is considered by officialdom as unacceptable since there is no protocol for such use, nor standards of efficacy or safety. To this extent, any attempt to genetically modify athletes would currently be seen as medical malpractice. As such, any argument in favor of gene doping will need to address the broader question about the limits of medicine, which will involve tackling fundamental matters of medical ethics. Specifically, an argument will be required to justify treating healthy humans (athletes) with medical technology.

The emergence of gene doping should mark a new paradigm for anti-doping policy makers, because it presents a new landscape of ethical issues, political views on enhancement and concerns. This position does not suggest genetic exceptionalism, but speaks specifically to the moral opinions surrounding genetics, which are rather more unresolved than one might say for doping generally. As a substantive response to the ethics of gene doping, it is doubtful that it would dehumanize the athlete or that it would be merely passive. Moreover, it only constitutes cheating in so far as it is against the rules. Yet, our question involves asking what the rules should be in the first place.

Objection to genetic enhancement must wrestle with the positive contribution of technological change in medicine and the possibility that genomics could confer a competitive advantage through therapeutic application alone, such as through attending to athletic injuries. The moral tension arising from the application of genetic engineering to sport reflects the crisis of authenticity in contemporary society, specifically, the demise of the natural human and the widespread ambivalence or *anthropic bias*[1] over this. Fair play and health are secondary matters in this debate and, yet, they dominate, in part because they lend themselves to an artificial, but sincere moral intuitionism and paternalism that remains part of elite sporting culture.

Considerable clarification is needed on what constitutes the genetically modified athlete. Currently, sports authorities are interested only in the

S. Myerson, P. Clarkson, C. Dollery, M. Hayward, D.E. Holliman, M. Jubb, M. World, E.L. Thomas, A.E. Brynes, N. Saeed, M. Barnard, J.D. Bell, K. Prasad, M. Rayson, P.J. Talmud, S.E. Humphries, « Human Gene for Physical Performance », *Nature* 393(21), May 1998, p. 221-222; H. Montgomery, P. Clarkson, M. Barnard, J. Bell, A. Brynes, C. Dollery, J. Hajnal, H. Hemingway, D. Mercer, P. Jarman, R. Marshall, K. Prasad, M. Rayson, N. Saeed, P. Talmud, L. Thomas, M. Jubb, M. World, S.E. Humphries, « Angiotensin-Converting-Enzyme Gene Insertion/Deletion Polymorphism and Response to Physical Training », *The Lancet* 353(13), 1999, p. 541-545.

1. N. Bostrom, *Anthropic Bias: Observation Selection Effects in Science and Philosophy*, London-New York, Routledge, 2002.

somatic-cell doper, who themselves consent to using gene transfer to gain an edge over a competitor. Yet it is unclear what would happen if an individual is made to be « better than well »[1] through the same kind of use in a therapeutic context? Alternatively, are we interested in the athlete who has been born from parents that have, themselves, been modified? Lastly, does the ethical debate take into account the child born from parents who select a form of enhancement for their child, or perhaps select their preferred embryo on the basis of its propensity for elite sports competition? In 2004, the first genetic test for performance was made commercially available. One year later, the WADA (2005) announces in its Stockholm Declaration on gene doping that such tests are to be discouraged[2]. Finally, in May 2008, WADA concluded its third meeting on gene doping in St Petersburg, where various methods of detection were discussed.

CONCLUSION

Each of the issues and effects that have been discussed are imbued with similar philosophical concerns about the human condition and the degree to which enhancement technology can alter it. The ethical debate must take into account the risks to vulnerable groups, such as children or athletes who enhance because they feel coerced *and* the liberties of adults who make lifestyle decisions about body modification[3]. Yet, it must also consider the limits of ethical policy making within the world of sport and the relationship of this to broader structures of ethical governance within society. When considering what should be the strategy for anti-doping officials in relation to gene doping, it is necessary to return to fundamental questions about the value of sport, consider how these values might have changed, and recognize the broader bioethical context within which decisions about medical technology are made. This requires that elite sports organizations re-evaluate established systems of rewarding excellence, in order to promote a moral climate in sport that takes into account inherent natural and social inequalities, which are constitutive of sports practices.

1. C. Elliott, *Better Than Well : American Medicine Meets the American Dream*, New York-London, W.W. Norton & Company, 2003.

2. World Anti-Doping Agency, The Stockholm Declaration, *World Anti-Doping Agency*, 2005.

3. A. Miah, « Doping and the Child : An Ethical Policy for the Vulnerable ». *The Lancet* 366, 2005, p. 874-876.

The conceptual framework of technological effects is useful for a) establishing how ethical issues arise in the context of technological change, b) clarifying the interrelatedness of effects arising from any one technology and c) revealing that the debate surrounding enhancement as a doping in-fraction is only one component of a broader relationship between sport and technology. The two cases studies that have been discussed are perhaps the most controversial examples within anti-doping debates presently. Unlike performance enhancing drugs, they do not encounter the same forms of resistance and, as such, the moral evaluation of them is unclear. I have suggested that more instances of human enhancement technologies are likely to emerge in sport, which further stretch the capabilities of restrictive approaches to such use. As human enhancements become a constitutive element of broader social circumstances – and as enhanced adults give birth to similarly enhanced children – the concept of enhancement and of the natural human will become even more difficult to sustain. In such a future, sports authorities might still attempt to protect a particular way of life for an athlete, though athletes – as humans – might no longer see either the need or the relevance of such efforts.

Andy MIAH
University of the West of Scotland

LE SPORT ET LA NOUVELLE GÉNÉTIQUE
QUESTIONS ÉTHIQUES [1]

INTRODUCTION

Récemment, les développements en génétique sont encourageants. La thérapie génique a permis le traitement de nombreux malades avec succès et des effets secondaires négatifs limités [2]. Parallèlement à ces perspectives positives, des inquiétudes ont été exprimées au sujet de la possible application de ces nouvelles techniques médicales à des fins d'*amélioration*. En particulier, l'utilisation de telles techniques dans le monde du sport pourrait s'opposer, dans certains cas, aux interdictions actuelles concernant le dopage génétique.

Dans un avenir relativement proche, la nouvelle génétique sera de plus en plus utilisée à des fins à la fois thérapeutiques et purement amélioratives. La différence entre ces deux types d'interventions médicales n'est pas claire. Néanmoins, il est possible de faire une distinction entre les interventions médicales *négatives* qui ont pour objectif de soigner une maladie ou d'éliminer un handicap ou une invalidité, les interventions médicales *positives* visant à améliorer le fonctionnement d'un organisme humain dans les limites d'une variation naturelle, et les *améliorations* à proprement parler, qui visent à amener une personne au-delà des limites du fonctionnement normal propre à l'espèce humaine. Fournir des antibiotiques à une personne qui souffre d'une pneumonie est généralement considéré comme une intervention négative. Donner une hormone de croissance à un enfant anormalement petit dans le but de stimuler son développement est une intervention positive. Réduire de façon importante, les besoins en sommeil

---

1. Traduction française par l'équipe du CRIB.
2. H.J. Haisma, O. De Hon, « Gene doping ». *International Journal of Sports Medicine*, 2006, p. 257-266.

d'un individu, à deux heures par nuit par exemple, est un cas typique d'amélioration[1].

En ce qui concerne les conséquences prévisibles pour le sport des nouvelles technologies d'amélioration, certains auteurs craignent que a) l'*équité sportive* – une notion centrale de l'éthique sportive – soit affectée négativement. D'autres soulignent que dans une société où la plupart des personnes ont accès aux nouvelles technologies de génie génétique, la façon dont b) la *médecine du sport* est pratiquée pourrait changer. En médecine générale, les interventions négatives sont les plus courantes. Mais cela ne signifie pas que des interventions positives, ou encore des améliorations à proprement dites, ne soient pas acceptées et mises en œuvre. Enfin, la nouvelle génétique peut également être analysée en évoquant une recherche c) d'*égalité entre les sexes*. Les améliorations physiques actuellement envisagées dans le sport concernent généralement les hommes, puisqu'elles renvoient surtout à des attributs typiquement masculins (force, taille, vitesse), ce qui dévalorise parallèlement les traits propres aux femmes. Or, les technologies d'amélioration pourraient également être utilisées afin d'accroître l'indépendance des femmes (sportives) par rapport à la reproduction, par exemple en leur permettant de postposer leur maternité afin de ne pas interrompre leur carrière (sportive).

Dans cet article, nous nous intéresserons aux différentes objections précitées concernant l'amélioration génétique des capacités physiques de l'humain dans le domaine du sport de haut niveau. Leur analyse critique permettra de suggérer que, malgré toutes les difficultés évoquées, ces techniques amélioratives ont un avenir dans le sport, mais peut-être pas de la façon dont l'idéologie officielle du sport l'envisage.

L'ÉTHIQUE DU SPORT ET L'ÉQUITÉ

Il existe un large consensus au sein des philosophes du sport sur l'importance de l'équité dans la compétition, elle est un élément central de l'éthique du sport. L'équité dans le sport peut être définie dans un sens étroit (concourir en respectant les règles)[2] ou dans un sens plus large (concourir seulement grâce aux compétences et aux talents qui sont pertinents pour la discipline sportive en question)[3]. En accord avec cette

1. Nous choisissons de traduire le terme d'« enhancement », par celui d'« amélioration ».

2. C.M. Tamburrini, « *The "Hand of God"? Essays in the philosophy of sports* », Acta Universitatis Gothoburgensis, Göteborg, Sweden, particularly 2, p. 10-33.

3. Sigmund Loland's book *Fair Play in Sport. A Moral Norm System*, London, Routledge, 2002.

dernière interprétation, de nombreuses personnes pensent que les méthodes artificielles d'amélioration sont évidemment inacceptables, et ils se raccrochent à l'idée que seul le talent naturel doit décider de l'issue d'une compétition sportive.

Or, on peut se demander pourquoi seuls les traits congénitaux, génétiquement déterminés, et pas les traits acquis peuvent donner sens à une victoire sportive? Une telle perception de l'équité n'est pas seulement mauvaise, elle est également en train de devenir obsolète, en raison du rapide développement médical qui a lieu aujourd'hui. Il n'y a aucune raison de laisser la loterie génétique décider d'une compétition sportive alors que les chances de gagner des concurrents peuvent être augmentées par des efforts personnels visant à atteindre un plus haut niveau de performance sportive. Dans les années 1960, la skieuse de ski de fond finlandaise, Eero Mäntyranta, a été soupçonnée de dopage sanguin parce que son taux de globules rouges était 20% plus élevé que celui de ses concurrents. Trente ans plus tard, 200 membres de sa famille ont été testés par des scientifiques, et ils ont constaté que cinquante d'entre eux, y compris Mäntyranta elle-même, sont nés avec une mutation génétique rare qui provoque une augmentation de la quantité de globules rouges. Cette mutation a donné à Mäntyranta un avantage compétitif certain face à ses rivaux. Ainsi, pourquoi aurait-il été mauvais, ou contraire à l'idéal d'équité compétitive, de laisser aux concurrents de Mäntyranta la possibilité d'uniformiser les conditions de compétition en recourant aux anciennes techniques de dopage sanguin ou – si elles avaient été disponibles à ce moment-là – aux techniques génétiques de dopage à l'EPO? Si l'équité est vraiment au cœur des préoccupations, il n'est pas évident de justifier que les athlètes dopés soient exclus de la compétition et pas Mäntyranta.

En outre, supposons qu'un jour nous ayons la possibilité de modifier génétiquement notre descendance, avant même la naissance. Nos enfants devraient-il être interdits de compétition? En recourant à la distinction douteuse entre qualités « naturelles » et « artificielles », on pourrait tout au plus exclure la première génération de la compétition, mais pas leur descendance (puisqu'on pourrait faire valoir que nos enfants, contrairement à leur descendance, ont obtenu les caractéristiques physiques concernées après une intervention génétique et non pas par la naissance). Si l'on veut interdire ce genre d'amélioration génétique, alors il est nécessaire de proscrire toute une famille, y compris les générations à venir. Autrement, si la descendance de nos enfants est autorisée à participer aux compétitions sportives sur le motif qu'ils ne sont pas responsables de leurs caractéristiques physiques, l'interdiction qui porte sur l'amélioration génétique risque de perdre tout son sens.

LA MÉDECINE DU SPORT

Deux questions liées au dopage génétique ont une importance particulière pour la médecine sportive : la sécurité et les aspects éthiques des procédures de tests.

Sécurité

En général, les risques potentiels de la thérapie génique augmentent lorsque les procédures sont réalisées dans des environnements non contrôlés, comme ceux dans lesquels évoluent les athlètes qui trichent en ayant recours au dopage (génétique).

Plus particulièrement, pour réduire le risque de prolifération des éléments génétiques, il est nécessaire que les médecins surveillent leur niveau de production dans des environnements contrôlés. Mais les médecins du sport ont l'interdiction de participer à toute procédure génétique considérée comme du dopage par les instances dirigeantes du sport. Cela met le corps médical de la médecine sportive dans une position difficile, à l'avenir les médecins du sport devront probablement choisir entre agir comme des gendarmes du dopage (génétique) ou aider à minimiser les risques en offrant conseils aux athlètes qui souhaitent se doper. Il convient de rappeler que, contrairement au dopage traditionnel, l'amélioration génétique est une partie légalement et socialement acceptée de la médecine. Est-il réellement éthiquement défendable qu'un médecin du sport s'empêche de réduire les risques dus au dopage en soutenant la chasse aux dopés au nom d'une « pureté du sport » (historiquement fictive) ?

L'éthique des tests

Pour commencer une discussion sur l'éthique de la médecine sportive, il est pertinent de savoir comment les procédures de tests sont mises en place. En l'état actuel des connaissances en génétique, il est nécessaire d'analyser un échan-tillon de tissu pour découvrir des gènes dopants. Cette procédure peut toutefois apporter des informations supplémentaires (peut-être non dési-rées), des informations sur d'autres prédispositions géné-tiques de la personne testée. Cette identification, contraire aux souhaits de l'athlète, peut raisonnablement être considérée comme une violation de la vie privée des sportifs. En outre, un test basé sur un prélèvement dans les muscles de l'athlète peut ne pas être moralement acceptable car trop intrusive. Ces deux facteurs ont une incidence directe sur la fiabilité des méthodes de test. Si les contrôles antidopage ne peuvent pas utiliser le techniques de dépistage les plus efficaces et fiables pour des raisons éthiques, la possibilité que le dopage génétique passe inaperçu augmente. Une interdiction qui n'est pas contrôlée de façon appropriée est une pauvre garantie d'équité compétitive : si un nombre suffisant de tricheurs s'en tirent malgré leur dopage (génétique), les athlètes respectueux des règles sont alors désavantagés dans le cadre de la compétition.

Les difficultés de détection mentionnées ci-dessus ne sont pas limitées au «dopage musculaire». Contrairement à ce que l'on croyait jusqu'à maintenant, il peut y avoir des problèmes de détection pour le dopage à l'EPO également. Selon certaines études récentes, tous les individus présentent de grandes variations dans leurs niveaux journaliers d'hématocrites, variations qui sont encore accentuées dans des conditions d'entraînement intensif[1]. Ainsi, il pourrait être inutile de commencer à cartographier les profils sanguins. En outre, il existe de nombreuses substances autres que l'EPO capables d'activer les récepteurs d'EPO. Cela signifie qu'il est possible d'améliorer la production endogène d'EPO sans prendre de rHuEpo. Ces substances peuvent évidemment également être testées, mais pour l'instant cela n'en vaut pas la peine : la liste est trop longue et, par voie de conséquence, les tests sont très coûteux. En définitive, il pourrait même s'avérer inutile de faire des tests pour l'EPO. Une autre conclusion des études mentionnées ci-dessus précise que, bien que l'EPO augmente la masse de globules rouges, il diminue également le volume de plasma sanguin, laissant ainsi le volume total de sang inchangé. Ainsi le risque de caillots sanguin n'est pas aussi élevé que si le volume total de sang était augmenté. Par conséquent, pour certains physiologistes l'EPO n'est très probablement pas aussi dangereux que cela a été suggéré.

ÉGALITÉ DES GENRES

Contrairement à d'autres types d'améliorations (génétiquement induites) discutées jusqu'à présent (par exemple, l'amélioration de nos capacités cognitives ou de notre humeur), le type d'amélioration physique envisagé pour l'instant dans le sport marque clairement un biais vers le masculin. Les espoirs portés par les nouvelles technologies concernent, la plupart du temps et dans un avenir proche, l'amélioration de la force, de la taille et de la vitesse au-delà des limites normales de l'espèce, et ce sont des caractéristiques qui sont considérées de façon univoque comme

---

1. C. Lundby, J. J. Thomsen, R. Boushel, M. Koskolou, J. Warberg, J.A.L. Calbet, P. Robach, « Erythropoietin treatment elevates haemoglobin concentration by increasing red cell volume and depressing plasma volume », *J. Physiology*, 578, 2006, p. 309-314.

masculines, du moins au stade actuel de notre histoire évolutive. Ainsi, ces améliorations génétiques ne marquent-elle pas un biais en faveur des hommes? Et, si c'est le cas, comment est-ce justifiable?

Cela a été discuté dans l'article d'un volume produit par le Projet-Enhancement susmentionné. Torbjörn Tännsjö et moi-même avons interrogé le postulat sur lequel repose la remarque ci-dessus, à savoir que la force, la taille et la vitesse sont *essentiellement* des attributs masculins plutôt que les résultats de processus culturels (dans une certaine mesure). Après tout, comment pourrions-nous savoir quelle partie du « fossé musculaire » entre les sexes est due aux facteurs physiologiques ou socio-culturels?

De plus, même si les femmes tentaient de transformer leur corps génétiquement, cela ne ferait que confirmer une tendance dans le sport actuel. Les sportives essayent depuis longtemps d'imiter le corps de l'homme en recourant à des programmes de formation en haltérophilie. Peut-être l'amélioration génétique permettrait-elle enfin aux sportives d'être en mesure de rivaliser avec les hommes? Ainsi, une conséquence de l'amélioration physique des femmes à l'aide des technologies génétiques pourrait être une plus grande égalité des genres dans le sport ainsi qu'une plus grande diversité des genres dans la société et des modèles plus riches et plus variés pour les jeunes. Ce scénario serait-il vraiment aussi négatif que les détracteurs des technologies génétiques semblent le suggérer?

Il y a également un autre aspect de l'application du génie génétique lié à l'égalité entre les sexes et qui, à ma connaissance, a été négligé dans la littérature. Il s'agit des conséquences potentielles de la nouvelle géné-tique sur la liberté de reproduction des femmes (sportives). On pourrait imaginer que dans un avenir assez proche, les technologies d'amélioration pourraient être utilisées pour permettre un dépassement des limites biologiques de la femme, par exemple en leur permettant de choisir libre-ment à quel moment avoir des enfants dans la vie. Il peut arriver que des femmes à un âge de post-ménopause deviennent enceintes. Même si ce n'est pas une possibilité réelle pour le moment, il est raisonnable de sup-poser que dans un avenir relativement proche, elle se développera à une plus grande échelle et sur des bases plus sûres grâce au progrès des techniques médicales, en ce compris la modification génétique de la physiologie des femmes.

A ce stade, il faut se demander si un tel scénario est clairement positif pour les femmes? L'utilisation des nouvelles technologies médicales de reproduction assistée a effectivement été attaquée dans le passé[1]. En particulier, différents groupes féministes radicaux ont objecté que les technologies de reproduction assistée renforçaient l'idéologie que toutes les femmes ont à devenir mères, au lieu de défendre une culture dans laquelle les femmes peuvent s'accomplir même si elles ne sont pas mères et qui leur offre une plus grande liberté de choix à ce niveau. L'effet libérateur de la reproduction assistée a même été comparé à celui de l'invention des appareils ménagers : ils aident les femmes à mieux se conformer à l'idéologie de ce qu'est une « bonne femme ». Mais toutes les féministes ne soutiennent pas la même argumentation. Par exemple, Laura Purdy estime que même si les nouvelles techniques de reproduction menacent l'indépendance des femmes par rapport aux hommes, au domaine de la santé ou à l'État, leur liberté de choix peut être défendue sans condamner entièrement une technologie[2]. En outre, la maternité n'est pas toujours, et seulement, une construction sociale imposée aux femmes. Par conséquent, il ne semble d'une part, y avoir aucune contradiction entre l'acceptation d'innovations technologiques et d'autre part, le fait de continuer à s'efforcer de libérer les femmes des formes plus ou moins traditionnelles d'oppression.

Pour ces raisons, il nous semble peu polémique d'affirmer que la maternité génétiquement postposée (GPM) apportera des effets bénéfiques à la société. Par exemple, cela permettra d'augmenter la liberté de choix des femmes concernant leurs projets de vie. Décider du moment opportun de devenir parents biologiques pratiquement sans restriction contribuera ainsi à l'égalité entre les sexes en permettant aux femmes de faire ce que les hommes ont toujours été en mesure de faire. À cet égard, quelques questions se posent lorsque la GPM est analysée dans le contexte d'interdiction du dopage génétique. Compte tenu de la formulation actuelle de l'interdiction (qui, rappelons-le, inclut dans les pratiques interdites « l'utilisation non thérapeutique de cellules, gènes, éléments génétiques, ou la modulation de l'expression génique, ayant pour objectif d'augmenter la performance sportive »), la GPM peut être particulièrement problématique si elle est basée sur une technologie génétique. *Selon les principes énoncés*

---

1. Pour certains des textes les plus classiques et les plus parlants dans cette approche voir P. Spallone and D. Lynn Steinberg, *Made to Order. The Myth of Reproductive and Genetic Progress*, Oxford, Pergamon Press, 1987. Voir aussi Gena Corea's writings, especially *What the King Can Not See*, dans E. Hoffman Baruch *et al* (éd.), *Embryos, Ethics and Women's Rights. Exploring the New Reproductive Technologies*, New York-London, Harrington Park Press, 1988, and her book *The Mother Machine : Reproductive Technologies from Artificial Insemination to Artificial Wombs*, New York, Harper & Row, 1985.

2. *Reproducing Persons. Issues in Feminist Bioethics*, Ithaca, Cornell University Press, 1996, p. 177.

dans cette loi antidopage, la maternité génétiquement postposée doit-elle être classée dans les méthodes interdites d'amélioration des performances ?

Une substance ou une méthode d'entraînement est un bon candidat pour la liste des produits dopants si elle satisfait au moins deux des trois conditions suivantes : elle est doit être nocive pour la santé du sportif, elle doit apporter un avantage compétitif et elle doit être contraire à l'esprit (ou « éthique ») du sport. La GPM ne satisfait très probablement pas la première condition puisque l'on peut raisonnablement supposer que la technique sera suffisamment sûre au moment de son application dans l'avenir.

En ce qui concerne le deuxième critère et dans un sens plutôt simpliste, des sportives qui choisissent de donner naissance plus tard dans leur vie ont de ce fait un avantage par rapport à leurs concurrentes qui décident de procréer au cours de leur carrière sportive car elles évitent ainsi de rester à l'écart de la compétition lors d'une période très productive pour elles (d'un point de vue sportif). Toutefois, étant donné que tous les athlètes sont libres d'utiliser ou pas la technologie en question, comment cela pourrait-il être injuste ?

Il est vrai que la nouvelle génétique – y compris la GPM – sera plus que probablement très chère, au moins pendant les premières décennies de son application. Comme de nombreux gouvernements n'ont pas les ressources nécessaires au financement de cette technique, elle est susceptible d'être considérée comme une amélioration et non pas comme une mesure thérapeutique. En conséquence de quoi, elle devra être payée par le patient (le client) lui-même. Cela engendrera évidemment des conditions inégales de compétition entre les athlètes féminines, les unes qui verront cette intervention médicale financée par les sponsors et les autres pour qui ce ne sera pas le cas, de même qu'entre les sportives des pays riches et des pays pauvres.

Nous ne pensons cependant pas qu'il s'agisse d'une raison suffisante pour étiqueter d'injuste la maternité génétiquement postposée. Ce que nous essayons de remettre en question ici est la façon dont les associations sportives (notamment Wada) perçoivent ces questions. Dans cette perspective, l'inégalité des conditions de compétition qui pourraient survenir en raison de la maternité génétiquement postposée n'est pas fondamentalement différente de l'inégalité créée par le professionnalisme et le parrainage dans le sport de haut niveau. Ainsi, la pratique du report génétique de la ménopause est certainement compatible avec l'éthique du sport-business, du moins tel qu'il est compris par les instances dirigeantes du sport.

L'avantage compétitif obtenu grâce à la GPM peut également être perçu comme injuste parce que ces femmes – même indirectement –

mettent sur les épaules de leurs collègues une *pression trop forte* (c'est-à-dire, renoncer à une jeune maternité) vis-à-vis d'une perte de leur compétitivité.

Mais est-ce vraiment un argument valable ? Après tout, on peut également faire valoir que tous les sportifs (hommes et femmes) qui prévoient de renoncer à devenir parents poussent leurs concurrents à faire de même. Les instances dirigeantes du sport devraient-elle alors exclure tous les athlètes qui choisissent d'adopter plutôt que de procréer ou ceux qui n'ont pas d'enfants à un âge « raisonnable » ?

Néanmoins, nous pensons qu'avoir recours à la GPM est différent de l'adoption ou tout simplement de renoncer à avoir des enfants, pas en ce qui concerne la nature de la pression qu'il impose aux concurrents, mais plutôt en raison de la technique des procédures employées. En plus d'être une violation inacceptable de l'autonomie individuelle, une politique d'exclusion des sportifs de haut niveau sur la base des choix qu'ils font concernant l'adoption ou le fait de ne pas avoir d'enfants rassemble d'insurmontables difficultés pratiques.

Comment faire pour prouver, par exemple, que le fait de ne pas avoir d'enfant fait partie d'un engagement professionnel et ne résulte pas d'un état de stérilité, ou tout simplement d'un authentique choix du couple ou de l'individu ? Si une personne a recours à la GPM, il est beaucoup plus facile de soutenir que l'intention est évidemment de reporter la maternité afin de ne pas interrompre la carrière professionnelle. Ainsi, du point de vue de la justification, l'interdiction de la GPM est davantage viable que l'exclusion de la compétition des sportifs qui sont sans enfant ou qui adoptent. De l'avis des instances dirigeantes du sport, cette différence peut être pertinente lorsqu'il s'agit de décider s'il faut ou non interdire la GPM.

D'ailleurs, même si l'argument d'une « trop grosse pression » ne peut à elle seule justifier l'interdiction de la GPM dans le sport, ce bannissement peut être obtenu si elle est combinée avec d'autres considérations. Nous pensons que ces dernières peuvent être trouvées dans un aspect particulier de la notion d'éthique du sport. Il est évidemment difficile de dire quoi que ce soit d'exact d'un concept si vague, étant donné que son interprétation est sujette à des variations culturelles et historiques. Ce qui aurait été une évidente violation de la déontologie du sport pour un praticien du sport amateur dans les années 40, pourrait être considéré aujourd'hui comme une conduite acceptable par la communauté sportive professionnelle. Toutefois, en dépit de son imprécision conceptuelle, l'interprétation standard officielle de l'éthique du sport est clairement guidée par un refus d'une *manipulation impropre du corps*[1]. C'est cette considération qui semble être à la base de l'interdiction, il y a quelques années, des technologies de transfert de gènes par les instances dirigeantes du sport. Le dopage génétique a ensuite été interdit, sans même envisager la possibilité que certaines procédures génétiques (non-thérapeutiques) – qui pourraient être utilisées par les sportifs dans le futur pour améliorer les performances – pourraient être inoffensives.

L'absence de référence au traditionnel « argument de la santé », dans la formulation de l'interdiction du dopage génétique, signifie que c'est bien l'utilisation de ces techniques pour obtenir un avantage compétitif qui est contraire à l'esprit du sport. Et si c'est le cas, il y a des raisons de penser que la GPM est rejetée par les dirigeants de la lutte contre le dopage, parce que, contrairement à l'adoption ou au fait de ne pas avoir d'enfants, elle implique l'utilisation de moyens technologiques *artificiels* (peu importe à quoi ils renvoient)[2].

De toute évidence, cette formulation ne met pas automatiquement la GPM dans la catégorie des manipulations physiques néfastes. Comme nous l'avons expliqué plus haut, cela dépendra beaucoup de la façon dont les avantages compétitifs obtenus grâce à la maternité postposée seront perçus par les instances dirigeantes et officielles du sport. Cependant, bien que les critères d'artificialité et d'avantages compétitifs injustes pour justifier l'interdiction de la GPM soient insuffisants, en soi et séparément, ils peuvent motiver une interdiction de l'usage de cette technique de reproduction dans le sport de haut niveau, du moins selon l'idéologie antidopage officielle.

À ce stade, on peut se demander si cette ligne d'argumentation n'est pas une discussion dans le vide. Puisqu'après tout, il n'est pas encore certain que la GPM se retrouve dans la liste des techniques dopantes. Et jusqu'à présent personne n'a proposé une telle chose.

Cependant, il existe selon nous un risque considérable que la GPM finisse sur une telle liste quand elle sera devenue une technologie médicale accessible. Les officiels de la lutte antidopage pourraient craindre que le

---

1. La manipulation du corps est un argument important qui explique pourquoi beaucoup de personnes veulent encore proscrire certaines substances (par exemple, les anabolisants ou l'EPO), même si un jour ils pourraient être utilisés par tout le monde sans risque pour la santé.

2. Par exemple, les chambres hypoxiques pourraient être risquées si l'on reste trop longtemps dedans. Elles sont directement liées à l'amélioration mais, contrairement aux méthodes traditionnelles de dopage sanguin et d'usage d'EPO, elles ne sont pas perçues comme contraires à l'esprit du sport (dans le sens d'être « artificielles ») par les instances dirigeantes du sport.

fait d'autoriser la GPM ouvre la boîte de Pandore des procédures génétiques non-thérapeutiques qui pourraient dès lors envahir le sport de compétition dans le futur

Il est probable que la question sera tranchée en faveur de l'interdiction plutôt que d'accorder l'attention voulue aux différences conceptuelles et pratiques existantes entre les différentes techniques génétiques. Nous en voulons pour preuve la façon dont les instances dirigeantes du sport ont réagi dans le passé, notamment lorsque la technologie de transfert de gènes a été inclue dans la liste des techniques dopantes. Quelles raisons avons-nous de supposer qu'il en sera autrement à l'avenir ? Ainsi, selon nous, une discussion ouverte sur cette question est loin d'être superflue.

CONCLUSIONS

Dans le contexte des nouvelles technologies génétiques, certaines questions ont été posées quant à l'avenir du sport. En ce qui concerne la question d'une atteinte de l'équité compétitive, nous contestons l'idée que seules les caractéristiques congénitales, et non pas acquises, peuvent justifier une victoire sportive. Il n'y a pas de raison de laisser la loterie génétique décider du résultat d'une compétition sportive lorsque les chances de gagner des concurrents peuvent être augmentées par des interventions ciblées de la médecine sportive.

La médecine du sport sera confrontée à des défis difficiles à relever dans un monde d'amélioration génétique. Comme *l'amélioration généti-que sera une partie de la médecine*, les médecins du sport auront à choisir entre, soit agir en tant que gendarme antidopage (génétique) soit contri-buer à réduire les risques en offrant des conseils aux athlètes qui veulent améliorer leur condition physique génétiquement. Plus particulièrement, l'éthique des tests de dépistage du dopage doit être sérieusement réévaluée, en ce qui concerne leur efficacité dans la détection des tricheurs et leurs aspects trop envahissants et directement menaçants pour la vie privée des athlètes.

Enfin, en ce qui concerne l'égalité des genres, nous avons fait valoir que, loin de promouvoir les caractéristiques physiologiques traditionnelle-ment attribuées aux hommes, les technologies génétiques peuvent offrir aux sportives la possibilité, si elles le souhaitent, de transformer leur corps afin de pouvoir concourir à égalité avec les hommes. En particulier, dans le contexte de la liberté de reproduction, la génétique peut apporter, pour toutes les femmes, une libération par rapport à « l'horloge biologique » dans le sens où la génétique leur permettrait de reporter leur maternité à une période plus appropriée pour leur carrière professionnelle. Selon nous, il existe néanmoins un risque que la maternité génétiquement postposée soit interdite, conformément à l'idéologie antidopage actuelle. Par conséquent, cette technique de reproduction est particulièrement intéressante car elle illustre clairement le conflit potentiel qui peut émerger à l'avenir entre les actuelles lois antidopage et l'application de nouvelles technologies médicales considérées comme socialement souhaitables.

Si nos arguments sont exacts, la conclusion qui s'impose est que l'avenir du sport (de haut niveau, – business) est un peu moins sombre que ne le croient les détracteurs des techniques d'amélioration, même après notre entrée dans l'ère génétique. Il y aura certes des défis à relever, mais ils peuvent l'être. Evidemment, cela implique des changements. En particulier, l'idéologie officielle antidopage actuelle doit être réévaluée, si elle est gardée entièrement, afin de l'adapter à une nouvelle réalité. En ce sens, nous avons besoin d'un débat ouvert et sans préjugé sur la façon dont les instances dirigeantes du sport doivent traiter le fait que, dans l'avenir, la plupart des personnes pourraient, d'une façon ou d'une autre, subir une amélioration génétique afin d'améliorer leur condition physique. Or toutes ces personnes doivent-elle être interdites de compétition sportive? Cela devrait attirer notre attention sur le fait que le vieux paradigme de la prohibition ne permet pas de relever les défis posés par les développements médico-techniques. À cet égard, la société et la communauté sportive doivent développer de façon urgente d'autres façons de régler ces problèmes.

Claudio TAMBURRINI
Stockholm Bioethics Centre – Stockholm University

LA NATURE HUMAINE EN CHANTIER

Le 3 avril 2008, le talk show télévisé d'Oprah Winfrey, une véritable institution aux États-Unis, présentait Thomas Beatie « le premier homme enceint »[2]. Il s'agissait d'un transsexuel domicilié en Oregon et né sous une identité féminine, celle de Tracy Lagondino. Par le biais d'une intervention chirurgicale, M. Beatie est devenu un homme. C'est ce qu'il est aux yeux de la loi et, partiellement, aux yeux de la biologie. En effet, son aspect masculin est maintenu par des injections régulières de testostérone mais ses caractères sexuels primaires sont restés ceux d'une femme. Thomas Beatie est marié avec une femme, Nancy Roberts, qui ne peut avoir d'enfants elle-même. C'est elle qui a pratiqué l'insémination artificielle de son mari au moyen du sperme d'un donneur anonyme. La grossesse, dont le terme prévu est le 3 juillet 2008, pourrait se poursuivre sans incident pour autant que l'intéressé suspende sa prise de testostérone pendant la gestation. M. Beatie rapporte qu'il a eu des difficultés à obtenir un suivi médical, certains médecins refusant d'être impliqués pour des motifs religieux. L'un des gynécologues consultés a exigé qu'il rase sa barbe avant de l'accepter comme patient. Mais il est très heureux de fonder une famille : pas de doute il sera le père et Nancy la mère de cet enfant ardemment désiré.

Cette nouvelle a suscité une tempête de commentaires indignés ou sarcastiques de la part des médias conservateurs, Fox News se demandant même s'il ne s'agissait pas d'un canular. On reproche à Oprah Winfrey

1. Un grand merci à Samia Hurst pour sa relecture critique du manuscrit et des discussions fort productives.
2. Pregnant US man defends right to have child. *AFP* [URL : http://afp.google.com/article/ALeqM5hvDf8mMJjnw6RO5DqQtqRfeqUw7g].

d'avoir exhibé un phénomène de foire. La blogosphère s'enflamme et parmi les observations hostiles, l'une des plus fréquentes est qu'en devenant un homme tout en préservant son potentiel reproducteur féminin, Thomas Beatie aurait voulu le beurre et l'argent du beurre. Quelques citations : « Si le Seigneur avait voulu que les hommes aient des enfants, il les aurait créés en conséquence ». « Ceci est tout simplement inacceptable. Je trouve cela consternant et la tolérance acceptante de l'Amérique est dégoûtante. Elle (Thomas Beatie) doit se rendre compte qu'elle est toujours une femme et qu'elle n'a aucun droit naturel d'être un homme »[1].

Droit naturel : le mot est lâché. C'est au nom du respect d'un ordre naturel inviolable, avec ou sans l'appui d'une théologie de la Création, que les arrangements de M. Beatie avec son identité de genre ainsi que ses pratiques procréatrices non standard suscitent la réprobation. Ce naturalisme à la fois métaphysique et éthique est extrêmement répandu à tous niveaux de sophistication philosophique, outre-Atlantique comme en Europe. Au café du commerce, le « naturel » synonyme de « bien » fait partie des idées communément reçues. A l'autre extrême, chez les intellectuels publics haut de gamme, on trouve les argumentaires très détaillés du *Conseil présidentiel de bioéthique* institué par le président George W. Bush. Cet organisme créé en 2001 est très majoritairement composé d'intellectuels de droite partisans d'un rôle central de la religion dans la vie publique. Il s'est exprimé longuement et de façon très détaillée sur la question de l'*enhancement*, autrement dit de la médecine que nous appellerons « préternaturelle » car elle vise des améliorations qui vont au-delà du rétablissement des fonctionnalités normales typiquement exercées par l'être humain. Pour la majorité des membres du Conseil présidentiel, la médecine doit impérativement se montrer modeste face aux limitations de la nature humaine, sous peine de tomber dans l'hubris dénoncée par les Anciens et de perdre le contact avec les sources de sagesse précieuse que représentent l'acceptation humble de la souffrance, de la fragilité et de la mortalité humaines. Ils s'inscrivent en faux contre le libéralisme débridé et le culte contemporain de l'autonomie personnelle, qui à leurs yeux ouvrent toutes grandes les portes à ces interventions amélioratrices et qui délégitiment par avance toute critique à leur encontre[2].

---

1. Blog de *Times Online*. [URL : http://www.timesonline.co.uk/tol/news/world/us_and_americas/article3628860.ece].

2. The President's Council on Bioethics : *Beyond therapy : Biotechnology and the pursuit of happiness*. Washington D.C., 2003.

On peut noter qu'aux États-Unis ces controverses – dont on aurait pu penser qu'à part quelques éruptions médiatiques, elles ne concernent que le séminaire de philosophie ou les comités d'éthique – ont une importance sociale et politique majeures. En effet, la lutte entre la droite et la gauche se déroule en grande partie sur le terrain de la culture et de ce que les politiciens aiment à appeler les « valeurs ». Or, depuis les années Reagan, on assiste de la part de la culture dominante, c'est-à-dire celle qui a pignon sur rue dans les allées du pouvoir, à une véritable diabolisation des valeurs « libérales » au sens anglo-saxon du terme. Ainsi en va-t-il dans les médias, où les *culture warriors* conservateurs dénoncent une culture « laïque-progressiste », censée ronger la fibre morale de l'Amérique[1]. Ce discours populiste a aussi un certain répondant dans les médias de qualité et des cercles intellectuels reprennent volontiers des positions conservatrices et naturalistes dans une langue de niveau universitaire. On pense bien sûr au plus célèbre d'entre eux, Francis Fukuyama[2], mais aussi aux philosophes Michael Sandel[3] et Léon Kass, qui fut le premier président du Conseil de bioéthique mentionné plus haut. Dans le domaine de la médecine préternaturelle, la thèse centrale avancée par ces penseurs est celle de la valeur normative de la nature. Il en découle logiquement une conception traditionaliste de la médecine, pour laquelle la finalité de la thérapeutique est uniquement de corriger les effets de la maladie et, autant que faire se peut, restituer à la personne humaine un état proche de l'état qu'elle avait quitté du fait de la pathologie ou de l'accident. C'est une médecine foncièrement humble que ces auteurs exaltent, qui est censée rendre hommage à la nature humaine plutôt que de la remettre en cause et de transgresser ses limitations.

La critique de cette vision ne date pas d'hier. On pense bien sûr au philosophe et médecin Georges Canguilhem. Dès le milieu du siècle dernier – à vrai dire dans un contexte scientifique et médical bien différent du nôtre – il relevait que le modèle de la *restitutio ad integrum* ne rend pas bien compte d'activités thérapeutiques par ailleurs complètement traditionnelles[4]. D'ailleurs l'histoire de la médecine moderne est marquée par des controverses sur des traitements qui n'entrent pas vraiment dans ce

---

1. *Culture Warrior* est le titre d'un best-seller de Bill O'Reilly, journaliste, le plus célèbre de Fox News, une chaîne de télévision très marquée à droite.

2. F. Fukuyama, *Our Posthuman Future : Consequences of the Biotechnology Revolution*, New York, Farrar Straus and Giroux, 2002.

3. M.J. Sandel, *The case against perfection : ethics in the age of genetic engineering*, Cambridge, Mass., Belknap Press of Harvard University Press, 2007.

4. G. Canguilhem, *Le normal et le pathologique*, Paris, P.U.F., 1966.

cadre, comme par exemple la vaccination. Celle-ci représente une mesure préventive et non thérapeutique, qui tire son efficacité d'une modification du « Soi immunitaire », c'est-à-dire d'une transformation intime de la biologie du « patient ». Ce n'est d'ailleurs pas un hasard si la vaccination a rencontré, du XVIIIe siècle jusqu'à aujourd'hui, une opposition théologique et/ou naturaliste. Ainsi par exemple, Timothy Dwight (1752-1817), pasteur congrégationaliste américain, fondateur de l'Université de Yale, mena un combat passionné contre la vaccination, qui venait de relayer l'inoculation pour prévenir la variole :

> Si Dieu avait décrété de toute éternité qu'une certaine personne devait mourir de la variole, ce serait un péché terrifiant que de contourner et d'annuler ce décret par l'astuce de la vaccination [1].

Le *topos* identifiant l'ordre naturel à celui qui est voulu par le Créateur apparait clairement ici. A une époque beaucoup plus récente, la bioéthique a cherché à tracer une frontière nette entre le registre de la thérapeutique et celui de l'amélioration dans les discussions du siècle dernier concernant la thérapie génique. Une opinion très répandue approuvait les thérapies géniques somatiques destinées à traiter des maladies avérées, tout et en étant beaucoup plus réservée à l'endroit de procédures qui iraient au-delà de cet objectif de guérison [2]. Aujourd'hui de plus en plus de penseurs du transhumanisme – et je m'expliquerai plus loin sur ce terme – estiment que cette distinction est caduque. Un des pionniers de ce domaine, Nick Bostrom, commente les perspectives ouvertes par les technologies d'amélioration cognitive en ces termes :

> Une intervention qui vise à corriger une pathologie ou défaut spécifique d'un sous-système cognitif peut être caractérisée comme thérapeutique. Un *enhancement* est une intervention qui améliore un sous-système d'une autre façon qu'en réparant quelque chose de cassé ou en corrigeant une dysfonction spécifique. En pratique, la distinction entre thérapie et *enhancement* est souvent difficile à cerner et on pourrait argumenter qu'elle n'a pas de pertinence concrète [3].

On voit bien que la difficulté conceptuelle débouche en définitive sur une thèse éthique, qui postule la non pertinence de la distinction entre traitement thérapeutique et améliorateur. C'est ce présupposé qui est

---

1. S.v. « Vaccination and religion », Wikipedia (angl.), ma traduction.
2. W.F. Anderson, « Human Gene Therapy : Why Draw a Line ? », *J Med Philos*, vol. 14, 1989, p. 681-693.
3. N. Bostrom, A. Sandberg, « Cognitive Enhancement : Methods, Ethics, Regulatory Challenges », 2006. [URL : http ://www.nickbostrom.com/ cognitive.pdf] ma traduction.

central dans la position transhumaniste. Pour celle-ci, la nature humaine, loin d'avoir une valeur normative intangible, est à considérer comme un *work in progress*, un état de développement contingent qui mérite d'être examiné de façon critique et de faire l'objet d'interventions ciblées visant à l'amélioration et à l'exploration de possibilités nouvelles et inouïes. Certes, le transhumanisme est, entre autres, une posture militante et techno-enthousiaste. On n'est pas obligé d'être intégralement d'accord avec cet aspect peut-être excessif du transhumanisme pour reconnaître la force de la position éthique qui le fonde et qui reconnaît sans ambages que l'homme est artisan de lui-même (*homo faber sui*) et cela non seulement à travers des transgressions technologiques spectaculaires ou futuristes, mais par toutes sortes de pratiques bien plus modestes et discrètes rendues possible par le progrès des sciences du vivant et de la médecine, ou par l'innovation en général. Car dès lors que l'humanité a les moyens de changer le donné naturel pour le meilleur ou pour le pire, l'argument du respect cède néces-sairement le pas à un choix purement humain d'accepter ou non le donné naturel en question. La position éthique que nous souhaitons développer ici est proche du transhumanisme en ce sens qu'elle assume sans complexe la maîtrise de l'homme sur sa propre nature et qu'elle refuse la Ligne Maginot érigée par les éthiciens conservateurs autour des aspects supposés intangi-bles de la nature et de la condition humaines. De plus, le pathos catastro-phiste qu'ils manifestent souvent ne nous inspire guère de sympathie, d'autant moins d'ailleurs que nous sommes convaincus que notre position, en gros « libérale », n'implique pas que « tout se vaut » ni même que « tout est permis », comme nous allons le voir.

LA MÉDECINE PRÉTERNATURELLE :
DES PRATIQUES SOCIALES TRÈS DIVERSES

S'agissant de médecine de l'amélioration, beaucoup de ses défenseurs[1] comme de ses détracteurs[2] se focalisent sur des applications de haute technologie reliées à des recherches de pointe en génomique ou sur les cellules souches par exemple. Pourtant, la question de la médecine préter-naturelle se pose à propos de toute sortes de pratiques de modification physiologique ou corporelle et pas seulement celles qui résultent de la

---

1. J. Harris, *Enhancing evolution : the ethical case for making better people*. Princeton, NJ, Princeton University Press, 2007.
2. J. Habermas, *L'avenir de la nature humaine – Vers un eugénisme libéral ?*, Paris, Gallimard, 2002 ; President's Commission, *op. cit.* ; M. Sandel, *op. cit.* ; F. Fukuyama, *op. cit.*

recherche biomédicale de pointe. Il convient donc de porter son attention sur les pratiques actuelles d'amélioration les plus diverses, quel que soit leur niveau de sophistication technologique. C'est par exemple le cas de l'usage non strictement thérapeutique de médicaments. On pense en particulier aux antidépresseurs, dont les usages « sauvages » ont été abondamment commentés[1]. Ces molécules ont des effets complexes sur l'humeur, effets qui sont souvent gérés de façon assez autonome par leurs consommateurs. On en vient souvent à régler sa propre thymie en fonction de perceptions subjectives changeantes entre dépression et hypomanie et ce réglage fin, qui relève en somme d'une pratique vernaculaire de la pharmacologie, échappe aux catégories usuelles de la thérapeutique. Il montre du même coup le caractère illusoire du rétablissement d'un niveau d'humeur supposé normal et naturel. Cet usage informel et non thérapeutique de médicaments concerne aussi des milieux qu'on présume bien informés sur leurs effets, y compris indésirables : la communauté scientifique. Une enquête informelle organisée par un réseau de discussion sur internet associé au journal *Nature*, révèle que 20% de 1427 scientifiques universitaires ayant choisi de répondre au sondage utilisent des médicaments nécessitant une ordonnance à des fins non thérapeutiques d'augmentation des performances[2]. Les molécules spécifiquement évoquées dans ce sondage sont le méthylphénidate (plus connu sous son nom commercial de Ritaline), le modafinil, ainsi que les bêta-bloqueurs. Mais il y a fort à parier que la pharmacopée impliquée dans ces pratiques est plus large et qu'elle s'étoffera encore à l'avenir.

Parler d'usages « détournés » de la pharmacologie exige évidemment d'évoquer le dopage sportif. Certes, en regard de la tolérance dont la société en général fait preuve à l'endroit des pratiques d'amélioration, le monde sportif apparaît plutôt comme une exception, un îlot de raideur moraliste dans un océan de laissez-faire. Car de plus en plus de nos contemporains estiment que leur choix d'usages mélioristes de la biomédecine est fondée sur une liberté qui va de soi : tant qu'une pratique ne nuit pas à autrui, on ne voit pas au nom de quoi elle mériterait l'opprobre moral, voire même l'interdiction, surtout dans une démocratie libérale. Si la question du dopage a un statut particulier du fait du jugement moral sévère presqu'universellement porté sur cette pratique, il n'en reste pas moins qu'il représente un paradigme intéressant de médecine préternaturelle et d'usage vernaculaire de la pharmacologie. En effet, le dopage et la lutte

---

1. P.D. Kramer, *Listening to Prozac*, New York, Penguin Books, 1997; C. Elliott, T. Chambers, *Prozac as a way of life. Studies in social medicine*, Chapel Hill, University of North Carolina Press, 2004.

2. B. Maher, « Poll results : look who's doping », *Nature*, vol. 452, 2008, p. 674-675.

antidopage sont fortement touchés par la difficulté conceptuelle évoquée plus haut, à savoir la difficulté de tracer une frontière nette entre la thérapeutique et l'amélioration. Concrètement, cela est reflété par le fait que le dopage recourt de plus en plus à des substances naturellement présentes dans le corps humain ou alors à des substances à double finalité, thérapeutique et ergogénique (aux fins d'augmentation de performances). Il s'agit donc de molécules utilisables dans des traitements médicaux de bonne foi, y compris pour des problèmes de santé courants chez les sportifs, mais qui peuvent aussi faire l'objet d'un usage dopant. Les instances chargées de la lutte antidopage répondent à cette difficulté par le biais des exceptions thérapeutiques, permettant l'usage d'une molécule dans certaines circonstances tout en maintenant l'interdiction de principe. La complexité croissante des règlementations en la matière montre bien la difficulté – voire la futilité – du travail de discernement entre des usages proprement thérapeutiques de ces molécules ambigües et leur utilisation dans la poursuite d'un avantage « illicite ». Si de plus nous introduisons dans ces controverses le concept du « naturel », qui sous-tendrait la pratique du sport « propre » et de l'entraînement sportif honnête, ou si nous exaltons un usage du corps et de l'exercice physique conforme à l'idéal classique de la santé par l'activité physique, un autre paradoxe apparaît. En effet, les pratiques d'entraînement et de compétition dans le sport de haut niveau n'ont plus rien de commun avec ces idéaux. On peut dire que ces pratiques impliquent une relation technique et managériale au corps propre de la part des athlètes, ou au corps de l'athlète du point de vue de l'entraîneur-coach-fabricateur-démiurge. Dans cette vision artificialisée et technique de l'entraînement et de la pratique sportives, le dopage s'insère somme toute assez « naturellement ».

Dans des travaux antérieurs, mes co-auteurs et moi-même avons évoqué ces apories de la lutte antidopage pour faire une proposition visant à légaliser certaines substances ergogéniques[1]. Cette proposition ne visait pas à libéraliser purement et simplement le dopage, mais à mettre en place un système de contrôle plus modeste, analogue à celui qui a été adopté dans certains pays pour les drogues illicites[2]. Pour le redire d'une façon un peu solennelle, notre proposition était à la fois utilitariste et hippocratique. En

---

1. B. Kayser, A. Mauron, A. Miah, « Viewpoint : Legalisation of performance-enhancing drugs », *Lancet*, vol ; 366 Suppl. 1, 2005, p. S21 ; B. Kayser, A. Mauron, A. Miah, « Current anti-doping policy : a critical appraisal », *BMC Med Ethics*, vol. 8, 2007, p. 2.
2. Confédération suisse, Office fédéral de la santé publique, *Traitement avec prescription d'héroïne / de diacétylmorphine (HeGeBe) en 2006*, Août 2007. Accessible sous : http://www.bag.admin.ch/themen/drogen/00042/00629/00798/01191/index.html?lang=fr.

effet, elle propose d'évaluer les pratiques dopantes sur la base d'une estimation de leurs conséquences concrètes, avec un accent particulier mis sur les risques pour la santé et sur leur évaluation. L'objectif de la lutte anti-dopage serait de limiter les risques et les dommages associés aux pratiques dopantes, en se concentrant sur les plus dangereuses pour la santé. Cette position diffère en partie de celle qui est avancée par les instances de la lutte antidopage aujourd'hui. En effet, pour ces organismes, le dopage est condamnable à la fois comme nuisible à la santé de l'athlète et parce qu'il est contraire à « l'esprit du sport ». Autrement dit, la position officielle met en jeu deux éthiques hétérogènes. Il s'agit d'abord d'un principe immémorial d'éthique médicale, le *nil nocere*, l'idée qu'il faut avant tout éviter de nuire. A ce principe, les instances du sport ajoutent un élément spécifique, à savoir la notion de fair-play et d'esprit du sport. Dans nos travaux précédents, nous concluions que la notion d'esprit du sport est trop ambigüe, entre autres du fait des paradoxes qui s'attachent à la notion de mérite sportif. C'est pourquoi notre proposition consistait à ne garder de la lutte antidopage que les aspects justifiables en termes d'éthique médicale traditionnelle, à savoir du principe de non-malfaisance et celui de la responsabilité médicale dans la médecine du sport. Par ailleurs, notre position souhaitait répondre à la radicalisation croissante de la lutte antidopage, qui concerne de plus en plus le sport amateur et populaire. A nos yeux, il y a là une fuite en avant, une dérive qui n'est pas supportable à long terme au vu des entraves aux libertés personnelles des citoyens qui s'adonnent, avec un engagement très variable, à une activité sportive. Vis-à-vis de la population sportive et du citoyen en général, notre proposition visait à l'éduquer vis-à-vis d'interventions ergogéniques, sans traiter le sport autrement que les pratiques dopantes qui ont cours dans toutes sortes d'autres activités. En somme, il s'agit d'instituer une éducation à la médecine préternaturelle, quel que soit son champ d'application.

On pourrait penser que la position décrite ci-dessus relève d'un ultralibéralisme simpliste, d'une morale « moins que minimale » qui se réduirait à quelques principes prudentiels inspirés par la preuve scientifique de tel ou tel dommage indiscutable résultant de pratiques d'amélioration. Cette objection nous a amené à réfléchir aux fondements éthiques de notre position et à rechercher une base éthique plus générale applicable à l'ensemble de ces pratiques d'amélioration. *Homo faber* prend en charge comme jamais auparavant la nature humaine et c'est les grandes lignes d'une éthique appropriée aux démiurges que nous sommes devenus bon gré mal gré que nous souhaitons esquisser. Nous pensons en effet que les moralistes conservateurs et naturalistes ont perdu la partie, non seulement dans les faits, mais aussi sur le terrain de l'argumentation philosophique.

Dès lors, nous souhaitons aborder ces questions d'éthique dans un espace de réflexion où l'on est en droit de postuler la légitimité de certaines pratiques transhumanistes. C'est ce champ nouveau de réflexion éthique que nous désignons par le terme d'*éthique démiurgique*. La question fondamentale qui se pose d'emblée est donc celle-ci : comment délimiter l'éthique démiurgique par rapport à une éthique qui serait platement relativiste, où « anything goes » ?

L'ÉTHIQUE DÉMIURGIQUE ET LE PRINCIPE DU TORT

Précisons d'abord que si nous souhaitons nous démarquer de cette éthique vulgairement relativiste, ce n'est pas par un quelconque apriori réaliste en morale ou une quelconque anxiété envers la prétendue perte des valeurs et des repères qui suscite tant de lamentations aujourd'hui. Dans notre entreprise, l'éthique « minimale », mais somme toute assez exigeante, proposée par le philosophe Ruwen Ogien nous semble fort pertinente. En dialogue avec la tradition utilitariste et libérale inspirée par John Stuart Mill, Ogien propose de définir le champ de la morale de façon plus restreinte qu'on ne le fait habituellement[1]. Il s'agit principalement d'en exclure certaines actions qui font souvent l'objet d'une désapprobation morale, mais qui en réalité ne font pas de victimes, en d'autres termes des actions qui n'infligent pas de tort à quiconque, si ce n'est – éventuellement – à l'acteur lui-même. Le principe central est emprunté à Mill, c'est le *principe du tort* ou *principe de non-nuisance*. Au vu de ce principe, la morale n'intervient que lorsqu'un dommage concret injustifié (notamment non consenti), c'est-à-dire un tort, est infligé à autrui ; le rapport à soi-même est moralement indifférent[2]. Appliqué à notre contexte, le principe du tort, suscite deux questions fondamentales, qui sont autant de défis pour une éthique qui en ferait le principe ultime, voire unique.

La première, c'est la définition même d'un tort. Un tort présuppose un dommage et donc une théorie évaluative qui donne son sens à la notion même de dommage. Dans de nombreux domaines, le sens commun est un guide assez satisfaisant à cet égard et c'est pourquoi l'éthique minimale d'Ogien ne nous paraît pas globalement tenue de problématiser la notion de tort. Mais justement, il se trouve que c'est moins le cas dans le domaine de la santé, qui est en gros celui qui nous concerne. En effet, s'interroger sur

---

1. R. Ogien, *La panique morale*, Paris, Grasset, 2004 ; R. Ogien, *L'éthique aujourd'hui. Maximalistes et minimalistes*, « Folio Essais », Paris, Gallimard, 2007.
2. R. Ogien, 2007, *ibid.*, chap. 8.

ce qui constitue un dommage à la santé renvoie à des dilemmes classiques, largement irrésolus, sur la différence ou la frontière entre le normal et le pathologique. Débat qui, dans le mode francophone, évoque surtout l'œuvre de Canguilhem[1] mais qui dans la littérature plus récente est représenté par la controverse entre la conception objectiviste et subjectiviste de la maladie. Pour dire les choses de façon très schématique, cette controverse oppose ceux qui, comme Christopher Boorse[2] et bien d'autres pensent possible de définir la santé et la maladie en relation avec le fonctionnement normal typique de l'espèce humaine et de leur conférer ainsi un fondement objectif, et ceux qui jugent que les concepts de santé et maladie sont normatifs de part en part et que par conséquent la position objectiviste est illusoire[3]. Comme nous le verrons plus loin, nous pensons qu'il y a un grain de vérité dans la théorie objectiviste, ou plus exactement que la question du tort admet une réponse de type objectiviste, indépendamment d'un engagement philosophique global dans le controverse entre l'objectivisme et le subjectivisme.

La deuxième question porte sur le statut des torts auto-infligés avec la collaboration d'un tiers. Nous pensons surtout à des torts qui sont auto-infligés en ce sens que le récipiendaire du dommage est aussi celui qui en est l'initiateur, le demandeur, mais que la réalisation du dommage requiert l'intervention d'un autre, en particulier un professionnel de la santé. Nous en présenterons trois exemples par ordre croissant de radicalité. Nous examinerons d'abord une situation où le tort n'est pas strictement auto-infligé mais qui pose des questions philosophiques similaires : il s'agit de l'usage de tests génétiques par des parents souhaitant avoir un enfant porteur comme eux-mêmes d'un trait distinctif généralement considéré comme un handicap. Deuxièmement, nous évoquerons brièvement les « contrats d'Achille » dans le dopage sportif : *quid* de pratiques dopantes dangereuses pour la santé et donc refusées aussi par l'éthique plutôt libérale que nous avons défendue dans nos travaux antérieurs, mais qui seraient revendiquées et acceptées en connaissance de cause par l'athlète ? Le consentement libre et éclairé de ce dernier est-il une justification suffisante ? Enfin nous analyserons les dilemmes suscités par les demandes d'interventions mutilantes formulées par certaines personnes qui désirent mettre leur corps physique en conformité avec leur image corporelle,

---

1. G. Canguilhem, *op. cit.*
2. C. Boorse, « On the distinction between disease and illness » dans M. Cohen, *et al* (éd.) *Medicine and Moral Philosophy*, Princeton, N.J, Princeton University Press, 1981.
3. J. Harris, *op. cit.*, chap. 3.

image dans laquelle cette mutilation est présente de façon plus ou moins impérieuse.

L'EMBRYON SOURD ET LA SALLE D'EMBARQUEMENT PLATONICIENNE

La discussion que nous évoquons ici a récemment eu lieu en Grande-Bretagne, à l'occasion de la révision du *Human Fertilisation and Embryology Act*. Dans le nouveau projet de loi, l'article 14 prévoit que dans le contexte de la procréation médicalement assistée (essentiellement le diagnostic préimplantatoire, DPI), un embryon identifié comme étant à risque de maladie grave ou de handicap physique ou mental grave ne doit pas être préféré à un embryon ne présentant pas un tel risque. Cette disposition a été critiquée sévèrement par des représentants de la communauté des malentendants, qui tiennent un discours « culturaliste » sur la surdité comprise comme une différence sociale d'ordre culturel, avec ses productions propres telles que la langue des signes[1]. Pour un militant de cette cause qui est aussi un promoteur de la campagne « Stop Eugenics », Steve Emery, l'article 14 est une clause discriminatoire à l'endroit des parents sourds. En effet, cette clause les empêche d'engendrer des enfants semblables à eux, privilège qui va de soi pour des parents entendants. A vrai dire, Emery ne défend pas pour autant l'usage du DPI pour obtenir une descendance sourde. Il affirme plutôt que les diagnostics génétiques et tout spécialement le DPI sont moralement suspects dès lors qu'ils portent sur les caractéristiques qui ne sont pas évidemment pathologiques. Il vaudrait mieux « laisser faire la nature » et interdire tout diagnostic de surdité héréditaire au même titre que l'on interdit la sélection de traits supposés désirables tels que la couleur des yeux ou le talent sportif (à supposer que ces traits soient un jour diagnostiquables). Une première objection vient immédiatement à l'esprit : la position subjectiviste sur le handicap, pour laquelle le handicap n'existe que par la discrimination sociale, fait l'impasse sur le dommage biologique objectif que représente la surdité. Du même coup, le subjectiviste s'interdit de penser le tort infligé à celui qui est sourd, non pas du fait d'un aléa de la nature, mais à cause de la volonté d'autrui. La réplique proposée à cette objection par un autre participant au débat (Colin Gavaghan) avance qu'il y a une différence entre « faire un bébé sourd » et « rendre un bébé sourd ». Pour Gavaghan, il n'est pas question de permettre à des parents sourds de mutiler leurs enfants pour éliminer leurs capacités auditives. Par contre, il critique le jugement moral

---

1. *Bionews*. 21 avril 2008, no. 454 ; URL : http ://www.bionews.org.uk.

implicite dans l'article 14, à savoir que les parents sourds qui utiliseraient le diagnostic préimplantatoire pour choisir un « embryon sourd » plutôt qu'un embryon dépourvu de ce handicap feraient un choix moralement condamnable. En effet, pour Gavaghan, c'est un non-sens de dire qu'il serait préférable pour un « embryon sourd » d'être un « embryon entendant » puisque, pour cet embryon particulier, le choix est d'être sourd ou de n'être pas.

Pour nous, l'erreur conceptuelle qui est à la base de ce genre d'argumentation est celle-ci : s'agissant d'un embryon, cela n'a pas de sens de comparer et de préférer l'existence à la non-existence. C'est ce que nous appelons *l'erreur de la salle d'embarquement platonicienne*. On raisonne comme s'il y avait des âmes attendant dans une salle d'embarquement céleste, avec en main une réservation confirmée pour le voyage vers l'existence. De plus, on suppose que ces âmes se disent qu'à tout prendre, elles préfèrent arriver à destination avec un handicap plutôt que d'être recalées et qu'on leur refuse le voyage pour cause d'*overbooking*. Or pour nous, cela n'a pas de sens de dire d'un non-existant que l'accès à la vie est un bien pour lui, ou inversement que le non accès à la vie représente une privation. Les non-existants n'existent pas, aurait dit La Palice, après Epicure. Pour paraphraser Lucrèce, la mort n'est rien pour les vivants et la vie n'est rien pour les non-vivants. Les non-existants ne sauraient avoir des intérêts par rapport à une existence qui ne les concerne pas. Revenons au choix implicite dans le tri d'un embryon « sourd » ou « entendant ». Le choix n'est pas de faire accéder à l'existence une entité pré-personnelle qui serait « sourde » ou non et qui aurait d'ores et déjà un intérêt à exister. Le choix est de causer intentionnellement l'existence future d'une personne sourde ou non. Bien entendu, ce n'est pas le même embryon qui deviendra une personne suivant qu'on choisisse l'embryon « sourd », ou bien l'autre ; il n'est donc pas question d'évaluer le tort prétendument fait à l'un ou à l'autre de ces embryons. C'est le mal global associé aux conséquences de ce choix qui nous intéresse. Or, *ceteris paribus*, choisir l'embryon « sourd » plutôt que son congénère « entendant » augmente le mal global introduit dans le monde par ce choix. C'est pourquoi, « faire un bébé sourd » (par le DPI et le tri d'embryons) et « faire qu'un bébé soit sourd » (en le mutilant ou en le privant d'implant cochléaire sans bonne raison médicale par exemple) sont à notre avis moralement équivalents, moralement blâmables et contreviennent tous deux au principe de non-nuisance.

Parmi les présupposés de notre argumentation, il en est un que nous voulons expliciter d'emblée. Nous pensons qu'il y a une asymétrie fondamentale entre la normalité, quel qu'en soit d'ailleurs le critère, et l'anomalie. La normalité est un concept évolutif et négociable. C'est pourquoi invoquer la normalité psychophysiologique de l'espèce humaine n'est pas un argument opposable à la médecine préternaturelle. L'anomalie a par contre un statut conceptuel plus proche de l'objectivité. Certes, les conséquences vécues d'un handicap ne sont pas réductibles à la physiopathologie et dépendent *aussi* de circonstances matérielles et de conditions sociales qui facilitent ou au contraire font obstacle à l'intégration des handicapés. De plus, la pertinence de l'aspect objectif et biologique est variable d'un handicap à l'autre[1]. Néanmoins, pour beaucoup d'anomalies invalidantes, cette dimension biologique est incontournable et invoquer une prétendue subjectivité, ou « construction sociale », de l'anomalie grave, qu'elle s'appelle maladie ou handicap, n'est pas un argument opposable au devoir de prévenir ou guérir les anomalies graves ni un excuse valable pour concourir à la création ou au maintien d'une anomalie grave. Une autre formulation de cette asymétrie pourrait être celle-ci : l'amélioration est permise (en principe) car le fonctionnement normal de l'espèce humaine n'est pas une norme moralement pertinente[2]. Par conséquent, il n'y a pas de privilège « naturel » à accorder à la restauration du fonctionnement normal de l'espèce par opposition à son dépassement améliorateur, par la médecine préternaturelle. Par contre, un dommage à la santé peut, dans certaines limites, recevoir une définition objective. Cette définition ne définit pas le dommage par référence à un quelconque fonctionnement normal de l'espèce, mais le met en relation avec des choix rationnels qui rendent ce dommage indésirable, ainsi qu'avec des alternatives atteignables (dans l'état présent des techniques) où ce dommage peut être éliminé ou empêché de survenir.

Cette asymétrie nous paraît reposer sur une distinction nécessaire entre la théorie objectiviste de la frontière entre le normal et le pathologique et une théorie objectiviste plus limitée, qui concernerait uniquement les atteintes graves à la santé. Dans le premier cas, la controverse porte sur une affirmation très générale, à savoir le statut de la référence au fonctionnement normal de l'espèce, ce que font par exemple Christopher Boorse et Norman Daniels, et que leurs critiques estiment erroné. Dans le second cas, l'idée est seulement que certains torts graves en matière de santé sont objectivement indésirables et créent une obligation *prima facie* de les prévenir ou de les éliminer quand c'est possible. Cette thèse est bien plus modeste que la première et n'exige pas un engagement philosophique aussi

---

1. Je remercie Samia Hurst pour l'exemple de la comparaison entre surdité et petite taille.

2. Il y a à cela plusieurs raisons, nous n'en mentionnerons qu'une. Après Darwin, la notion d'espèce et de son fonctionnement normal est fondamentalement contingente et dépourvue de contenu évaluatif à proprement parler.

net sur les questions beaucoup plus vastes qu'une théorie philosophique de la maladie et de la santé soulèvent.

ACHILLE LE SPORTIF ET L'APOTEMNOPHILE

Nous abordons enfin la question des actions médicales qui sont vues comme des dommages objectifs, au moins par le sens commun et les professions soignantes, mais qui sont néanmoins demandées *pour elles-mêmes* à ces mêmes professions par des personnes qui ont un point de vue minoritaire sur la question. C'est le cas du « contrat d'Achille » dans le sport d'élite. On se souvient qu'Achille préfère une vie courte et glorieuse à une existence longue et obscure. Dès lors, la question du « contrat d'Achille » se pose ainsi : le médecin du sport peut-il assister un sportif de haut niveau par des prescriptions (dopantes ou non) qui sont dangereuses pour sa santé, mais dont il espère, à tort ou à raison, un accès plus rapide à la gloire sportive ? Dans la perspective de Kayser, Mauron et Miah que nous avons brièvement présenté plus haut, il est clair que la réponse est non, puisque le critère pour condamner des pratiques ergogéniques est précisément le dommage à la santé. Pourtant dans le cadre de l'éthique minimale de Ruwen Ogien, qui insiste sur le caractère extra-moral des torts faits à soi-même, une telle condamnation morale est loin d'aller de soi.

Une situation qui pose un problème similaire mais avec une radicalité bien supérieure est celle de l'apotemnophilie, discutée de façon détaillée par le philosophe et sociologue Carl Elliott dans un livre remarquable[1]. L'auteur rapporte plusieurs cas d'amputation pratiquées sans indication médicale mais sur la base du souhait de patients que leur corps coïncide avec la vision subjective qu'ils en ont. En janvier 2000, les journaux britanniques firent état d'un scandale concernant Robert Smith, un chirurgien du *Falkirk and District Royal Infirmary*, en Ecosse. Le Dr Smith avait amputé deux patients de leurs jambes, à leur demande et sans raison médicale. Il s'apprêtait à pratiquer une troisième amputation de ce type quand l'administration de son hôpital l'en empêcha. Ces patients n'étaient pas physiquement malades. Ils n'étaient pas non plus incapables de discernement, selon les psychiatres qui les avaient examinés de façon approfondie. Ils voulaient tout simplement et en pleine connaissance de cause qu'on leur coupe les jambes. D'ailleurs les deux amputés du Dr Smith avaient déclaré aux

---

1. C. Elliott, *Better than well : American medicine meets the American dream*, New York, W.W. Norton, 2003. Le grand mérite de ce livre est d'explorer un grand nombre de pratiques amélioratrices contemporaines souvent ignorées du public.

médias à quel point ils étaient plus heureux maintenant qu'on leur avait enfin ôté leurs jambes, qu'ils percevaient comme étrangères à leur corps.

Très peu de professionnels de la santé ont approuvé ou pourraient approuver l'attitude du Dr Smith. Même les plus libéraux et les plus militants dans le respect de l'autonomie du patient hésiteraient beaucoup à accéder à une demande qui parait aussi manifestement déviante. Ainsi donc, on peut avancer que l'éthique médicale ne semble pas en mesure de renoncer à une forme d'objectivité sur ce qui constitue un dommage pour la santé, et donc un tort lorsque ce dommage est intentionnellement infligé ou qu'on s'abstient de le prévenir. Or il est clair que la légitimation de cette position suscite une difficulté pour une éthique minimale d'inspiration libérale. En effet, celle-ci ne saurait condamner moralement les torts auto-infligés au même degré que ceux infligés à autrui, car ce serait en contradiction évidente avec le principe de non-nuisance. Mais d'autre part, on ne peut nier que certains torts auto-infligés avec une assistance extérieure médicale sont profondément problématiques. Une solution possible à ces dilemmes serait d'accepter une forme de paternalisme faible, qui empêcherait le consentement éclairé d'être la condition exclusive de légitimation de l'acte médical. Cette solution correspond effectivement à l'éthique médicale ordinaire dans de nombreux domaines. C'est particulièrement le cas en éthique de la recherche, où le consentement du patient n'est de loin pas la valeur unique, ou décisive à elle seule, dans l'acceptabilité d'un protocole de recherche. Les risques, les fardeaux ou les bénéfices escomptés sont pertinents, comme le sont aussi les enjeux de justice ayant trait à la sélection des sujets de recherche. Toujours dans une perspective modérément paternaliste, il faudrait accepter de désigner comme irrationnels certains choix de patients capables de discernement et sur cette base n'y pas donner suite. Une version atténuée du même argument serait de considérer que ces demandes sont faites sous pression, même si, en l'occurrence, la pression est interne au demandeur et résulte d'un processus mental pathologique. Enfin, une autre direction à explorer serait celle qui s'interroge sur le caractère véritablement auto-infligé d'un dommage à la santé qui exige la participation d'un tiers. Non certes que les apotemnophiles fassent toujours appel à des professionnels, mais il est vrai que les quelques cas avérés d'automutilation «do it yourself» ont eu des conséquences tellement catastrophiques que de renvoyer l'apotemnophile à ses propres ressources d'action semble aussi absurde que cruel. Il s'agirait ici plutôt d'explorer les particularités morales des actions «auto-infligées» qui présupposent presqu'automatiquement le concours d'autrui et d'y réfléchir en termes de responsabilité partagée.

L'éthique démiurgique que nous ne faisons qu'esquisser ici serait-elle donc grevée d'emblée dans ses ambitions libérales par une forme de paternalisme indépassable? La question reste ouverte à nos yeux. Il nous semble néanmoins que l'éthique démiurgique est proche de l'éthique minimale en ce sens qu'elle est permissive et qu'elle autorise à chacun un recours étendu à des biotechnologies amélioratrices, indépendamment de leur caractère thérapeutique ou non. Néanmoins, elle s'éloigne d'un libertarisme « pur et dur » ainsi que d'un relativisme radical sur deux plans au moins. Premièrement, elle s'oblige à penser, pour les désapprouver moralement, l'infliction de certains dommages à un « autrui » qui n'existe qu'au futur (comme c'est le cas de l'« embryon sourd »), et cela sans s'arrêter au prétexte que la notion de handicap serait parfois subjective. D'ailleurs, toujours pour revenir à l'exemple de l'« embryon sourd », la position ultra-libérale est au fond auto-réfutante, car les parents sourds qui souhaitent se prévaloir d'un diagnostic préimplantatoire pour avoir un enfant semblable à eux présument que cet enfant voudra faire partie de la communauté et de la culture sourde, présomption qui nie en définitive l'autonomie de l'enfant. Celui-ci deviendra un adolescent, qui voudra peut-être tracer son propre chemin en dehors des présupposés culturels dans lesquels vivent ses parents (une attitude qui n'est pas inouïe chez les adolescents). On voit donc – et cela n'est pas surprenant – que le subjectivisme appliqué au dommage à la santé peut coexister avec un dogmatisme dans la défense d'une particularité culturelle, celle de la « culture sourde » en l'occurrence. L'éthique démiurgique devrait se distancer du relativisme et du libertarisme sur un deuxième point. En effet, elle devrait être capable de refuser son concours à des dommages « auto-infligés assistés », mais sur la base d'arguments qui restent à clarifier. Peut-être est-ce au nom d'une conception de l'irrationalité de certaines actions dommageables à soi-même, peut-être est-ce sur la base d'une théorie de la responsabilité spécifique des professionnels de la santé. Mais bien entendu, elle ne devra pas méconnaître les dangers paternalistes qui sont en embuscade dans cette direction.

Alex MAURON
Juin 2008
Institut d'éthique biomédicale
Faculté de médecine
Université de Genève

TABLE DES MATIÈRES

TABLE DES MATIÈRES